U0670318

浙江省哲学社会科学规划
后期资助课题成果文库

互联网时代的财产概念及刑法适用

张弛 著

中国社会科学出版社

图书在版编目(CIP)数据

互联网时代的财产概念及刑法适用 / 张弛著 . —北京：中国社会科学出版社，
2023.7

(浙江省哲学社会科学规划后期资助课题成果文库)

ISBN 978-7-5227-2464-5

Ⅰ.①互… Ⅱ.①张… Ⅲ.①侵犯财产罪—研究—中国 Ⅳ.①D924.354

中国国家版本馆 CIP 数据核字(2023)第 155126 号

出 版 人	赵剑英
责任编辑	宫京蕾 郭如玥
责任校对	李 莉
责任印制	李寡寡

出 版	中国社会科学出版社
社 址	北京鼓楼西大街甲 158 号
邮 编	100720
网 址	http://www.csspw.cn
发 行 部	010-84083685
门 市 部	010-84029450
经 销	新华书店及其他书店

印刷装订	北京君升印刷有限公司
版 次	2023 年 7 月第 1 版
印 次	2023 年 7 月第 1 次印刷

开 本	710×1000 1/16
印 张	17.25
插 页	2
字 数	291 千字
定 价	89.00 元

凡购买中国社会科学出版社图书，如有质量问题请与本社营销中心联系调换
电话：010-84083683
版权所有 侵权必究

目　　录

导　　论

"没有任何东西像财产（权）这样，能够如此广泛地激发人类的想象力，并吸引人类的激情"。

—— ［英］威廉·布莱克斯通

"财产"这一重要的刑法概念伴随人类社会已经有数千年的历史。随着社会的发展和生产力的进步，"财产"的概念范畴由最初的有体物、动产延伸至能源、电力、燃气，再到股票、债券以及工业知识产权，"财产"概念的内涵与外延总是随着时代的变迁而不断丰富。当前，以互联网为代表的信息技术日新月异，正在引领各个方面的巨大变革。互联网不仅孕育了全新的商业形态、改变了人们的生活方式，还催生了一大批前所未有的"新型财产"，对传统的"财产"概念形成巨大冲击：电子资金和第三方支付的出现使货币褪去了金属或纸质的外壳，变成计算机系统中的数据编码；对他人财产的非法占有不再仅仅局限于"窃取"或"骗取"，而且可以通过"复制"的方式进行；刚被抢走的财产却可以被受害人通过互联网瞬间取回；团购券、二维码、电子积分、虚拟财产、大数据财产、比特币等新生事物使"财产"的概念边界变得愈发模糊，与此同时带来了大量的司法疑难案件：互联网背景下涌现的各种"新型财产"是否属于刑法意义上的"财产"或"财物"，刑法应当如何对其进行保护，侵害这些"新型财产"的行为应当如何定性，不同罪名如何界分，犯罪数额如何认定，既遂标准如何把握……诸如此类的实践问题亟待理论的回应与解答。有鉴于此，本书将对互联网背景下"财产"概念的流变与刑法适用问题进行系统研究，为互联网背景下各类新型财产形式寻找准确的刑法定位，并为相关案件的刑事司法认定提供理论指引。

第一章

刑法中的财产概念

　　"概念乃是解决法律问题所必需的和必不可少的工具。没有限定严格的专门概念，我们便不能清楚和理性地思考法律问题。"① "财产"的概念自人类社会诞生之初便与刑法和犯罪相伴而行，可以说"财产"是刑法中最重要的基础性概念之一。合理地界定刑法中财产的概念，对于准确认定和正确处置各类刑事案件无疑具有根基性意义。② 在日常的观念中，财产概念的边界似乎是非常明确的，然而一旦深究起来，却颇有些说不清道不明的感觉：刑法中的"财产"究竟是指什么？"财产"和"财物"究竟是不是一个概念？二者的关系如何？为什么刑法分则第五章被冠以"侵犯财产罪"之名，但在本章的罪状表述中没有出现过一次"财产"？储存在银行卡账户上的数额究竟是"财产"本身抑或是"财产"的代表？互联网游戏中的"刀剑""财宝"能否等同于现实生活中"财产"？欠条、兑换码、优惠券等是否属于刑法意义上的"财产"？诸如此类的问题均需要司法者给出明确而具体的答案。

　　然而，司法实践往往因循自身的论证逻辑，就事论事地寻找问题解决的方法，常常陷入"头疼医头脚疼医脚"的论证怪圈，不仅在许多案件的司法认定上出现分歧与抵牾，更是给新形势下"财产"概念的界定带来颇多疑难。③ 有鉴于此，只有从历史源流入手，以刑法条文为依据，综合运用文义解释、体系解释等解释方法，才能对刑法中的"财产""财物"等基础性概念作出准确界定，从而使刑法能够从容应对互联网大潮的

---

① ［美］E. 博登海默：《法理学——法律哲学与法律方法》，邓正来译，中国政法大学出版社 2012 年版，第 504 页。

② 黄华生、石军英：《批判与重构：刑事涉案财物的概念界定》，《江西社会科学》2022 年第 5 期。

③ 周旋：《中国刑法侵犯财产罪之财产概念研究》，上海三联书店 2013 年版，第 1 页。

冲击，作出符合历史与时代发展的刑事司法回应。

第一节 "财产"概念的历史流变

一 早期："物"与"财产"的具体化列举

在人类文明早期，社会生产关系相对简单，人们在日常生活中接触到的物品种类十分有限，这一时期各文明区域尚未出现抽象的、法律意义上的"物"或"财产"的概念，法典、文献对财产的记载以具体的列举式描述为主。例如，形成于公元前18世纪的《汉谟拉比法典》第8条规定，"自由民窃取牛，或羊，或驴，或猪，或船舶，倘若此为神之所有或宫廷所有，则科以三十倍之罚金；倘此为穆什钦努所有，①则应科处十倍之罚金；倘窃贼无物以为偿，则应处死。"第64条规定："倘自由民以果园交与种园者培植枣椰树，则种园者于其掌管该园期间，应以果园收入的三分之二交与园主，而自取三分之一。"第104条规定："若塔木卡以谷物、羊毛、油或者任何其他资财交与沙马鲁出售，则沙马鲁应结算银价，交还塔木卡，沙马鲁对其交付塔木卡之银应取得一个盖章的文件。"② 公元前15世纪古赫梯王国的《赫梯法典》对"物"和"财产"的描述同样极为具体，不厌其烦地列举各类物品。《赫梯法典》第66条详细列举了诸如"耕牛""牝牛""拉车马""拉车牝驴""山羊""绵羊"以及"细毛绵羊"等物的概念，第70条则规定，假如任何人盗窃马或牛，或驴，或骡子，而主人发现了它，则他可以合法地带走它，而且窃贼应当加倍交还，并且要以自己的房屋作为担保。③ 形成于公元5世纪左右、被称作"蛮族法典"的《萨利克法典》更是将"猪"这一财产划分为"田里的仔猪"

① 穆什钦努是古巴比伦王国中的一个社会阶层，其地位低于自由民（"阿维鲁"）但高于奴隶（"瓦尔都"和"阿姆图"），穆什钦努不占有土地，不享有充分的公民权利，隶属于王室或神庙，主要从事农业或牧业生产。少数富有的穆什钦努也可以占有奴隶。

② 塔木卡是古巴比伦王国中的大商人阶层，其性质为独立的私商，主要经营长途贸易、贩卖奴隶、放高利贷等；沙马鲁是小商人，性质类似于代理商或零售商，沙马鲁的商业行动往往依附于塔木卡存在。于殿利：《试论〈汉谟拉比法典〉中商人的社会等级地位》，《比较法研究》1994年第1期。

③ 《世界著名法典汉译丛书》编委会：《赫梯法典》，法律出版社2000年版，第86—94页。

"草原上的仔猪""喂养的仔猪""断奶的仔猪""下崽的仔猪""公猪"
"老母猪""阉猪"等具体而繁杂的类别。① 在财产的概念形成初期,虽然
相关法条文书的规定体现出特定权利人对财产和物的控制、占有关系,但
被立法者有意识地抽象出来并且作为专门术语的"物"和"财产"并未
出现,法律意义上的财产概念尚未成型。

二　发展:作为法律术语的"物"与"财产"概念的成型

进入封建时代,随着社会生产力的进步,人们的物质生活水平得到了
一定程度的提升,财物的种类日渐繁多,传统的列举式立法已经无法满足
社会生活与商品经济的发展需要。有鉴于此,作为法律术语的抽象意义的
"物"的概念正式成型。这一方面的典型代表是《唐律疏议》。《唐律疏
议》名例"彼此俱罪之赃"条规定:"假有乙盗甲物,丙转盗之,彼此各
有倍赃,依法并应还主。"这里的"物"就是一种抽象意义上的物,已经
超越了奴隶制法典"牛马驴骡"式的具体列举,成为一种专门的立法术
语而不再是对现实的刻板描述。以《唐律疏议》为代表的中国古代法律
不仅正式确立了法律意义上的"物"和"财产"之概念,并且将财产进
一步分为动产和不动产等类型:"我国固有法,称动产为物、财或财物;
反之,不动产则谓之产、业或者产业。动产属于私人时,称为私财或财
物;如属于国家,成为官财或官物……综称动产与不动产时,普通用'财
产',有时亦用'物'文字。"②

三　成熟:无体物概念的提出

"罗马曾三次征服世界,第一次是以武力,第二次是以宗教,第三次
是以法律。"罗马法是古代法律与财产制度发展的一个高峰。对"物"与
"财产"概念的发展而言,罗马法最重大的意义在于"无体物"概念的提
出。早在《十二铜表法》时代,便出现了"无体财产"的萌芽。《十二铜
表法》第5条第2条中提出了"res mancipi"一词,意指"奴隶、牲畜、

---

① ［德］汉斯-维尔纳·格茨:《欧洲中世纪生活》,王亚平译,东方出版社2002年版,第
167页。

② 戴炎辉:《中国法制史》,台湾:三民书局1998年版,第274页。

土地以及包括牲畜放行权在内的'农业利用权'"①，"res mancipi"在本质上是一种包含了有体物和无体物的综合性财产。查士丁尼的《法学总论：法学阶梯》则明确提出了"无体物"的概念："不能被触觉感受到的东西是无形体物，这些物是由权利组成的，例如遗产继承权、用益权、使用权、用不论何种方式缔结的物权等……"②"无体物"的概念是罗马法上的伟大创举，这一概念的提出使"物"和"财产"的概念真正脱离了日常生活观念的现实性束缚，成为一种纯粹服务于立法与法学研究的专业概念，③为近代以来的财产非物质化革命提供了思想渊源和理论基础，对日后的财产概念的演进产生了极为深远的影响。④

四 流变：财产概念外延的不断扩张

随着时代的发展，在三次科学技术革命的推动下，"财产"的概念逐渐产生嬗变，各类新型财产不断涌现，"财产"概念的内涵与外延不断扩容：

（一）市场经济的发展与商业信誉、商业秘密的财产化

近代以来，随着市场经济的发展，一些在企业经济活动中发挥重要作用的商业因素越来越多地作为一种全新的财产类型而存在。美国法学家肯尼斯·万德威尔德指出，在19世纪，美国法院不断遇到各种新型案件，在这些案件中，保护当事人的无形财产比保护有形的物显得更为重要，于是法院逐渐将财产定义为一种"对价值的权利"而非"对物的权利"。社会经济活动的发展使法院认识到，即使不涉及任何动产和不动产，商业信誉作为一种财产也可以独立地存在或失去。在19世纪初，商标仅仅是为了反对欺诈行为、维护市场秩序才受到保护的，而到了19世纪末，商标就普遍被视为一种财产类型了。在这一过程中，司法判例逐渐确认了诸如商业信誉、商业秘密与财产增益（accesssion）之类的大量的非物质性财产。⑤市场经济的发展使"财产"

---

① 《世界著名法典汉译丛书》编委会：《十二铜表法》，法律出版社2000年版，第26页。

② ［罗马］查士丁尼：《法学总论：法学阶梯》，张企泰译，商务印书馆1989年版，第59页。

③ 蒙晓阳：《物的概念价值——由物的历史演进归结》，《安徽大学学报》2006年第5期。

④ 倪凌、陈楚天：《全球化背景下的知识产权法制现代化——从知识产权法律制度的历史演变谈起》，《甘肃行政学院学报》2005年第1期。

⑤ ［美］肯尼斯·万德威尔德：《十九世纪的新财产：现代财产概念的发展》，《经济社会体制比较》1995年第1期。

的概念由传统的有体物向抽象意义上的无形财产嬗变，商标、商业信誉、商业秘密等不具备客观物质外壳的经济因素成为全新的财产类型。

（二）工业革命与知识产权财产制度的确立

18 世纪，工业革命率先在英国发轫，随机席卷整个欧洲，并于 19 世纪传播至北美大陆。珍妮纺纱机、瓦特蒸汽机、蒸汽机车、汽轮等工业革命中涌现出大量的科技发明所带来的巨大经济利益亟须法律的专门保护，由此促成了以专利权为代表的知识产权制度的产生与知识财产概念的成型。世界上最早的知识产权法滥觞于英国 1623 年的《垄断法规》。1852 年，英国颁布了《专利法修正案》，正式确立了专利权制度。1857 年法国出台的《关于以使用原则和不审查原则为内容的制造标志和商标的法律》确立了具有近代意义的知识产权财产制度。近年来，知识产权的财产化趋势越发明显，一个显著的体现是《与贸易有关的知识产权协议》（即 TRIPS 协议）的英文文本第 4 条和第 5 条交替使用了"知识财产"（Intellectual Property）和"知识产权"（Intellectual Property Rights）的表述，① 将知识产权作为一种财产（Property）看待。在美国，以 1976 年的《版权法》的修订为标志，美国开始了知识产权的财产化转向，越来越多的观点将知识产权与有形财产相

---

① *Agreement on Trade-Related Aspects of Intellectual Property Rights* (TRIPS Agreement) Article 4: Most-Favoured-Nation Treatment: "With regard to the protection of intellectual property, any advantage, favour, privilege or immunity granted by a member to the nationals of any other country shall be accorded immediately and unconditionally to the nationals of all other members. Exempted from this obligation are any advantage, favour, privilege or immunity accorded by a member: (a) deriving from international agreements on judicial assistance or law enforcement of a general nature and not particularly confined to the protection of intellectual property; (b) granted in accordance with the provisions of the Berne Convention (1971) or the Rome Convention authorizing that the treatment accorded be a function not of national treatment but of the treatment accorded in another country; (c) in respect of the rights of performers, producers of phonograms and broadcasting organizations not provided under this Agreement; (d) deriving from international agreements related to the protection of intellectual property which entered into force prior to the entry into force of the WTO Agreement, provided that such agreements are notified to the Council for TRIPS and do not constitute an arbitrary or unjustifiable discrimination against nationals of other Members. "

Agreement on Trade-Related Aspects of Intellectual Property Rights (TRIPS Agreement) Article 5: Multilateral Agreements on Acquisition or Maintenance of Protection: "The obligations under Articles 3 and 4 do not apply to procedures provided in multilateral agreements concluded under the auspices of WIPO relating to the acquisition or maintenance of intellectual property rights. "

提并论，倡导权利人对知识产权的绝对性、排他性的控制。① 在 Florida Prepaid Postsecondary Education Expense Board v. College Savings Bank 一案中，联邦最高法院直接将专利权认定为财产权的一种，并将其纳入宪法第 5 和第 14 修正案的保护范围之中。② 《欧洲人权公约》第一议定书规定："任何自然人或法人都有权和平地使用它的拥有物"。根据欧洲人权法院的相关判例，"拥有物"的范围不仅包括货物和土地，而且亦适用于知识产权、货币以及那些可以被"货币化的权利"（cashable rights）。所谓"可货币化的权利"，是指可以被转化为货币的权利，例如股份、债券、银行账户、可转让的债权等。③ 中国亦有不少学者将知识产权视为财产类型的一种，称之为"无形财产"。"所谓无形，是指智力成果不需要占用空间，其本身是无形的；所谓财产，是指商业标记或智力成果转化的经济效益。"④ 财产包括三种类型，一是有体物；二是对物的所有权，某物归属于某人所有即可被视为财产；三是具有货币价值的权利，诸如所有权、他物权和知识产权等。⑤ 随着时代的发展，知识产权被越来越多地被作为一种财产看待。

（三）第二次科学技术革命与电气、能力、通讯资源的财产化

工业革命使人类进入了第一个机器化大生产时代即蒸汽时代，第二次科技革命则使人类进入电气时代。以石油燃料为动力来源的内燃机开始逐步取代以煤炭为燃料的蒸汽机，发电机、电动机、电灯、电影放映机等电器在社会上迅速普及，科学技术的进步带来了通讯领域的革命，电话、无线电、收音机、电视等新发明纷纷涌现。第二次科技革命后，能源、电力以及无线通讯资源逐渐被作为新的财产类型加以保护，财产概念的内涵再一次扩容。例如，日本刑法第 245 条规定："电气也视为财物"。⑥ 《意大

---

① Michael A. Carrier, "Cabining Intellectual Property through a Property Paradigm", *Duke Law Journal*, 2004, （54）, pp. 2-52.

② 527 U. S. 627（1999）. 119S. Ct. 2199；144 L. Ed. 2d575；67USLW 3683.

③ ［英］詹姆斯·哈里斯：《论西方的财产观念》，彭诚信译，《法制与社会发展》2003 年第 6 期。

④ 王景琦：《知识产权》，中国社会科学出版社 1999 年版，第 5 页。

⑤ 林旭霞：《财产、财产观的历史考察与现实分析》，《福建论坛》（人文社会科学版）2006 年第 9 期。

⑥ 张明楷译：《日本刑法典》（第二版），法律出版社 2006 年版，第 90 页。

利刑法典》第 624 条第 3 款规定："刑法意义上，电能和其他具有经济价值的能源可以被视为动产"。① 中国刑法第 265 条规定，以牟利为目的，盗接他人通信线路、复制他人电信码号的行为可以构成盗窃罪，这也就意味着电话通讯资源可以作为盗窃罪的对象；根据相关司法解释的规定，电力、燃气、自来水等资源都属于刑法意义上的"财物"。② 中国台湾地区的"刑法"亦规定："电能、热能以及其他能量……以动产论。"③ 第二次科技革命使电力、能源、通讯资源成为新的财产类型，并得到刑法的认可和保护。

（四）第三次科学技术革命与信息财产理论

以 20 世纪中叶电子计算机的诞生为标志，第三次科学技术革命引发了人类社会的又一次历史性变革，使人类进入了信息时代。信息成为国家、企业和个人进行竞争的有力武器，其价值和作用日益得到人们的重视，由是出现了一些将信息视为财产的主张和观点。1982 年，美国学者哈伦·克利夫兰（Harlan Cleveland）提出了"信息即资源"（information as a Resource）的理念，④ 引发了关于"信息财产"的讨论。"信息财产理论"的支持者们主张应当将个人信息的控制权界定为一项财产权，纳入现有的财产权制度体系之中，认为"现有的财产权理论能够为个人信息提供充足的、全面的法律保护"。⑤ 虽然该理论尚未得到立法的正式承认，但是将信息视为一种财产的主张顺应了工业革命以来财产的非物质化趋势，并为互联网时代的"大数据财产""网络虚拟财产"等议题提供了思想基础与理论渊源。

（五）互联网时代的到来与网络财产的争议

世纪之交，人类进入了互联网时代。互联网技术的发展极大地便利了

---

① 黄风译：《意大利刑法典》，中国政法大学出版社 1998 年版，第 184 页。

② 《最高人民法院、最高人民检察院关于办理盗窃刑事案件适用法律若干问题的解释》第 4 条第（二）项规定："盗窃电力、燃气、自来水等财物，盗窃数量能够查实的，按照查实的数量计算盗窃数额；盗窃数量无法查实的，以盗窃前六个月月均正常用量减去盗窃后计量仪表显示的月均用量推算盗窃数额；盗窃前正常使用不足六个月的，按照正常使用期间的月均用量减去盗窃后计量仪表显示的月均用量推算盗窃数额。"

③ 陈烨：《刑法中的财产分类再研究》，《政治与法律》2013 年第 1 期。

④ Cleveland Harlan："Information as a Resource"，*Futurist*，1982（6），pp. 34-39.

⑤ Jerry Kang，"Information Privacy in Cyberspace Transactions"，*Stanford Law Review*，1998（50），p. 1198.

人们的生活，催生了新的经济形态，亦为"财产"的概念注入了全新的时代内涵。首先，电子银行账户与第三方支付软件的出现使延续了数千年的货币形式由现实货币向电子资金转化，曾经表现为金银、铸币、纸币的货币被银行账户中的余额所取代，货币正在褪去其物理外壳，向电子化的无形财产演变；其次，互联网技术的应用催生了各类新型权利凭证，诸如打折券、团购券、网络优惠券、实物兑换券、网络电影票、支付码等可以兑换一定商品或服务的电子权利凭证，有观点认为，这些电子权利凭证正在逐渐取代货币和实物，成为人们控制财产的主要方式，应当将其作为一种财产对待；[①] 再次，随着互联网游戏产业的兴起，围绕"虚拟财产"（网络游戏装备）的讨论日渐勃兴，部分学者认为这是一种全新的财产类型，应当得到刑法的承认和保护；[②] 最后，以大数据、云计算和区块链技术为依托的"大数据财产""比特币""以太坊"等不同于以往的全新财产类型纷纷涌现，使"财产"概念的内涵和外延在互联网时代越发丰富多样、模糊难辨。

由此，在互联网时代，如何准确划定"财产"概念的边界，更好地回应财产的虚拟化趋势，成为刑法必须应对的重大命题。有鉴于此，本章在梳理"财产"概念的历史演变与域外沿革的基础上，结合法律规定和学理论争，对刑法语境下的"财产""财物"等基础概念的认定标准与内涵特征加以厘清，在此基础上就刑法如何应对互联网背景下财产概念的流变趋势作出系统而全面的解答。

第二节　"财产"概念的现实考察

一　"财产"概念的域外比较

（一）德国

德国民法语境中的"财产"既包括有体物亦包括权利。所谓"有体物"是指能够被人所掌控的、具有确定形体的物，但是并不要求其必须以

---

① 郭利纱：《以积分、优惠券为对象的犯罪的认定——以犯罪对象的多元化为切入》，《西南政法大学学报》2018 年第 6 期。

② 陈罗兰：《虚拟财产的刑法意义》，《法学》2021 年第 11 期；陈兴良：《虚拟财产的刑法属性及其保护路径》，《中国法学》2017 年第 2 期。

固态存在，液体，气体，光、热、电等能量都被纳入"物"的范畴。[①] 某些权利亦可以成为法律意义上的物。根据《德国民法典》第 1068 条的规定，权利也可以构成用益权的标的，此时准用法律关于物的用益权之规定。第 96 条将"与土地所有权有关的权利"置于法典第四章"物、动物"一章，意味着《德国民法典》将这些权利也纳入"物"的概念范畴之内。[②] 具体到刑法意义上的"财产"，德国则颇显保守，长期恪守"有体财产"的藩篱。第二次学科技术革命之后，电力作为新型能源的经济价值日益凸显，欧洲和日本等地陆续出现了一批窃取电力的案件。日本和法国的最高司法机关均肯定了电能的财产性，将窃电行为认定为盗窃；[③] 而德国帝国法院则认为，电能并不是能够被称为物质性的物品，因此不能将未经许可非法使用电能的行为认定为刑法第 242 条的盗窃罪。[④] 直到 1900 年德国修订刑法，单独设置条文对窃取电力的行为加以规制，窃电行为才得以入罪。根据德国刑法第 242 条的规定，盗窃罪的对象仅限于"可移动的物"即动产，不包括财产性利益；德国刑法第 249 条和第 255 条将抢劫财物的行为与抢劫财产性利益的行为分两个条文区别规定；但是第 253 条规定的敲诈勒索罪以及第 263 条规定的诈骗罪的对象均是"财产"而非"动产"，[⑤] 将不动产与财产性利益包含在内。[⑥] 可见，德国刑法意义上的"财产"虽然包含动产、不动产以及财产性利益，但是作为盗窃罪对象的"财产"只能是"财物"（动产），不包括财产性利益。另外，对于如何定义"财产"问题，德国的刑法学界存在如下不同见解：

1. 宾丁：法律的财产说

20 世纪以前，在德国理论界占统治地位的观点是宾丁（Binding）提出的"法律的财产说"。宾丁认为，刑法中的"财产"涉及三个方面的基

---

① 蒙晓阳：《物的概念价值——由物的历史演进归结》，《安徽大学学报》2006 年第 5 期。

② 郑冲、贾红梅译：《德国民法典》，法律出版社 1999 年版，第 18 页。

③ 高巍：《盗窃罪基本问题研究》，中国人民大学出版社 2011 年版，第 27 页。

④ [德] 克劳斯·罗克辛：《德国刑法学总论》，王世洲译，法律出版社 2005 年版，第 86 页。

⑤ 德国刑法第 263 条第 1 项规定："以自己或者第三者得到违法的财产利益为目的，通过虚构事实、歪曲、隐瞒事实，使他人产生错误认识或者使他人陷入持续的错误认识中，对他人的财产造成损害的，处五年以下自由刑。"

⑥ 张明楷：《论盗窃财产性利益》，《中外法学》2016 年第 6 期。

本含义：

（1）财产的属性：受民法保护的经济性利益是民法上的权利，刑法关于财产犯罪的规定就是为了保护这些民事权利而存在的。刑法中的"财产"就是民法上所有权利的集合。抽象的经济利益和价值并不是刑法意义上的财产，刑法意义上的"财产"必须以民事权利作为存在的前提和基础，侵害民事权利的行为，即使没有造成实际的经济损失也构成财产犯罪；反之，某一行为即便已经造成了重大的经济损失，只要其没有侵害特定的民事权利，便不能认定为犯罪。[①]

（2）财产损害的对象：财产或财物并不是刑法保护的对象，被害人的财产权利才是财产犯罪行为侵害的对象。例如，行为人谎称自己销售的A国产的刀具，但是却将价值相同的B国所产刀具交与受害人，宾丁认为，此时诈骗者侵害的是受害人购买A国产刀具的权利，而不是被害人已经支付的对价。受害人所支付的对价是基于其本人的意思表示，并没有受到侵害，受到侵害的是其获得A国刀具的权利。

（3）财产的合法性：宾丁的"法律的财产说"非常强调财产的"法律属性"也即财产的合法性，该说认为民事上无效的财产不构成刑法意义上的财产，不是财产犯罪要保护的财产权。基于不法原因的给付物（如赃物、嫖资、赌资、贿款等）不是刑法意义上的财物，无效的债权亦不属于刑法上的财产。此外，对于没有本权的占有，宾丁也否认其属于财产。如果受害人采取欺骗手段从窃贼那里骗回自己的财产，则不成立欺诈罪；但是第三人从窃贼处再次盗窃的行为构成盗窃罪，这是因为第三人的再次窃取行为同样构成了对原权利人财产权的侵犯。[②]

宾丁所提出的法律的财产说以刑法的从属性理论为基础，认为刑法所保护的法益必须以民法权利的存在为前提，刑法中的"财产"必须是民法上的财产权利。这一主张为后来的学说和判例所批评，并被布伦斯等人提出的经济的财产说所取代。

2. 布伦斯：经济的财产说

法律的财产说过度强调刑法对民法的从属性和依附性，这一立场遭到了希佩尔（Hippel）、H. 迈尔（Mayer）等人的批判，由此提出了刑法的

---

① 张明楷：《法益初论》，中国政法大学出版社2003年版，第540页。

② 王玉珏：《刑法中的财产性质及财产控制关系研究》，法律出版社2009年版，第42页。

独立性理论，H. 迈尔指出，将刑法与民法完全连接在一体的话，将会导致复杂而不可预测的后果，难以实现刑法自身的目的。刑法和民法在结果上应当协调，但是这并不意味着刑法在构成上就理所当然的要以民法作为基础。① 基于这一思想，布伦斯（Bruns）等人提出了经济的财产说。该说立场与法律的财产说几乎完全对立，主要包括如下主张：

（1）财产就是具有经济价值的利益，没有金钱价值的物品，即便属于民事权利客体也不构成刑法意义上的财产，对其实施侵害的行为不构成财产犯罪；此外，侵害财产的行为如果在整体上并未减少受害人的金钱价值，就不构成刑法上的损害。

（2）基于不法原因的财产利益，如嫖资、赌资、贿款等，虽然其不具有民法权利基础，在民事诉讼上得不到保护，但是鉴于其金钱价值，也应属于刑法意义上的财产。对于盗窃赃物的行为，由于赃物的持有人也可以从占有中享受赃物的金钱价值和利益，因此赃物同样属于刑法上的财产，第三人盗窃赃物的应构成盗窃罪。

（3）原权利人从盗窃犯处骗回自己财物的行为也成立欺诈罪，这是因为被盗者对其占有的财产具有金钱上的利益；同理，债权人欺骗债务人以实现其债权的行为也构成财产犯罪。

经济的财产说一经提出便得到了刑法学界的广泛认同，并于 1910 年为德国法院的判例所确认，② 成为理论界的通说。不过，纯粹的经济的财产说的绝对化立场存在一定的问题，为此，该说的支持者对其进行修正，也有部分学者提出了全新的法律的和经济的财产说，试图对前述两者的立场进行折中。

3. 克雷默：法律的和经济的财产说（折中说）

纯粹的、极端的经济的财产说将非法的经济利益也视为刑法保护的财

---

① 童伟华：《财产罪基础理论研究：财产罪的法益及其展开》，法律出版社 2012 年版，第 22—23 页。

② 该案案情为：在德国，制造、销售堕胎药的行为是违法的，行为人 A 将无效的堕胎药以 0.1 马克的价格卖给孕妇 B，并谎称其有效。德国法院认为，损害的有无是一个事实问题而非法律问题，财产的概念是一种由金钱的经济价值所表现的生活概念，因此，从纯粹的金钱价值角度来看，孕妇 B 的财产损失了 0.1 马克，即便在民法上，基于不法原因给付的对价返还请求权被否定，刑法也没有否认被害人已经发生财产损害的现实。有鉴于此，法院判处行为人 A 构成欺诈罪。

产，这一观念受到了一些学者的质疑。克雷默（Cramer）指出，经济利益只有在正当地被持有、分配的情况下，才能够成为刑法保护的财产。根据法秩序统一的原则，不能将违反民法禁止性规定而被否认的债权作为刑法中的财产法益予以保护，在此基础上，克雷默提出了法律的和经济的财产说，该说认为，财产应当是法秩序所保护的、作为整体的具有经济价值的利益，违法的利益不属于刑法中的财产。[1] 在涉及不法原因给付以及诈骗成立的问题上，克雷默的立场与法律的财产说持相同立场；而在关于成立财产犯罪是否需要有经济损失方面，克雷默站在了经济的财产说一方。克雷默主张，一方面，根据法秩序统一的原则，只有民事法律上承认的利益，才能成为财产犯罪保护的法益；但另一方面，刑法中的财产也可以是不存在民事权利基础的经济利益，只不过刑法不能将那些民法所禁止的违法性利益作为财产进行保护。[2]

综上，德国刑法中关于"财产"概念的争议主要集中于两个问题，其一是刑法上的"财产"是否以存在民法上的权利基础作为前提；其二是民事法律禁止的不法利益（如嫖资、赌资、贿款、毒品等）是否可以被视为刑法中的财产。对此，法律的财产说、经济的财产说与折中说的立场完全不同（见表1-1）。

表 1-1　　　　　　　德国刑法中"财产"概念的学说争议

学说	代表人物	刑法上的"财产"是否以民法上的权利为前提	民法上的不法利益是否可以作为刑法意义上的"财产"
法律的财产说	宾丁	是	否
经济的财产说	布伦斯	否	是
折中说	克雷默	否	否

（二）日本

日本刑法中关于财产犯罪的规定集中于《刑法》第三十六章至第三十八章之间，具体包括盗窃罪、强盗罪、诈骗罪、恐吓罪、侵占罪等罪名。与德国相比，日本刑法中"财产"的概念更加宽泛，除了"财物"

---

[1]　王玉珏：《刑法中的财产性质及财产控制关系研究》，法律出版社2009年版，第43页。

[2]　童伟华：《财产罪基础理论研究：财产罪的法益及其展开》，法律出版社2012年版，第32—33页。

之外，电力、① 不动产、② 财产利益均可以构成财产犯罪的对象。但是，日本刑法严格区分了"财物"与"财产性利益"，第 236 条和第 246 条虽然规定财产利益可以成为强盗罪和诈骗罪的犯罪对象，但是却单独列出，而不是将其与"财物"置于同一条款之中。③ 另外，根据日本刑法第 235 条关于盗窃罪规定："窃取他人财物的，是盗窃罪，处十年以下惩役"，盗窃罪的对象仅限于"财物"（动产），既不包括不动产，亦不包括财产性利益。

虽然作出以上规定，但是日本刑法既没有对"财物"进行定义，也没有对财产犯罪最终保护的法益进行解释，由此引发了司法与理论界的两场论争：围绕前者即"财物是什么"的问题，形成了有体性说与管理可能性说的争讼；而关于财产犯罪保护法益即"刑法保护财产的什么"之探讨，则形成了本权说与占有说的对垒。

1. 有体性说 vs 管理可能性说

（1）有体性说："所谓有体物，一般是指有形的存在，它与自然力、债权、著作权等无体物相对应。"④ 顾名思义，有体性说认为刑法意义上的"财物"应当被限定为占据一定空间的有形存在之物，包括固体、液体、气体，但是不包括电、冷、热等能量，⑤ 无形体物不是刑法意义上的"财物"。⑥ 根据有体性说的立场，电力不能作为盗窃罪的对象，不属于刑法意义上的"财物"；对于刑法第 245 条"电气也视为财物"的规定，有体性说认为这是一种"明知不同而等视之"的法律拟制，"电力视为财

---

① 日本刑法第 245 条规定，"就本章犯罪（第三十六章'盗窃与强盗罪'），电气也视为财物"。

② 日本刑法第 235 条之二规定了"侵夺不动产罪"："侵夺他人不动产的，处十年以下惩役"，并将该条置于第三十六章"盗窃与强盗罪"中。可见不动产也属于日本刑法语境中的"财产"，可以成为财产犯罪的对象。

③ 日本刑法第 236 条规定："以暴行或者胁迫方法强取他人财物的，是强盗罪，处五年以上有期惩役。""以前项方法，取得财产上的不法利益，或者使他人取得的，与前项相同。"日本刑法第 246 条规定："欺骗他人使之交付财物，处十年以下惩役。""以前项方法，取得财产上的不法利益，或者使他人取得的，与前项相同。"

④ ［日］四宫和夫：《民法总则》，弘文堂 1982 年版，第 130 页。

⑤ ［日］西田典之：《日本刑法各论》，刘明祥等译，武汉大学出版社 2005 年版，第 96 页。

⑥ ［日］曾根威彦：《刑法学基础》，黎宏译，法律出版社 2005 年版，第 16 页。

物"的规定是一种例外性规定而非提示性规定。①

（2）事务的管理可能性说：与有体性说相对立的是管理可能性说，该说认为，凡是具有管理可能性的物都属于刑法意义上的"财物"，有体物和无体物都是刑法规定的"财物"。1903 年 5 月 11 日，日本大审院在窃电案的判决中指出：作盗窃对象的"财物"，只要是依据五官能够认识的物就足够了，不需要是有体物。"应当以可动性以及管理可能性的有无"作为区分某物是否可以成为窃盗罪对象的标准。电流虽然不是有体物，但依据五官的作用可以感知其存在，并且电也能收容于特定容器之中，故而具有管理可能性，由此，窃电的行为构成窃盗罪。② 据此，日本最高司法机关确立了管理可能性说。

管理可能性说又可以分为事务的管理可能性说和物理的管理可能性说，事务的管理可能性说是一种比较激进、极端的主张，该说认为，只要能够作为一种事务进行管理的物，都属于刑法中的财物。有体物、无体物、债权、水力、人的劳动力、牛马的牵引力等都属于财物，可以成为盗窃罪的对象，③ 甚至擅自乘车、逃票看电影、偷打电话的行为都可以成立盗窃罪。④ 对于日本刑法第 245 条"电气也视为财物"的规定，事务的管理可能性说认为这是一种提示性规定而非例外性规定，既然电力属于刑法意义上的"财物"，那么人工冷气、水力、牛马牵引力等无体物也应属于"财物"。⑤

（3）物理的管理可能性说：事务的管理可能性说不当扩张了"财物"的概念范围，将债权、劳力等明显超越语义范畴的权利或利益解释"财物"，造成了"财物"概念的泛化。有鉴于此，一些学者对事务的管理可能性说进行修正，提出了物理的管理可能性说。该说认为，虽然刑法上的"财物"并不仅仅局限于有体物，但是只有那些具备物质性的可管理的东西才能被称为财物，电力、热能、冷气属于"财物"，而债权、人的劳力

---

① 高巍：《盗窃罪基本问题研究》，中国人民大学出版社 2011 年版，第 28 页。

② 日本大审院 1903 年 5 月 11 日判决，载日本《最高裁判所刑事裁判录》第九辑，第 874 页。

③ 张明楷：《刑法学》，法律出版社 2021 年版，第 1212—1219 页。

④ ［日］牧野英一：《刑事学的新思潮与新刑法》，有斐阁 1919 年版，第 48—54 页。

⑤ ［日］木村龟二：《刑法各论》，法文社 1957 年版，第 100—101 页。

以及牛马的牵引力不能被认为是"财物"。①

在日本，虽然大审院的早年判例采用了管理可能性说的立场，但是其后的判例并未采纳这一观点。例如，东京地方法院多次判决情报信息不能作为财物，《日本民法典》第85条亦明确规定："本法中的物是指有体物"，有体性说已成为日本司法与理论界的通说。② 总体而言，无论是德国还是日本，有体性说均处于通说的地位；但是具体到管理可能性问题上，两国存在较大差异：管理可能性说在德国几乎没有市场，而在日本刑法学界则具有一定的影响力，甚至可以产生对抗通说的力量。③

2. 本权说 vs 占有说

（1）本权说：本权说即所有权说，该说认为财产犯罪所保护的法益是物的所有权（本权），其依据有二：本权说的立法基础是日本刑法第235条规定将盗窃罪的对象规定为"他人财物"而不是"他人占有之财物"，从文义解释的角度看来，"他人财物"应当是指"他人所有之物"，因此盗窃罪侵害的对象是财物的所有权而非对财物的占有。本权说的理论基础是对非法夺取他人财物之后毁弃行为的定性。无论是占有说还是本权说，都承认夺取他人财物之后的毁弃行为系事后不可罚行为，而占有说却存在难以解释的逻辑漏洞：根据占有说的观点，盗窃罪保护的对象是对财产的占有，这样一来行为人窃取他人财物后又将之弃毁的行为即侵害了原权利人对财物的占有亦侵害了原权利人的财物所有权，应当分别成立盗窃罪和损坏器物罪，但是占有说亦认为在此情况下仅成立盗窃罪一罪，这一判断背离了其基本立场，存在逻辑矛盾。④ 根据本权说的立场，原权利人从窃贼那里偷回本属于自己的财物的，不成立盗窃罪；不法原因给付物（赌资、嫖资、毒品等）不属于刑法所保护的财产；债权人使用不正当手

---

① ［日］大塚仁：《刑法概说·各论》（第三版），冯军译，中国人民大学出版社2003年版，第174—175页。

② 童伟华：《财产罪基础理论研究：财产罪的法益及其展开》，法律出版社2012年版，第76—77页。

③ 邓毅丞：《财产性利益的界定标准体系重构以利益转移罪的认定为中心》，《当代法学》2022年第5期。

④ 童伟华：《财产罪基础理论研究：财产罪的法益及其展开》，法律出版社2012年版，第36页。

段从债务人处取得逾期债权的行为不构成犯罪。[①] 对于日本刑法第 242 条中关于"虽然是本人的财物，但是由他人占有或者基于公务机关的命令由他人看守时，就本章犯罪，视为他人财物"的规定，本权说认为这里的"占有"指的是有本权的占有。[②]

（2）占有说：与本权说针锋相对的是占有说，该理论的核心观点认为财产犯罪保护的法益并非本权，而是对财物的占有。其规范依据为日本刑法第 242 条关于"虽然是本人的财物，但是由他人占有时……视为他人财物"的规定；此外，从立法沿革来看，旧刑法（1880 年日本刑法）第 336 条规定"窃取他人之所有物者，为盗窃罪"；而新刑法（1907 年日本刑法）第 235 条将这一条修正为"窃取他人的财物的，是盗窃罪"，删去了"所有"二字，这也就意味着刑法已经明确放弃了本权说的立场转而采用占有说，将财产犯罪的机能重点转移到对财产占有秩序的保护上。[③] 占有说的理论依据是"禁止自力救济"，认为在法治国家，权利受到侵害的人应当遵循法定的救济方式，即使是财物的所有权人也不能通过自力救济的方式恢复权利。[④] 根据占有说的观点，刑法所保护的是对财产的占有，至于占有本身是否是合法的在所不论。原权利人偷回自己被盗财物的，构成盗窃罪；赃物、赌资、嫖资等的占有亦应得到刑法的保护；债权人采用非法手段取回其到期债权的，同样构成犯罪。[⑤]

（3）折中说：鉴于本权说与占有说均存在某些理论缺憾，后来的学者试图从不同的角度对其进行修正，从而产生了诸多折中观点：小野清一郎提出了"有理由的占有说"，认为刑法虽然保护的是对财物的占有，但是这种占有应当是合法的、存在刑法认可的合理性依据。团藤重光认为，财产犯罪保护的法益首先是所有权，其次是占有行为实质反映的财产性利益，即使没有本权（所有权），但是占有是基于质权、租借权、留置权等其他权利基础，体现出经济利益，也可以作为财产犯罪的保护对象。藤木英雄认为，刑法对财产的保护，归根结底是在保护所有权等正当权利，因

---

① 王玉珏：《刑法中的财产性质及财产控制关系研究》，法律出版社 2009 年版，第 44 页。

② ［日］内田文昭：《刑法各论》（第二版），青林书院 1984 年版，第 250 页。

③ ［日］大塚仁：《刑法概说·各论》（第三版），冯军译，中国人民大学出版社 2003 年版，第 182—183 页。

④ ［日］大塚裕史：《刑法各论的思考方法》，早稻田经营出版社 2004 年版，第 48 页。

⑤ 刘明祥：《财产罪比较研究》，中国政法大学出版社 2001 年版，第 12 页。

此，行为人从窃贼那里再次盗窃财物的，仍然构成盗窃罪，但是原权利人偷回自己失窃的财物，不构成犯罪。林幹人基于传统的本权说与"平稳的占有说"提出了"修正的本权说"，指出民事法律上被保护的合法占有，是刑法中财产犯罪保护的对象，民事上违法、不受民法保护的占有，刑法也不应对其进行保护。大谷实则基于德国的"法律的、经济的财产说"提出了"扩张的本权说"，认为当某种财物占有是否合法状态不明、若不通过民事诉讼就无法确定正当的占有人时，从经济利益的角度出发，刑法应当对其进行保护；当某种占有不需要经过民事诉讼即可直接判断出其构成非法占有时（如基于盗窃、抢夺、诈骗行为建立的非法占有），则刑法不应对其进行保护。①

在日本的刑事实践中，"二战"以前的判例采用了本权说的立场，战后占有说取代本权说成为判例和学界的通说。②

（三）英国

在英美法系的语境中，并不强调"物"或"财产"概念的独立性。"财产是什么"在英美法中是一个"根本无法回答的问题"。③ 英美法在用语上并不严格区分"财产"与"财产权"，更加关注财产的法律属性而非物理属性。英美法认为作为物理形态的"物"的本身并不是财产，只有附加了特定的权利之后才使其具有了财产的本质。当财产权利附着于"物"之上时，英美法并不会认为"物"本身就是财产，有价值的是其上面的权利；更多的财产权则是附着于无形物之上的，或者说根本没有"物"的形态，诸如基金、信托等。④《布莱克法律词典》将"财产"描述为一种"权利束"（abundle of rights）而不是某种"物"。⑤ 体现在立法上，一个典型的代表就是英国特有的财产权制度。

当前英国财产制度的根基起源于中世纪时期的土地保有制度

---

① 王玉珏：《刑法中的财产性质及财产控制关系研究》，法律出版社 2009 年版，第 46 页。

② 童伟华：《财产罪基础理论研究：财产罪的法益及其展开》，法律出版社 2012 年版，第 38 页。

③ John. E. Cribbet, "Concepts in Transition：The Search for a New Definition of Property", *University of Illinois Law Review*, 1989, Vol. 54（1）, pp. 1-42.

④ 赵萃萃：《英美财产法之 Estate 研究——以财产和财产权的分割视角》，法律出版社 2015 年版，第 13 页。

⑤ Black's Law Dictionary：Property.

（Tenure）。所谓土地保有，是指领主（Lord）授予土地保有人（tenant）在一定时间内保有某片土地的权利；作为对价，保有人应当向领主承担相应的封建役务。① 在土地保有制度下，土地保有人就保有土地所占有的权益称为地产（landed estate），基于土地保有关系产生、受不动产诉讼保护的财产被称作不动产（real property）；不动产以外的财产和权利被称作动产。② 英国法意义上的动产（chattel）是一个"拾遗补漏"型的财产概念，凡是不属于不动产的财产均被纳入动产的范畴之中。③ 与"不动产"的概念一样，英国法中的"动产"并不以有体物为限，并且可以分为"一般动产"（chattel personal）与"准不动产"（chattel real）两类。"准不动产"又称租赁地产（leasehold estate），是指定期的承租人对承租土地所享有的权益。"一般动产"又可以进一步分为有形动产（choses in possession）与无形动产（choses in action），前者是指具有固定形态的、可以被占有、可移动财产，④ 后者则是指有形动产以外的其他一般动产，包括各种财产性权利与其他无形财产，具体包括：（1）权利证书式的无形财产（documentary intangibles），如汇票、本票、支票和提单；（2）书证式的无形财产（documented intangibles），如股票、债券和股份；（3）非书证式的无形财产（undocumented intangibles），如应收账款；（4）知识产权；（5）基金；（6）货币；（7）资本与收入。⑤

在刑法有关"财产"的规定中，英国经历了从本权说到占有说的转向。英国《1916年盗窃罪法》第1条规定："未经所有权人的同意，不诚实地、并且没有诚实的权利主张，以永久性地剥夺所有者财物的意思，窃

---

① 刘兵红：《英国财产权体系之源与流》，法律出版社2014年版，第16—17页。

② 需要注意的是，英国法意义上的不动产（real property）、动产（chattel；personal property）不同于中国法意义上的动产（movable property）与不动产（immovable property），前者以土地保有关系为区分标准，而中国的动产与不动产的界分在于财产本身是否可以被移动的物理属性；同样，中国法律规定的准不动产（飞机、汽车等需要登记的动产）也不同于英国法中的准不动产（chattel real）概念，后者是一种与土地有关的用益物权。

③ E. L. G. Tyler, N. E. Palmer, *Crossley Vaines' Personal Property*, Fifth Edition, London：Butterworth, 1973, p.1.

④ M. G. Bridge, *Personal Property Law*, Oxford：Oxford University Press, 2002, p.3.

⑤ ［英］F. H. 劳森、伯纳德·冉德：《英国财产法导论》，曹培译，法律出版社2009年版，第32—53页。

取或者取走可能被盗走的物品的，属于盗窃"。[1] 而在现行的 1968 年《盗窃罪法》中，对盗窃罪的定义修改为"以用永久性剥夺他人财物的意思，不诚实地取得属于他人的财物"的行为，根据第 5 条的规定，只要财物属于他人支配或者占有，或者他人对某物享有某种财产上的权利或者利益，就属于"他人的财物"。有鉴于此，英国刑法中的"财物"也包括了一切与财产相关的法律上的利益。[2]

（四）美国

与英国相类似，美国法中的"财产"也被描述为一种与物有关的"权利束"（a bundle of rights），这一"权利束"由排他权、转让权、占有和使用权等核心权利组成。在财产的分类上，美国财产法将财产划分为不动产（real property）与动产（personal property）。不动产由土地权利和土地附着物（建筑、树木、栅栏等）的权利构成，此外还包括地面与地下空间的权利（如对地下水、矿藏资源的权利）；动产则包括有形动产和无形动产，有形动产是指那些看得见、摸得着的财产，而无形动产（intangible personal property）则是存在于无形的、不可见的"物"之上的财产权利，诸如股票、债券、商标、专利、版权、债权、合同权利、商业秘密、特许经营权等均属于无形财产。[3] 随着时代的发展，美国法语境中"无形动产"的范畴不断扩大，美国法学家赖希认为，个人从政府那里享受和获得的各类权利，如补贴、政府合作合同、养老金、福利款，都应当被视为"财产"。辛格教授认为，财产权不应当被认为是一种封闭的范畴，并主张"信赖利益"也是一种财产权利。[4]

美国法关于财产犯罪的规定颇具特色。《美国模范刑法典》（Model Penal Code）采取了"三罪合一"的"大盗窃罪"模式，"盗窃"一词包括三种罪名：偷盗罪（即通常意义上的"盗窃罪"）、侵占罪与诈骗罪，很多州亦将这三种罪名合并为一个单独的"盗窃罪"，甚至将其他一些财产犯罪囊括其中。美国法意义上的"盗窃"代指一切非自愿且不合法的

---

① Smith&Hogan, *Criminal Law*, Ninth Edition, London：Butterworths, 1999, p. 500.

② 王玉珏：《刑法中的财产性质及财产控制关系研究》，法律出版社 2009 年版，第 49 页。

③ ［美］约翰·G. 斯普兰克林：《美国财产法精解》（第 2 版），钟书峰译，北京大学出版社 2009 年版，第 4—7 页。

④ ［美］克里贝特、约翰逊、芬得利、史密斯：《财产法：案例与材料》（第 7 版），齐东祥、陈刚译，中国政法大学出版社 2003 年版，57—58 页。

财产转移，与"财产犯罪"的外延大致相当。① 根据《模范刑法典》的规定，盗窃或者财产犯罪的对象包括"任何有价值的东西"，② 也即所有的财产类型，既包括动产，也包括不动产以及"土地里生长或者发现的东西"。③ 具体说来，美国刑法中的"财物"包括：（1）土地及其附属物；（2）动产；（3）赃物和违禁物；④（4）无形财产。⑤ 在本权说和占有说的立场上，美国刑法和判例明显倾向于后者。相关判例指出，偷盗罪仅仅禁止对他人财产侵害性的获得或转移，实际产权并不是偷盗罪保护的对象。⑥ 可见美国刑法显然采纳了占有说的立场，赃物和违禁品也可以成为盗窃的对象，从非法占有人处窃取财物也构成偷盗罪。

（五）苏联

虽然近年来德日刑法理论在国内学界日渐风行，但是纵观近现代刑事立法之沿革，新中国的刑法是在彻底否定清末与民国时期的德日法旧传统基础上，通过移植苏联的刑事立法经验而逐渐成型的，⑦ 苏联刑法是中国刑法的真正渊源，其财产犯罪的相关规定对于解析中国刑法中的"财产"概念具有重要的参考价值。

《苏联宪法》与苏联民法典关于"财产"概念的规定更加突出社会主义公有制特征，主要从生产资料而非个人权利的角度对"财产"进行考察。例如，《苏联宪法》第 6 条规定："土地及其蕴藏、水流、森林、工厂、矿山、矿井、铁路运输、水上及空中运输、银行、交通工具、国营大规模农业企业（国营农场、农业机器机站等）、城市与工业地点公用企业及主要住房，概为国家财产，即全民财产。"第 7 条规定："集体农庄与合作社之公共企业及其耕畜与工具，集体农庄与合作社所出产之产品，以及集体农庄与合作社所有之公共建筑物，概为集体农庄与合作社之社会主义财产"；第 10 条规定："公民对其劳动收入及储蓄、住宅及家庭副业、

---

① ［美］约书亚·德雷斯勒：《美国刑法精解》（第四版），王秀梅译，北京大学出版社 2009 年版，第 509 页。

② Model Penal Code § 223. 0 (6).

③ Model Penal Code § 223. 0 (4).

④ Model Penal Code § 223. 0 (7).

⑤ Model Penal Code § 223. 2 (2).

⑥ See People vs. Sanders, 67 Cal. App. 4ᵗʰ1403, 1415 (Ct. App. 1998).

⑦ 李秀清：《新中国刑事立法移植苏联模式考》，《法学评论》2002 年第 6 期。

家常及日用器具、自己的消费品之个人所有权，以及公民个人财产的继承权，均受法律之保护。"同时期的苏联民法理论关于"财产"概念的描述也多为复述宪法的规定，① 并未对"财产是什么"的问题进行深入探究。

而在苏联刑法领域，刑法与理论通说认为，盗窃罪中的"财产"应当被理解为物，② 不包括财产上的权利。③ 苏联刑法学家 T. Л. 谢尔盖耶娃认为，盗窃国家财产和公共财产犯罪（既遂）的对象，只能是具体意义上的财产，也即具体的物；财产权利和财产性利益不构成盗窃罪的对象。④ 苏联司法部主编的《苏维埃刑法分则》也明确指出，偷盗公民个人财产犯罪所侵害的"公民财产"应当被理解为物，即物质财产。⑤ 根据1926 年《苏俄刑法典》的规定，电力也可以作为盗窃罪的对象，也即电力也属于"财产"的范畴。⑥ 此外，有价证券与财产权利凭证也可以作为盗窃罪的对象，故而也属于刑法中的"财产"。⑦ 值得注意的是，虽然苏联刑法否认财产权利和财产性利益属于盗窃罪意义的"财产"，但在欺诈和敲诈勒索犯罪中，刑法与理论通常认可"财产"的含义也包括财产权利与财产性利益。⑧ 从整体看来，苏联刑法中的"财产"概念是包括财产、财产权利与财产性利益的，只不过盗窃、抢夺和抢劫犯罪的对象以"财物"为限。

---

① ［苏］Д. M. 坚金主编：《苏维埃民法》（第二册），康宝田、李光谟、邹志雄译，法律出版社 1956 年版，第 36—37 页、第 67—82 页。

② 与美国相类似，苏俄刑法中的"盗窃罪"也包括偷盗、抢夺、强盗罪等含义，其概念外延大致相当于中国刑法中的盗窃、抢夺、抢劫三个罪名的结合。

③ ［苏］Б. A. 库利诺夫：《盗窃国家财产和盗窃公共财产的刑事责任》，刘玉瓒、雷良棻、陈炽基、刘秀丰译，法律出版社 1955 年版，第 21 页。

④ ［苏］T. Л. 谢尔盖耶娃：《苏维埃刑法对社会主义所有制的保护》，薛秉忠、王更生、高铭暄译，法律出版社 1957 年版，第 35 页。

⑤ ［苏］苏联司法部全苏联法律科学研究所编：《苏维埃刑法分则》，中国人民大学刑法教研室译，法律出版社 1956 年版，第 271 页。

⑥ ［苏］T. Л. 谢尔盖耶娃：《苏维埃刑法对社会主义所有制的保护》，薛秉忠、王更生、高铭暄译，法律出版社 1957 年版，第 27 页。

⑦ ［苏］苏联司法部全苏联法律科学研究所编：《苏维埃刑法分则》，中国人民大学刑法教研室译，法律出版社 1956 年版，第 166 页。

⑧ ［苏］T. Л. 谢尔盖耶娃：《苏维埃刑法对社会主义所有制的保护》，薛秉忠、王更生、高铭暄译，法律出版社 1957 年版，第 33 页；［苏］苏联司法部全苏联法律科学研究所编：《苏维埃刑法分则》，中国人民大学刑法教研室译，法律出版社 1956 年版，第 280—283 页。

国外的立法与学说可以为研究中国刑法中的"财产"概念及相关问题提供攻玉之石，不过，对法学研究而言，将域外立法与理论完全奉为圭臬，将国外的学说理论生搬硬套地应用于中国的刑法问题，忽略了舶来法学理论在其母国的特定语境与规范背景，忽视了中国法律自身的逻辑、体系与实践情况，[1] 必将导致"言必称希腊"式的谬误。探寻中国刑法中"财产""财物"等概念的真实含义，应当立足本国实践，以立法与司法实务为基础，从本土的规范语境中寻找答案。故此，下文将对中国刑法语境下"财产"与"财物"的概念定位与相互关系加以厘清，并就与此相关的理论聚讼进行逐一评析，在此基础上探寻刑法意义上的财产认定标准，作为判断互联网背景下某种新兴事物是否属于"财产"的试金石与指南针。

二　中国刑法中的"财产"概念

(一) 刑法中"财产"和"财物"概念的关系

受大陆法系立法模式的影响，中国刑法每当论及与"财产"有关的问题时，总是与另一个刑法概念即"财物"紧密相关。例如，刑法分则第五章以"侵犯财产罪"为名，但该章下辖的罪名罪状中"财产"一词却鲜有出现，典型的财产犯罪如盗窃罪、诈骗罪、抢夺罪、抢劫罪、侵占罪和故意毁坏财物罪均以"财物"而非"财产"作为犯罪对象；又如，《刑法》第64条和第224条均在同一条文中交替使用了"财产"和"财物"两个概念，而没有将用语统一，[2] 由是带来一个疑惑，即刑法中"财产"和"财物"这两个概念的内涵和外延是否完全一致？两者可否替换和通用？二者的概念关系究竟如何？关于刑法中"财产"和"财物"的概念范围是否同一的问题，存在两种截然对立的见解：

---

[1]　周旋：《中国刑法侵犯财产罪之财产概念研究》，上海三联书店2013年版，第2页。

[2]　《刑法》第64条规定："犯罪分子违法所得的一切财物，应当予以追缴或者责令退赔；对被害人的合法财产，应当及时返还；违禁品和供犯罪所用的本人财物，应当予以没收。没收的财物和罚金，一律上缴国库，不得挪用和自行处理。"《刑法》第224条规定，"有下列情形之一，以非法占有为目的，在签订、履行合同过程中，骗取对方当事人财物，数额较大的，处三年以下有期徒刑或者拘役，并处或者单处罚金……（四）收受对方当事人给付的货物、货款、预付款或者担保财产后逃匿的；（五）以其他方法骗取对方当事人财物的。"

1. 同义说

有不少刑法学者在论及与财产和财产犯罪有关的问题时，往往将刑法中的"财产"的概念等同于"财物"，并在表述时相互混用、互为替代。例如，黎宏认为，虽说在刑法分则的具体条文当中，财产犯罪的对象多半被表述为"财物"，但在中国刑法条文中，"财物"与"财产"两个概念并没有明显的区分，甚至可以认为二者的含义是完全相同的。[①] 财产、财物、财产权三者密切关联，在罗马法中这三个概念基本上同义；就刑法规定而言，侵犯财产罪，顾名思义，此类犯罪的对象应当为财产，而无论是诈骗罪还是其他侵财犯罪，中国刑法均规定侵犯的对象是财物。[②] 张明楷亦主张中国刑法中"财产"和"财物"的概念内涵完全一致，应作同义理解。[③] 不少实务界人士也经常将"财产"与"财物"相混同，认为二者完全可以通用。[④]

2. 区分说

对于理论界和实务界普遍存在的将刑法中"财产"和"财物"的概念等同视之的观点，有学者提出批评：既然刑法中"财产"和"财物"的概念完全等同，那么立法者为什么还要多此一举地使用两个完全重复的立法概念呢？就刑法第 64 条而言，刑法为什么没有将该条文中的"财物"统一表述为"财产"呢？如此，所有的误解和分歧不就烟消云散了吗？但既然刑事立法并没有这样选择，其初衷可能还是在于财物与财产并非是"相同意义上的概念"。[⑤] 申言之，立法者认为不能使用'财产'的地方即以'财物'代之，主要还是出于前者的内涵过于广泛，并且处于不断更新和变化当中，容易使人产生对于法律的不同理解。尤其在涉及作为某种行为的对象使用的时候，"财物"出现的次数就更加频繁，立法者的谨慎态度由此可见一斑。据此，抹杀两者之间的本质区别，不当地扩大

---

① 黎宏：《论盗窃财产性利益》，《清华法学》2013 年第 6 期。

② 游涛：《普通诈骗罪研究》，中国人民公安大学出版社 2012 年版，第 72—73 页。

③ 张明楷：《诈骗罪与金融诈骗罪研究》，清华大学出版社 2006 年版，第 20 页。

④ 李斌、葛燕、万兵、王帅：《侵财犯罪专业化公诉样本》，中国检察出版社 2014 年版，第 49—52 页。

⑤ 黄华生、石军英：《批判与重构：刑事涉案财物的概念界定》，《江西社会科学》2022 年第 5 期。

刑法打击面的解释结论就显得过于草率了。[①]

应当指出，在对刑法中的"财产"和"财物"等概念进行界定时，区分说严谨细致的学术态度值得赞同。通过对刑法相关条款的分析和解读，就能大致领会刑法语境下"财产"和"财物"两个概念的不同之处：

首先，"财产"一词往往与"合法性"密切相关，刑法中所出现的"财产"都是以"合法"作为存在前提的。例如，刑法第64条规定："犯罪分子违法所得的一切财物，应当予以追缴或者责令退赔；对被害人的合法财产，应当及时返还；违禁品和供犯罪所用的本人财物，应当予以没收。没收的财物和罚金，一律上缴国库，不得挪用和自行处理。"根据本条规定，"财产"为被害人合法所有，而"财物"则可通过违法犯罪活动非法获取，并不必然是合法的；又如，刑法第92条规定的"公民私人所有的财产"的范围，包括"（一）公民的合法收入、储蓄、房屋和其他生活资料；（二）依法归个人、家庭所有的生产资料；（三）个体户和私营企业的合法财产；（四）依法归个人所有的股份、股票、债券和其他财产。"可见刑法在对公民私人财产的范围进行界定时，也反复强调其合法属性。实践中，某些违禁品、非法物品也属于"财物"的范围，但不能称其为财产，例如，根据2013年《最高人民法院、最高人民检察院关于办理盗窃刑事案件适用法律若干问题的解释》（以下简称《盗窃罪解释》）第1条第4款的规定，"盗窃毒品等违禁品，应当按照盗窃罪处理的，根据情节轻重量刑。"可见毒品等违禁品也属于刑法意义上的"财物"，可以构成盗窃罪的犯罪对象，但是并不能将之视为"财产"。从这个意义上讲，部分学者将财物与财产的概念混同使用，甚至提出所谓"不法财产"的概念，是应当受到批判的。[②]

其次，就总体而言，"财产"是一个总则性的概念，而"财物"则主要出现在刑法分则当中。刑法中，"财产"一词总计出现126次，其中总则出现31次，分则95次，而在分则出现的95次之中，还有64次是以"没收财产"这一总则概念的形式出现，因此严格说来，"财产"仅在分

① 陈烨：《财产性利益与罪刑法定问题》，《上海交通大学学报》（哲学社会科学版）2013年第5期。

② 邓毅丞：《财产性利益的界定标准体系重构以利益转移罪的认定为中心》，《当代法学》2022年第5期。

则中出现过 31 次，除此之外，刑法第 91、92 条也对"财产"的范围进行了界定；相比之下，"财物"的概念则主要出现在分则之中，刑法第五章侵犯财产罪与第八章贪污贿赂罪规定的大多数罪名均以"财物"为犯罪对象，在总则中，"财物"的概念仅在刑法第 64 条一个条文中出现。这一现象意味着"财物"作为一个微观、具体的分则概念，在司法机关判断某种行为是否构成犯罪时起到构成要件要素的作用，而"财产"则属于一种更为抽象、原则、宏观的总则性概念，旨在强调财产权利的合法性，主要为宣示刑法保护公私财产法益之目的而存在。

最后，"财产"是刑法保护的犯罪客体，与公民的财产权利密切相关，而"财物"则是犯罪活动直接作用的对象，并非刑法保护的法益。根据刑法第 2 条规定，"中华人民共和国刑法的任务，是用刑罚同一切犯罪行为作斗争，以保卫国家安全……保护公民私人所有的财产，保护公民的人身权利、民主权利和其他权利。"在第 20 条关于正当防卫的规定中，刑法指出正当防卫制度的设立目的是"为了使国家、公共利益、本人或者他人的人身、财产和其他权利免受正在进行的不法侵害"，这些规定与宪法的相关表述也是一脉相承的：《宪法》第 12 条规定："社会主义的公共财产神圣不可侵犯。国家保护社会主义的公共财产。禁止任何组织或者个人用任何手段侵占或者破坏国家的和集体的财产。"第 13 条第 1 款和第 2 款规定，"公民的合法的私有财产不受侵犯。国家依照法律规定保护公民的私有财产权和继承权。"由此可见受刑法保护的犯罪客体应当是"财产"而非"财物"，"财物"只是犯罪行为具体作用的犯罪对象，并非刑法保护的真正法益。正是基于这一原因，刑法第五章被冠以"侵犯财产罪"之名，而非以"侵犯财物罪"代指。

通过对刑法条文中"财产"和"财物"概念的梳理，就两者的关系而言，可以得出如下基本认识：一方面，刑法中的"财产"与"财物"是两个需要严格区分的概念，"财产"强调的是财产关系的合法性以及附着于财产上的公私财产权利，故此"财产"一定是合法的，而"财物"则并不必然具备合法性，可以是合法的、也可以是非法的，"财产"和"财物"的概念不能混同和替换；另一方面，"财产"和"财物"也是内在统一的，"财物"是"财产"在财产犯罪中的表现形式与物质承载，二者的关系归根结底是犯罪对象与犯罪客体（法益）的关系。行为人以盗窃、诈骗、抢夺、抢劫、侵占、勒索、毁坏等手段作用于公私财物，造成了受害人财产的损失，侵害了公民、国家或集体的合法财产权利，使法所保护的利益（财产社会关系）受到了犯罪行为的侵害，因而构成财产犯罪。

正是由于刑法中的"财产"和"财物"之间存在此种辩证统一的关系，使得我们在对互联网背景下涌现的各类新型财产进行审视时，仅需判断其是否属于"财物"即可，而没有必要再对此类物品或者现象是否构成"财产"的问题进行二次判断。正如童伟华所指出的那样，"法秩序对财产的保护是从物的保护出发，对财物的保护是刑法规定财产罪的主要任务。"[①] 就某种互联网背景下出现的所谓"新型财产"而言，只要该"新型财产"能够被认定为刑法意义上的"财物"，便具备了成为财产犯罪对象的条件，行为人采用现实或技术手段将之非法据为己有，便给合法的权利人造成了财产损害，违背了刑法保护公私财产的任务和目的，因而应当对其科处相应的刑罚。有鉴于此，下文将结合法律规定与相关理论对刑法中"财物"的特征与属性进行提炼，以期为互联网背景下各种"新型财产"的刑法认定问题提供一套明确、统一、可操作的适用标准，从而为互联网时代逐渐嬗变的"财产"概念划定一个准确、合理的边界。

（二）关于"财物"属性的理论争讼

国内外刑法学界关于"财物"的属性和认定标准的争论由来已久，这些聚讼主要集中于"财物是否以有体物为限""财产性利益""主观价值与客观价值""财物的管理可能性""占有与本权之争"等几个核心议题。对这些核心议题的深入分析与把握，对于我们总结、归纳刑法中"财物"概念的本质特征，继而提炼出互联网背景下"财物"的认定标准具有重要意义。

1. 财物的有体性之争

作为财产犯罪、贪污贿赂犯罪的对象，"财物"是一个非常重要的刑法概念，然而刑法本身却未对"财物"进行定义，这就给关于"财物"概念的理论探讨留下了较大空间。关于刑法中"财物"的范围与认定标准，理论界与实务界人士纷纷提出各自的见解，具体说来主要包括三种立场：

---

① 童伟华：《财产罪基础理论研究：财产罪的法益及其展开》，法律出版社 2012 年版，第 72 页。

（1）动产说：关于刑法中"财物"概念最狭义的理解，是将"财物"的范围局限于动产。例如，王作富认为刑法中的"财物"应当同时满足三个条件：一是具有可支配性；二是具有经济价值，三是只能是动产而不能是不动产。[①] 动产说的主要理由有四点：其一，处分权是所有权权能的核心，不动产本身的物理性质决定了其处分权能无法和所有权人分离，单纯的侵占不动产的行为无法对权利人的处分权形成实际危害，其社会危害性尚未达到需要刑罚处罚的程度，因此不构成犯罪。其二，中国刑事立法中并未将财产犯罪的对象区分为"动产"和"不动产"，将不动产径行认定为"财物"缺乏法律依据。其三，根据物权法等民事法律的规定，所有权的变动必须经过变更登记，非经法定程序并不能排除不动产所有权人的控制；即使行为人以非法手段将他人不动产暂时据为己有，受害人也可以通过民事、行政救济手段恢复权利，客观上不需要刑法介入。其四，将不动产解释为盗窃、抢劫罪的犯罪对象超越了一般国民的可预测性，很难为民众所接受。[②]

（2）有体物说：动产说的观点代表了"财物"一词最原始的概念内涵，符合人们关于"财物"的最直观感受，具有一定的合理性。但是，随着时代的发展，以住房为代表的不动产逐渐成为广大群众最重要的财产，以房屋为对象的违法犯罪活动日渐增多，越来越多的学者主张房屋等"不动产"也应当被认定为财产犯罪的对象，认为刑法意义上的"财物"是指具有客观存在形式的有体物，包括动产和不动产。其论据为：第一，中国刑法仅规定了盗窃、抢劫等罪名的对象为"财物"而非动产，从法律文本上分析没有理由将不动产当然地排除在"财物"之外，不动产具有物理的管理可能性、价值性和他人性，应当被视为财物；[③] 第二，所谓"窃占"和"窃取"仅具有形式的差别而无本质不同，本质上都是对受害人占有权的侵害，而根据民法的规定，不论是动产还是不动产，其所有权的合法转移与变更均需要经过法定程序方可实现，对动产的窃取、抢夺、抢劫行为仅仅使行为人形成了对财物事实上的占有和支配，无论行为人采取何种手段实现这种占有或支配状态，这

---

① 王作富：《刑法分则实务研究》（下），中国方正出版社 2003 年版，第 1235—1236 页。

② 陈烨：《刑法中的特殊财产类型研究》，厦门大学出版社 2015 年版，第 201—201 页。

③ 王玉珏：《刑法中的财产性质及财产控制关系研究》，法律出版社 2009 年版，第 119 页。

种控制关系均与所有权无关，从这个意义上讲，动产和不动产作为财产犯罪的对象并无本质区别；① 第三，随着社会的发展，人们对财物观念的认识会不断发生变迁，当前针对不动产的犯罪活动不断发生，要求刑法理论必须对"财物"的概念作扩张解释，将不动产纳入"财物"的概念范围之内。②

（3）财产性利益说：另有观点主张对刑法中"财物"概念的理解应当突破"有体性"的限制，将一些具有经济价值的财产性利益归入其中。所谓财产性利益，通常是指有形财物以外的、具有客观经济价值的利益。③ 持此立场的学者认为，"刑法中的'财物'，是指存在一定客观价值或主观价值，具有管理可能性的财产，包括有形物、无形物及财产性利益。"④ 张明楷认为，虽然德日等国的刑法明确区分了"财物"与"财产性利益"的概念，而中国刑法并未作出此种区分，但是我们不能根据域外的立法模式来确定中国刑法中的"财物"外延，中国刑法中的"财物"应当将财产性利益包含在内。⑤ 部分实务界人士亦持此立场，认为作为财产犯罪对象的财物，是具有价值性与管理可能性的一切有体物、无体物和财产性利益的统称。⑥

支持"财物"包括"财产性利益"的观点主要基于如下几点理由：其一，刑法分则第五章以"侵犯财产罪"为罪名，而且刑法中"财产"与"财物"的概念完全相同、可以混用，这也就意味着刑法第五章各具体罪名中所规定的"财物"和"财产"是一个意思，其外延和内涵完全一致，既然"财产"包含了"财产性利益"，那么"财物"自然也包括"财产性利益"在内；⑦ 其二，刑法第92条在对公民私人财产进行界定时，除了规定现金、房屋、生产资料，还将股票、股份、债券、储蓄等财产性利益规定在内，显然，刑法中的"财产"应当包括财产性利

---

① 董玉庭：《盗窃罪研究》，中国检察出版社2002年版，第25—28页。

② 魏海：《盗窃罪研究——以司法扩张为视角》，中国政法大学出版社2012年版，第57页。

③ 黎宏、陈少青：《论财产犯中的财产性利益》，《交大法学》2022年第5期。

④ 陈洪兵：《财产犯罪之间的界限与竞合研究》，中国政法大学出版社2014年版，第53页。

⑤ 张明楷：《论盗窃财产性利益》，《中外法学》2016年第6期。

⑥ 李斌、葛燕、万兵、王帅：《侵财犯罪专业化公诉样本》，中国检察出版社2014年版，第52页。

⑦ 黎宏：《论盗窃财产性利益》，《清华法学》2013年第6期。

益，而"财物"作为"财产"的同义词，自然也应包括财产性利益。① 其三，刑法分则的罪名规定也体现了"财物"包括"财产性利益"，例如刑法第 224 条第（四）项规定，"收受对方当事人给付的货物、货款预付款或者担保财产后逃匿的"构成合同诈骗罪。此处的货物、货款和预付款都是财物，但担保财产则不限于普通意义上的财物，而是包括了债权等财产性利益的"财物"。这表明，作为合同诈骗罪的对象，"财物"也包含了财产性利益的内容。此外，刑法第 265 条规定："以牟利为目的，盗接他人通信线路、复制他人电信码号或者明知是盗接、复制的电信设备、设施而使用的"，依照盗窃罪的规定处罚；此处的"电信码号""通信线路"的使用权也是一种财产性利益，可以成为财产犯罪的对象。② 可见，根据刑法分则的规定，可以推导出"财物"的外延包含"财产性利益"。其四，从刑法保护必要性的角度来看，"财物"与"财产性利益"都能满足人们的需要，二者并没有任何本质差别；更何况"财产性利益"具有财产价值属性，可以转化为现金或者其他财物。如果否定"财产性利益"作为财产犯罪的对象，就会导致处罚的不公平。③

　　对于前述三种观点，笔者认为，"动产说"和"有体物说"的立场虽然在特定的历史时期具有一定的合理性，但是在互联网技术日新月异、新型财产不断涌现的现代社会，墨守"动产说"或"有体物说"的概念藩篱，势必会阻碍"财物"的内涵和外延随着时代的发展而不断丰富，不利于刑法对社会生活的变化作出及时回应。实际上，早在 20 世纪初，当电力逐渐成为一种新型能源进入社会生产和人们的日常生活时，德国和日本便出现关于"财物"是否仅限于有体物的讨论，最终大陆法系诸国的立法和最高司法机关均肯定了电能的财产性，将窃电行为认定为盗窃。④ 今天，虽然电力、能源、通信资源等无体物能否成为财产犯罪的对象已经不存在太多争议，但是以财产性利益为代表的各类新型财产不应完全被排斥在"财物"的概念范畴之外，否则将不利于刑法实现对公私财

---

　　① 郝艳兵：《财产性利益视角下盗窃罪和诈骗罪的重释》，《安徽大学学报》（哲学社会科学版）2021 年第 5 期。

　　② 黎宏：《论盗窃财产性利益》，《清华法学》2013 年第 6 期。

　　③ 张明楷：《财产性利益是诈骗罪的对象》，《法律科学》2005 年第 3 期。

　　④ 高巍：《盗窃罪基本问题研究》，中国人民大学出版社 2011 年版，第 27 页。

产法益的保障机能。在实践中，立法机关和最高司法机关在实际上已经承认了某些"财产性利益"可以作为财产犯罪的对象，根据 2014 年 4 月 24 日通过的《全国人民代表大会常务委员会关于〈中华人民共和国刑法〉第二百六十六条的解释》："以欺诈、伪造证明材料或者其他手段骗取养老、医疗、工伤、失业、生育等社会保险金或者其他社会保障待遇的，属于刑法第二百六十六条规定的诈骗公私财物的行为。"这里的"其他社会保障待遇"实际上就是一种由国家社会保障机构提供的财产性利益，可见中国刑法中的"财物"并不仅仅局限于有体物。2016 年 4 月 18 日公布的《最高人民法院、最高人民检察院关于办理贪污贿赂刑事案件适用法律若干问题的解释》第 12 条规定："贿赂犯罪中的'财物'，包括货币、物品和财产性利益。财产性利益包括可以折算为货币的物质利益如房屋装修、债务免除等，以及需要支付货币的其他利益如会员服务、旅游等。"满足特定条件的"财产性利益"属于刑法中的"财物"，这一立场已得到最高司法机关的确认。

当然，极端的"财产性利益说"将一切具有经济价值的利益均视为"财物"，甚至将乘坐出租车后采用暴力手段拒付车费的行为视为抢劫罪，[1] 显然背离了社会大众的一般认知，造成"财物"概念的不当泛化。有鉴于此，应当对"财产性利益说"的观点进行必要的修正，只有符合特定条件的"财产性利益"方能被视作刑法意义上的"财物"，关于"财产性利益"限制标准的问题将在下文中加以探讨。

2. 管理可能性之争

如前所述，在"财物"是否仅限于"有体物"这一问题的理解上，存在有体物说和财产性利益说的分野，然而，无论是有体物说还是财产性利益说均强调刑法意义上的"财物"必须具备管理可能性。[2] 只是，具体到对于"管理可能性"如何理解的问题上，学界存在物的管理可能性说和事务的管理可能性说两种见解：

（1）物理的管理可能性说：有学者认为，"财物"应当具备的"管理可能性"应当是指一种物质性的管理可能性，尽管财物不以有体物为

---

[1] 黎宏：《论盗窃财产性利益》，《清华法学》2013 年第 6 期。

[2] 王作富：《刑法分则实务研究》（下），中国方正出版社 2003 年版，第 1235—1236 页；张明楷：《诈骗罪与金融诈骗罪研究》，清华大学出版社 2006 年版，第 35 页。

限，但是也必须有一定的物理存在形态，能够被人们以现实性的、物理性的手段所掌控。例如，大塚仁认为，"应该根据管理可能性说来理解刑法中的财物概念，不应认为（日本刑法）第245条规定的旨意在于限制地只以电力为对象，而是必须将其扩张适用于能够在性质上与电力同视的热和冷气等能量上。只是管理可能性的范围毕竟应该限于物质性的东西上……连债权这样的权利也认为是财物，就无视区别财物和财产利益的刑法典的立法态度，应该说有违反罪刑法定主义之嫌。"① 国内有不少学者引述大塚仁的观点，主张中国刑法中的"财物"不仅限于动产等有体物，还应当包括具有物理上管理可能性的财物，如电力、水力、冷气、能源等，但是人的劳动力、牛马的牵引力以及债权不属于刑法意义上的"财物"。②

（2）事务的管理可能性说：在持有"财产性利益说"的学者中有一种颇为激进的观点，认为财物的管理可能性是指事务的管理可能性，凡是能够作为一种事务进行管理的客观存在，都是刑法意义上的财物。依照此观点，有体物、无体物、水电能源以及债权、人的劳动力、牛马的牵引力都是财物。③

对于以上两种见解，笔者认为，虽然刑法意义上的"财物"未必以有体物为限，但若将之扩张至一切具有管理可能性的事务，未免会造成"财物"和"财产"概念的过度泛化，难以得到刑事立法的印证与社会一般观念的支持。④ 若按照事务的管理可能性说，劳务、债权等都有可能被视为财物，⑤ 那么就会面临以下尴尬：

首先，按照中国刑法第64条的规定，"违禁品和供犯罪所用的本人财物，应当予以没收。没收的财物和罚金，一律上缴国库，不得挪用和自行处理"，如果将劳务也视为一种财物，那么犯罪分子在实施犯罪过程中付

---

① ［日］大塚仁：《刑法概说·各论》（第三版），冯军译，中国人民大学出版社2003年版，第175页。

② 罗猛、王波峰：《故意毁坏财物罪疑难问题研究》，《中国刑事法杂志》2011年第6期。

③ 张明楷：《刑法学》，法律出版社2021年版，第1214页。

④ 邓毅丞：《财产性利益的界定标准体系重构——以利益转移罪的认定为中心》，《当代法学》2022年第5期。

⑤ 当然，也有部分学者主张债权本身也应当属于一种财产性利益，成为财产犯罪保护的对象。参见黎宏、陈少青《论财产犯中的财产性利益》，《交大法学》2022年第5期。

出的劳务也应当被当作非法财物"没收"和"上缴国库",这显然是不可能实现的。其次,如果将债权本身视为一种财物,那么采用暴力、胁迫等手段强迫他人写欠条的行为就会被认定为抢劫而非敲诈勒索罪,敲诈勒索罪也就没有存在的空间了。因为根据学界的一般理解,抢劫罪和敲诈勒索罪的重要区别之一在于受害人的财物是当场交出还是事后交出。[1] 从某种意义上讲,敲诈勒索行为在本质上是行为人以暴力、胁迫等手段给受害人科加非法债务的行为,如果债权本身也能被视为一种财物,那么无论受害人是否当场交出财物,作为"财物"的债权已经成立,对于敲诈者均应以"当场使用暴力、胁迫手段当场劫取财物"的抢劫罪认定,敲诈勒索罪就会失去存在的意义,造成重复立法的局面。最后,如果将某些具有经济价值的劳务也视为财物,那么就会得出诸如"未买票而进入现场观看演唱会的行为构成盗窃罪""以暴力、胁迫等手段强迫他人劳动"之类的荒谬结论,不仅严重背离了社会大众的一般认识,而且与刑法分则的规定相冲突。[2]

有鉴于此,在对刑法意义上的"财物"概念进行界定时,既不应过度僵化,坚守有体性说或者动产说的认知藩篱,也不能过度泛化,将劳务、债权等不具有物质性承载客体的事务纳入"财物"的概念范畴之中,"财物"所具有的"管理可能性"应当是指具有物理性、物质性的管理可能性。当然,"物理的管理可能性"并不是指能够被看得见、摸得着、并且占据一定物理空间,电力、通信资源等虽然并不占据特定的物理空间,但是能够通过特定的设备管理、储存和使用,也应当被视为具有"物理的管理可能性"。

3. 主观价值与客观价值性之争

"财者,人所宝也。""财物"之所以能够成为人们追求的目标,成为财产犯罪的对象,归根结底源自于"财物"包含了特定的价值,能够满足人们的某种需要。关于对"财物"所包含的价值应当如何理解的问题,

---

[1] 高铭暄、马克昌主编:《刑法学》,北京大学出版社、高等教育出版社 2019 年版,第518 页。

[2] 若将具有经济价值的劳务也视为一种"财物",就会得出采用暴力、胁迫等手段强迫他人劳动的行为构成抢劫罪的结论。实际上,根据刑法第 244 条的规定,以暴力、威胁或者限制人身自由的方法强迫他人劳动的,构成强迫劳动罪,该罪属于刑法第四章规定的侵犯公民人身权利、民主权利罪,并不属于财产犯罪的罪名。

理论界存在两种立场的分野：

（1）主观价值说（使用价值说）：从广义的价值看来，所有的物品都具有某种价值，所以严格说来并不具备所谓的"无价值之物"。学界关于"财物"价值性的争议，实际上是关于财物的价值应当是一种主观价值（使用价值）还是客观价值（交换价值）的争论。① 有部分学者支持前者，认为某种物品仅需具备特定的"主观价值"或曰"使用价值"即可被视为"财物"。张明楷认为，财物的价值未必要以金钱作为评价标准。凡是具有特定客观价值或者使用价值的物，就属于刑法中的"财物"。某些物品——诸如有纪念意义的照片、信件、身份证、纪念品等，虽然不具有社会认可的一般价值，但是只要对特定的所有人和占有人具有特定的使用价值即主观价值，就属于刑法意义上的"财物"，可以成为侵财犯罪的对象。②

（2）客观价值说（交换价值说）：但是大多数学者支持客观价值说，也即只有具备客观交换价值、可以以金钱进行衡量的物品才能被视为刑法意义上的"财物"。例如，刘明祥指出，"财物的价值应当仅限于金钱价值或者交换价值，只能从客观上来作判断"；③"判断某种物品是否具有经济价值，其标准应当是客观的，不能以主观上的标准进行评价，经济价值是指能够利用客观价值尺度衡量的经济效用。某种物品是否具有经济价值，主要通过市场关系来体现。"④ 实务界人士亦多持客观价值说之立场，认为"财物的经济价值，其核心就是交换价值。如果某一物品仅仅是对某个特定的个人具有独特的价值，不能进行交换，就不具有财物的经济属性。"⑤

刑法学界关于"财物"价值的争论，背后是"效用价值论"与"劳动价值论"两种基本价值理论的对垒。"效用价值论"是17世纪至18世纪上半叶西欧兴起的一种关于财物价值来源的思潮，其主要代表人物为英国经济学家 N. 巴本。巴本认为，一切物品的价值都来自它们的效用，无用之物，便无价值。物品效用在于满足需求，一切物品能满足人类天生的

---

① 高巍：《盗窃罪基本问题研究》，中国人民大学出版社2011年版，第45—46页。

② 张明楷：《刑法学》，法律出版社2021年版，第1214页。

③ 刘明祥：《财产罪比较研究》，中国政法大学出版社2001年版，第28页。

④ 赵秉志：《侵犯财产罪研究》，中国法制出版社1998年版，第159页。

⑤ 王礼仁：《盗窃罪的定罪与量刑》（第二版），人民法院出版社2008年版，第87页。

肉体和精神欲望，才成为有用的东西，从而才有价值。意大利经济学家F. 加利亚尼则进一步指出，商品的价值取决于交换当事人对其效用的估价，由效用和物品的稀少性所决定。根据效用价值论的观点，某种物品之所以是有价值的、之所以称之为财物，是因为它能够满足人们的特定需求，这种有用性或曰效用性是财物的价值来源，能够满足人们需求的有用之物便是财物。

马克思主义政治经济学对传统的效用价值论进行批判，提出了"劳动价值论"，指出劳动是商品价值的唯一来源，某种商品的价值是由其所包含社会必要劳动时间所决定的，"商品的价值量与实现在商品中的劳动的量成正比，与这一劳动的生产力成反比"。[①] 从价格中抽象出价值，再从与价值相关的诸多因素中抽象出劳动，并将其视为创造价值的唯一源泉，是马克思主义政治经济学的基本立场。根据劳动价值论的观点，价值是价格的本质，但价值本身也存在一个本质，即"生产者之间相互交换劳动的社会关系"，显然，商品的效用或者说使用价值是不符合这一本质的，因为效用反映的是人与物之间的关系，而劳动关系和交换价值则反映出人与人之间的社会关系。[②] 由此可见，使用价值才是财物价值的本质属性，而财物的使用价值则来源于包含在财物中的、体现为特定社会必要劳动时间的、无差别的人类一般劳动。

马克思的劳动价值理论揭示了某种物品之所以被称为商品或者财物的根本原因，正是由于不同种类的财物中均包含着一定数量的人类一般劳动，因而财物才是有价值的、可以互相交换的。交换价值体现出人与人之间的社会关系，体现了财物所蕴含的人类一般劳动，因而揭示了财物价值的来源；而使用价值仅仅征表了人与物之间的物质利用关系，不能说明财物价值的真正来源。阳光、空气、温度等对人也具有效用，但是这种效用并不是财产或财物意义上的价值。综上，本书认为，交换价值才是"财物"的必备属性，客观价值说（交换价值说）的立场应当被肯定。

4. 占有本权之争

最后一个需要解决的问题是财物的"占有"和"本权"之争，也即

---

① 马克思：《资本论》（第一卷），中国社会科学出版社 1983 年版，第 15 页。

② 高林远：《论马克思劳动价值论的立场、论证方法和理论逻辑》，《四川师范大学学报》（社会科学版）2019 年第 1 期。

刑法究竟是保护财产的占有状态还是财产权利本身的问题。这一问题的解答，决定了"自己之物"和"非法财物"是否可以成为财产犯罪对象的问题。围绕财产犯罪保护的法益究竟是占有还是本权的问题，学界形成占有说和本权说的对垒：

（1）占有说：占有说认为，财产犯罪保护的法益应当是对财物的占有状态，合法的占有可以对抗本权，本权人无权擅自将已为他人合法占有的财物取回，否则即侵害了他人对此财物的合法占有。按照占有说的观点，"非法财物"和"自己之物"也属于"财物"，也可以成为财产犯罪的对象，所有权人未经债权人的同意，擅自将担保物取回的行为，构成侵犯财产罪。实践中已经出现了支持占有说的判例。在孙某强盗窃案中，孙某强向同学郝某借600元人民币，并将自己的 VCD 影碟机抵押给郝某，郝某将该影碟机锁在自己的床头柜中。某日，孙某强趁郝某外出之际，用铁片撬开郝某的床头柜，将影碟机盗出。法院认为，孙某强以非法占有为目的，秘密窃取他人保管的财物，数额较大，构成盗窃罪。① 本案中，法院采用了占有说的立场。

（2）本权说：支持本权说的观点对占有说的立场提出批评，认为占有说可能导致刑法提前介入民事纠纷，存在打击范围扩大的危险。相比之下，采用本权说，将非法占有行为和受害人的权利恢复作为一个整体进行评价，坚持了主客观相一致的原则，合理地限定了处罚的范围，既保持了刑法的谦抑性，又避免了刑法对财产法益保护不力的局面，是当前的最优路径选择。② 依照本权说的立场，财产犯罪保护的对象应当是财物的所有权而非占有状态，财物的所有人将他人合法占有的本人财产取回并不构成犯罪；此外，由于非法占有人并不对其占有的财物享有所有权，故此非法财物原则上不能成为财产犯罪的对象，第三人从小偷处窃得赃物亦不应被评价为犯罪。在当前中国的司法实践中，同样也有司法机关采行本权说的立场：在王某故意伤害案中，被告人王某擅自盗取自己被交警依法扣押管理的车辆，在盗窃过程中被值班人员吕某发现，于是王某将受害人吕某当

---

① 最高人民法院中国应用法学研究所编：《人民法院案例选》2002 年第 3 辑，人民法院出版社 2003 年版，第 64—65 页。

② 高翼飞：《侵犯财产罪保护法益再探究——为本权说辩护》，《中国刑事法杂志》2013 年第 7 期。

场殴打致死。一审法院青岛市中级人民法院将王某认定为抢劫罪，二审法院山东省高级人民法院指出，被告人王某为盗窃所有权属于自己的车辆，使用暴力伤害导致他人死亡，其行为构成故意伤害罪。[1] 在本案中，一审法院采用了占有说的立场，而二审法院通过改判支持了本权说之立场。

鉴于纯粹的本权说与占有说均具有难以克服的固有弊端，故此同日本刑法学界相类似，极端的本权说或占有说在中国均鲜有人支持，多数学者采取较为折中的立场，从不同的角度提出各自修正学说：例如，周光权提出"合理的占有说"，指出在所有权人与占有人同一的场合，占有说和本权说并不冲突。但是在占有人和所有权人不是同一人时，原则上应当保护所有权人。如果所有权人不明或者具体的所有权人存在争议时，则具有合法依据的占有能够对抗所有权以及其他本权，但是明显违法的占有不值得刑法保护。[2] 张明楷主张"平稳的占有说"，认为财产犯罪侵害的法益首先是财产的所有权以及其他财产权，其次是那些需要通过法定程序才能改变现状的占有状态（如抵押、质押等），侵犯本权与合法占有的行为，均可以构成财产犯罪，但是本权者为恢复其合法权利而打破非法占有的情形下，这种非法占有状态不是财产犯罪的法益。[3] 黎宏则提出了"修正的本权说"，认为财产犯罪保护的法益首先是公私财产的所有权以及其他物权、债权的本权，其次是"未经法定程序不得没收的利益"。[4] 诸如此类的观点并不鲜见。

实际上，占有说与本权说的理论对峙之所以能够持续百余年，并对中国产生深远的影响，归根结底是因为两者均具有一定的合理性与坚实的实践根基。正是由于这些实践与理论基础的存在，使对垒的两方很难彻底消灭另外一方的主张而占据绝对的支配地位，同时也给刑法中财产概念的界定问题留下了广阔的探讨空间，形成了大量的理论与实践议题。但应当指出的是，如前所述，在世界范围内占有说正在取代本权说成为各国立法的主要立场，即使是支持本权说的学者也并不否认刑法应当对合法的占有状态进行有效保护，只不过当占有和本权发生冲突时，财产所有人的本权应

---

[1]　最高人民法院刑事审判庭：《中国刑事审判指导案例·侵犯公民人身权利、民主权利罪》，法律出版社 2009 年版，第 47 页。

[2]　周光权：《刑法各论》，中国人民大学出版社 2021 年版，第 107 页。

[3]　张明楷：《刑法学》，法律出版社 2021 年版，第 1221—1226 页。

[4]　黎宏：《刑法学》，法律出版社 2012 年版，第 713—714 页。

当优位于占有人对财物的合法占有，故此，财物的占有状态本身也应当作为刑法保护对象业已成为学界的共识。

（三）互联网背景下"财物"（财产）的认定标准

上文中就与"财物"的属性和特征相关的若干理论问题进行了阐释，这些核心问题的探讨对于我们构筑互联网背景下"财物"概念的认定标准具有重要意义。通过对以上问题的探讨，关于刑法中"财物"概念的界定，本书坚持如下几条基本原则：其一，对"财物"概念的理解不应囿于动产或者有体物，某些具有客观经济价值的财产性利益也应当被纳入"财物"的概念范畴之中；其二，客观经济价值是一切财产和财物所必须具备的共同特征，仅对特定主体具有使用价值（主观价值）而不具有交换价值（客观价值）的物品不属于刑法意义上的"财物"，客观经济价值的背后是凝聚在财物中的无差别的人类一般劳动；其三，在互联网时代，权利人对财物的占有形式日渐多样，在此背景下更应当强调财物的占有状态作为刑法保护对象的特殊意义。基于以上认识，本书认为，刑法意义上的"财物"应当同时满足以下三条判断标准：

1. 具有客观的物质存在形式

如前所述，在"有体性说"与"财产性利益说"的理论对峙中，后者的主张更好地顺应了互联网背景下"财物"概念的流变趋势，财产性利益应被纳入"财物"的概念范畴之中。但是，将一切具有客观经济价值的财产性利益均视为刑法意义上的"财物"，不仅会背离社会大众对"财物"和"财产"的一般认知，还会与现行刑法的相关规定发生冲突。有鉴于此，在对财物的管理可能性的理解上，事务的管理可能性说应当被排除。[1] 财产性利益虽然在一些情况下能够被视为刑法意义上的"财物"，但其必须依附于特定的客观表现形式，纯粹的权利（如请求权、债权、撤销权等）和人的劳务不能被视作刑法中的财物。如采用暴力、胁迫等手段强迫他人写下欠条的，应当以敲诈勒索罪论处而非以抢劫罪认定，[2] 强迫他人为自己无偿劳动的构成强迫劳动罪而非财产犯罪，未持门票观看演唱

---

[1] 邓毅丞：《财产性利益的界定标准体系重构以利益转移罪的认定为中心》，《当代法学》2022 年第 5 期。

[2] 最高人民法院中国应用法学研究所编：《人民法院案例选（1992—1999 年合订本）·刑事卷（下）》，中国法制出版社 2000 年版，第 1014—1017 页。

会的行为不应以犯罪论处，等等，这些案例均印证了一个基本观点，对于那些没有客观物质载体的劳动、服务、利益而言，即便其具有一定的经济价值，亦不能成为财产犯罪的对象，不属于刑法意义上的"财物"。

即使是在互联网时代，刑法意义上的"财物"也应当具有一定的客观表现形式，而不能仅仅是纯粹的劳务或利益。当然，这里的"客观表现形式"或曰"物质存在形式"并不以占据特定的物理空间为必然要求，电力、无线电资源、通讯资源等不具有物理形态但是能够被人们通过特定的设备控制、储存和使用的能量资源也可以被视为刑法意义上的"财物"，互联网中的数据也可以成为财物的载体和物理表现形式。只要能够通过一定的手段将某种利益或服务固定下来、使其不再依附于特定的人身或者仅仅存在于意思表示阶段，那么这种具有客观存在形式的财产性利益便具备了成为"财物"的可能性。

2. 具有能够以金钱衡量的客观经济价值

上文对财物的价值来源进行了深入探讨，根据马克思主义政治经济学的观点与劳动价值论的立场，财物的真正价值来源于蕴含其中的无差别的人类一般劳动，交换价值或曰客观价值是财物价值的根本属性，仅具有使用价值（主观价值）而无法在社会中流通、交换的物品不能被称为财物，情书、骨灰、纪念物等仅对特定主体具有效用性的物品不属于刑法中"财物"的范畴。基于这一认识，在对"财物"认定标准中"客观价值性"的理解上，应当注意把握如下两个侧面：

（1）财物客观经济价值的实质侧面：财物所具有的客观经济价值来源于其内在的、凝结的劳动，所有的财物必然包含一定数量的人类一般劳动，财物的价值量是由其所包含的社会必要劳动时间所决定的，是为财物经济价值的实质侧面。财物的价值来源于劳动，而劳动特指生产劳动。马克思认为，"如果整个过程从其结果的角度，从产品的角度加以考察，那么，劳动资料和劳动对象表现为生产资料，劳动本身则表现为生产劳动"。① 也就是说，只有通过生产劳动创造的价值才是真正意义上的客观经济价值，生产劳动是财产和财物的价值根源。某些物品看似具有"价值"，但是这种所谓的"价值"并非来源于劳动，而是来源于特定主体的内部需求，那么这种"价值"并非真正意义上的"价值"，这种物品也不

---

① 《马克思恩格斯全集（第三卷）》，人民出版社 1972 年版，第 205 页。

能被称为"财物"。例如，赌博中的筹码在赌局外不具有任何价值，纸牌游戏"八十分"中的分值也不是刑法意义上的"财物"，这是因为筹码、分值并非通过劳动获取，仅仅是玩家娱乐活动的产物；公民的个人信息、聊天记录等虽然也包含某些价值，但是这里的"价值"也非财物意义上的客观经济价值，因为这些专属于人身的信息是基于公民身份形成的，聊天活动也不是生产财物和价值的生产劳动；此外，商家在促销时为顾客提供的折扣也仅仅是一种商业营销手段，折扣幅度本身也并非由人类的生产劳动产生的财物。财物经济价值的实质侧面要求某种物品只有包含了一定数量的劳动之后才能具备成为"财物"的条件；申言之，"财物"的客观经济价值来源于人类的生产劳动，这是"财物"必须具备的实质性条件。

（2）财物客观经济价值的形式侧面：财物的价值来源于劳动，客观经济价值主要体现为交换价值而非使用价值，由此便带来两个基本推论，这两个推论共同构成财物经济价值的形式侧面：

①可以自由地转化、交易或变卖：依据劳动价值论的基本立场，财物的价值在本质应当是一种客观经济价值即交换价值，而非所谓的主观价值或曰使用价值。效用性并非财物的价值来源，能够在不同主体之间交易和流通才是财物客观经济价值的本质体现。基于这一原理，财物应当具有可转化性，能够通过变卖、互换、交易等方式自由地转化为货币或者其他财物，仅仅在部分受众中流通，无法自由转化为货币或其他财物的物品原则上不属于刑法意义上的"财产"或"财物"。例如，国债券是一种由国家发行的债权权利凭证，由于有国家信用背书，以政府的财政收入为担保，故此其价值性和流通性获得了全社会的认可，能够在不同主体之间流通、交易，故此司法实践一般将之作为"特别动产"纳入"财物"的范畴中加以保护，[①] 而普通的借款合同中的债权凭证特别是已过诉讼时效的自然债务的债权凭证，由于其未必能够转化为货币或者其他财物，故此鲜有观点认可其属于财物。因此，刑法意义上的财物必须是具有一定的交换价值，可以自由转化、兑换为货币或者其他财物的物品或权利载体，如果某一物品仅仅是对某个特定的个人具有独特的价值，不能进行交换，就不能

---

① 周旋：《中国刑法侵犯财产罪之财产概念研究》，上海三联书店 2013 年版，第 153—155 页。

被称作刑法意义上的"财产"。[1] 可转化性的背后是财物的交换价值，而财物的交换价值则根源于财物中所包含的无差别的一般人类劳动。

②可以以货币衡量其实际价值：财物价值的本质是交换价值，是一种客观的、被广泛认可的经济价值，由此带来的第二个结论是财物的价值必须能够以货币等法定的价值符号进行衡量和表示，也即具有可衡量性。中国刑法分则第五章侵犯财产罪中共包含 13 个罪名，其中以"财物"为犯罪的对象的有 9 个，分别是第 263 条抢劫罪、第 264 条盗窃罪、第 266 条诈骗罪、第 267 条抢劫罪、第 268 条聚众哄抢罪、第 270 条侵占罪、第 271 条职务侵占罪、第 274 条敲诈勒索罪和第 275 条故意毁坏财物罪；在这些以"财物"为犯罪对象的罪名中，有 8 个罪名以"数额较大"作为入罪条件，占比 88.89%。刑法第八章规定的贪污罪、行贿罪与受贿罪等以"财物"为对象的犯罪也均以"数额较大"作为入罪条件，其他章节中涉及"财物"的罪名也往往会包含"数额较大"的要求，[2] 可以说，刑法中的"财物"与"数额"如影随形，这也就意味着只有那些可以以"数额"衡量其价值的物品才能被称为"财物"。如果社会大众对于某种物品价值的看法存在巨大差异，或者出于某种原因导致其价值完全无法测定，那么该物品便不能被视为刑法意义上的"财物"，对该物品实施的侵害行为，应当视具体情节以其他罪名认定或者作非犯罪化处理。例如，肾脏、心脏等人体器官固然具有重要意义，但是很难用具体的数额去衡量一个肾脏或心脏究竟值多少钱，对于非法买卖人体器官行为，应当适用刑法分则第四章规定的故意伤害、故意杀人、组织出卖人体器官罪等罪名，而不应以侵犯财产罪认定。

能够以货币衡量其实际价值，是所有类型的"财物"必须具备的共同特征。需要强调的是，财物的"价值"可以被货币衡量并不代表其价格是固定的。根据马克思主义政治经济学的观点，价值是价格的本质，价

---

① 王礼仁：《盗窃罪的定罪与量刑》（第二版），人民法院出版社 2008 年版，第 87 页。

② 例如，《刑法》第 164 条第 1 款对"非国家工作人员行贿罪"规定："为谋取不正当利益，给予公司、企业或者其他单位的工作人员以财物，数额较大的，处三年以下有期徒刑或者拘役，并处罚金；数额巨大的，处三年以上十年以下有期徒刑，并处罚金，"第 396 条"私分国有资产罪"规定："国家机关、国有公司、企业、事业单位、人民团体，违反国家规定，以单位名义将国有资产集体私分给个人，数额较大的，对其直接负责的主管人员和其他直接责任人员，处三年以下有期徒刑或者拘役，并处或者单处罚金"。

格是价值的表现形式，价值是由财物所包含的社会必要劳动时间所决定的，而价格则受到市场供需关系的影响。[①] 股票、债权、房产等财物的价格可能是变动不居的，但是其包含的价值则是相对恒定的，在特定的时间段或者某一时间点上，其实际价值是可以用一定数量的货币来衡量和表示的。故此，不断变动的价格并不能否认财物的属性，只有那些基于自身属性导致其实际价值完全无法衡量的对象才应当被排除在"财物"的范围之外。

3. 具有占有和转移的可能性

在侵犯财产罪的构成要件的解释中，占有是除了财物以外的又一核心概念。[②] 中国理论与司法实务也将非法占有目的与占有状态的打破作为盗窃、诈骗、抢劫等典型财产犯罪的构成要件。例如，盗窃罪是指以非法占有为目的，秘密窃取公私财物的行为；诈骗罪是指以非法占有为目的，用虚构事实或者隐瞒真相的方法，骗取公私财物的行为；抢劫罪是指以非法占有为目的，以暴力威胁或者其他方法，当场强行劫取公私财物的行为。[③] 也就是说，作为财产犯罪对象的"财物"必须是能够被人们以某种形式占有的，并且这种占有状态本身是可以被打破的。一方面，如果某种物品或东西从一开始就无法被任何人所占有；或者虽然被特定的权利人占有，但是行为人无论如何也无法打破这一合法的占有状态，那么该物品就不能被称为"财物"。例如，大桥、山峰、景区、村庄等作为一个整体是无法被"盗窃""诈骗"或者"抢劫"的，无法成为财产犯罪的对象；服务依附于服务提供者的人身，任何人无法"占有"或者"偷走"他人提供的服务，故此服务也不属于"财物"的范畴。另一方面，某种物品虽然可以被"占有"，但是无法被转移，那么我们也不能称其为财物。例如，人类可以通过各种方式管理情报，却无法改变情报的多主体共享可能性的特征。甲窃取乙的情报，而乙知悉情报的事实不发生任何改变。情报

---

① 高林远：《论马克思劳动价值论的立场、论证方法和理论逻辑》，《四川师范大学学报》（社会科学版）2019 年第 1 期。

② 徐凌波：《存款占有的解构与重建》，中国法制出版社 2018 年版，第 316 页。

③ 高铭暄、马克昌主编：《刑法学》，北京大学出版社、高等教育出版社 2019 年版，第 489—504 页。

具有管理可能性，但没有转移可能性，故此也不属于刑法意义上的"财物"。① 由此可见，刑法意义上的"财物"应当具有占有可能性和转移可能性，无法被占有或者转移占有的物品不能被称为"财物"。

需要指出的是，此处的"占有"并不仅限于事实上的有形占有。关于刑法意义上的"占有"，传统上将之理解为事实上的支配关系。所谓事实上的支配关系，是指占有人对物所具有的不受阻碍的直接作用的可能性，占有人可以随时地对物行使这种支配。事实上的支配关系奠定了占有概念的事实性基础，但随着时代的发展，仅仅从纯粹的事实支配的角度来定义占有可能无法得出令人满意的结论，有鉴于此，越来越多的学者开始强调"社会的/规范的占有概念"，只要行为人从社会规范意义上侵入他人的占有区域，便视为对合法占有状态的打破。② 此类案件中，受害人和行为人对财物（房产）的占有就不是一种事实上的控制和支配，而是通过不动产登记制度实施的规范性占有。

在互联网背景下，更应当对财物的可占有性和可转移性作广义理解，通过纸质的或者数字化的权利凭证或文件记录征表的占有状态也应当被认定为刑法意义上的"占有"。具有这一意义上的占有或转移的可能性，某种物或权利便具备了成为刑法意义上"财物"的前提条件之一。

综上所述，刑法意义上的"财物"具有客观的物质存在形式、具有能够以金钱衡量的客观经济价值并且具有占有和转移的可能性，同时满足三项认定标准的物品或财产性利益就可以被认定为刑法意义上的"财物"，能够作为财产犯罪、贪污贿赂犯罪的犯罪对象。此外，鉴于"财产"是刑法保护的犯罪客体（法益），而"财物"则是财产法益在财产犯罪中的物质承载和行为对象，故此如果某种物品或者权利客体能够被认定为刑法意义上的"财物"，并且该财物被权利人合法所有或者合法占有，那么从刑法总则意义上也可以将之同时评价为"财产"。申言之，在具备合法性的场合，客观的物质存在形式、客观的经济价值以及占有和转移的可能性也是刑法中"财产"概念的认定标准。把握上述标准，对于我们分析和甄别互联网背景下出现的各种"新型财产"是否属于真正意义上

---

① 邓毅丞：《财产性利益的界定标准体系重构以利益转移罪的认定为中心》，《当代法学》2022 年第 5 期。

② 徐凌波：《存款占有的解构与重建》，中国法制出版社 2018 年版，第 328—340 页。

的"财产"或"财物"具有重要的指导意义。

第三节　互联网背景下"财产"概念的流变

前文对财产概念的历史流变、域外比较及理论争议情况进行了梳理，随着互联网时代的到来，互联网的发展极大地改变了人们的生活、消费和娱乐方式，并对企业生产、商业销售与资金流通产生了极其深远的影响，由此催生出一大批以数字化、虚拟化和网络化为特征的全新财产形式，对传统的"财产"和"财物"等概念的外延和范围产生巨大的冲击。

在企业的生产领域，依托于大数据、云计算和海量的用户信息，企业可以作出更加准确的市场决策，数据来源、数据形式、数据质量等都成为决定企业成败的关键，这就使得数据在互联网背景下成为一种极为重要的生产要素与战略资源，将数据作为企业资产加以保护的呼声日渐高涨，"大数据财产""大数据资产"的概念正逐步成型。[1] 在商品销售环节与日常消费领域，传统的有形财物和纸质权利凭证正在被数据化的承载形式所取代，团购券、兑换码、提货码、电子积分等全新的交易媒介和电子化的权利凭证纷纷涌现，对人们的消费方式产生了深远影响。[2] 与此同时，电子现金与第三方支付软件的普及使人们的支付方式不再仅仅局限于传统的纸币现金，有时候仅仅需要一个手机、一个二维码、一串密码数字就可以完成大额的支付转账，在便利人们生活的同时极大地提升了交易的安全性，促进了货币与资金的快速流通，电子资金已经深度融入了人们的日常生活。[3] 此外，互联网的兴起也极大地改变了社会大众的娱乐模式，人们消遣娱乐的方式不再仅仅局限于传统的运动、电影、音乐和单机游戏，以互联网游戏为代表的虚拟娱乐活动成为当下最主要的娱乐方式之一。在互

---

[1] 张弛：《大数据财产——概念析正、权利归属与保护路径》，《杭州师范大学学报》（社会科学版）2021 年第 1 期；Jing Zeng, Keith W. Glaister, "Value Creation from Big Data: Looking Inside the Black Box", *Strategic Organization*, 2017 (2).

[2] 曾继红：《新常态下互联网经济发展对中国居民生活的影响》，《经济研究导刊》2019 年第 1 期。

[3] 尹小莉、邹寅寅：《推进无现金社会的国际经验及对我国的启示》，《区域金融研究》2017 年第 9 期。

联网游戏中，"银两""装备""宠物""皮肤"等都被明码标价并被出售，很多优质的"装备""皮肤"还需要玩家使用现实中的金钱购买，由此便催生了一种全新的"财产"类型即"虚拟财产"。

在互联网背景下，围绕这些"新型财产"的种类、范围与财产性认定问题，理论界和实务界展开激烈争讼，使刑法中"财物"的概念边界越发模糊。下文中将对互联网背景下涌现的几种最具代表性的"新型财产"分别进行介绍（见表1-2）。

表1-2　　　　互联网背景下"财产"概念的流变与新型财产形式

传统财产类型的互联网流变	对生活和商业模式的影响	新型财产类型
现金的互联网变异	支付方式	电子资金
纸质票证的互联网变异	消费方式	电子权利凭证
企业生产要素的互联网变异	生产方式	大数据财产
娱乐工具的互联网变异	娱乐方式	虚拟财产

一　电子资金

互联网的虚拟化浪潮首先对"财物"的最典型代表——纸币现金产生冲击，催生了以银行电子现金为代表的电子资金。所谓电子资金，最早是指存在于金融机构计算机系统中的代表一定资产的数据。[1] 从广义上讲，电子资金早在几十年前即已出现，凡是被记录于银行信息系统中、代表一定数额现金的个人账户数据都可以被称作电子资金。一方面，随着互联网的普及与"无现金社会"建设的推进，电子资金开始深度融入人们的日常生活，与此同时带来了关于电子资金财产性的聚讼与质疑，有质疑者提出，电子资金只不过金融计算机系统中的电子记账符号，不具有实际价值，不能被视为刑法意义上的"财产"或"财物"；[2] 而支持者则认为，电子现金的本质是基于电子支付渠道形成的货币形态，可以被视为纸币现金的电子化存在形式，应当被纳入"财物"的概念范畴之中。[3] 能否在法律上将电子资金与纸币现金等而视之是一个值得思考的问题。另一方面，

---

① 刘颖、杨萌：《电子资金类诈骗罪的若干问题》，《现代法学》2002年第2期。

② 黄泽林：《网络盗窃的刑法问题研究》，《河北法学》2009年第1期。

③ 李东荣：《我国电子现金发展相关问题研究》，《金融研究》2014年第3期。

随着时代的发展，电子资金的形式也日渐多元，以支付宝、微信支付为代表的第三方支付平台以及以"余额宝""零钱通"等兼具理财与支付功能的金融产品纷纷涌现，如果说银行账户中的电子资金是现金的电子化形式，可以与现金等而视之的话，那么微信、支付宝第三方支付软件中的账户余额，甚至余额宝等理财产品中的余额，能否被直接认定为与现金、银行账户余额具有同等法律地位的电子资金？如果答案是肯定的，那么何以微信支付、支付宝等非官方机构账户中的余额具有与银行账户余额甚至与国家发行的法定货币同等的法律效力？这些问题均有待深入的探讨。

2008 年，一个化名中本聪（Satoshi Nakamoto）的人在网上发表了名为《比特币：一种点对点的电子现金系统》的论文，提出了基于现代密码学与区块链技术的数字货币——比特币（Bitcoin）的基本逻辑架构，[①] 数字货币开始纷纷涌现。与传统的电子资金相比，比特币等数字货币带有明显的"去中心化"特征，其发行、交易与转账并不依赖于银行、第三方支付平台等资金中介，其市值和价格往往在短时间内发生巨大波动。对于这种不同以往的全新电子资金类型，不少学者持肯定态度，认为应当将之解释为与股票、股份、债券相并列的财产类型，[②] 或者将之视为一种广义上的货币；[③] 而反对者则认为，从目前的状况来看，在过去几年引起社会狂热的比特币和 ICO 投资只不过是一场"失败私人货币试验"，[④] 给社会带来的负面影响大于其正面价值，不应当被评价为刑法意义上的"财物"。[⑤] 更激进的观点断言私人数字货币不过是庞氏骗局的一种，断言"比特币的价值终将归零"。[⑥] 围绕比特币是否属于"财物"的争论至今仍然没有达成

---

① Satoshi Nakamoto：*Bitcoin：A Peer-to-Peer Electronic Cash System*，http：//bitcoin. org/bitcoin. pdf. 2008.

② 任彦君：《非法获取虚拟货币行为的刑法定性分析》，《法商研究》2022 年第 5 期；谭佐财：《虚拟货币流通的法律关系与私法保护》，《中国流通经济》2021 年第 3 期；王谨：《数字货币的商法性研究》，《法学杂志》2020 年第 12 期。

③ 马永强：《论区块链加密货币的刑法定性》，《苏州大学学报》（法学版）2022 年第 2 期；杨延超：《论数字货币的法律属性》，《中国社会科学》2020 年第 1 期；赵天书：《比特币法律属性探析——从广义货币法的角度》，《中国政法大学学报》2017 年第 5 期。

④ 吴云、朱玮：《虚拟货币：一场失败的私人货币社会实验?》，《金融监管研究》2020 年第 6 期。

⑤ 吕睿智：《数字货币的交易功能及法律属性》，《法律科学》2022 年第 5 期。

⑥ 刘戈：《比特币的价值终将归零》，《环球时报》2018 年 11 月 28 日第 15 版。

共识，与此同时包括莱特币（Litecoin）、瑞波币（Ripple）、以太坊（Ethereum）在内的更多种类的数字货币和电子资金类型纷纷涌现，给刑法中"财物""货币""资金"等概念的边界带来巨大冲击。

二 电子权利凭证

随着互联网技术的发展，特别是数据处理技术的不断进步，由纸质或者其他实物作为权利表达载体的传统，已经逐步由数字化的电子权利凭证所取代，① 由此给刑法中"财物"概念的认定造成一定困惑。近年来，实践中已陆续出现以各类电子权利凭证作为侵害对象的犯罪案件：在最高人民法院公报案例杨某成盗窃案中，被告人杨某成破译了郑州丹尼斯公司 VIP 会员计分系统程序，将已经过期作废的 VIP 积分卡激活重新充值后用于个人消费；② 在童某媛、陈某、吴某等盗窃案中，中国移动上海有限公司推出了 5000 积分兑换 100 点联华超市 OK 卡积点的"随心换"活动，三名被告人利用职务之便，为各自亲友的手机账户内虚增移动公司积分，而后通过兑换联华 OK 卡的形式持卡消费挥霍，最终共计消费 286250.5 元。③ 这些以会员卡、积分等电子权利凭证为对象的犯罪活动在给司法机关认定案件性质造成困惑的同时，也引发了关于刑法第五章中"财物"范围界定问题的争议。电子权利凭证是否可以被理解为刑法意义上的"财物"？能够直接兑换商品的电子物权凭证和用于服务消费的电子服务凭证是否均能被视为"财物"？各类会员积分的本质如何认定？盗窃不记名且不可挂失的电子权利凭证、盗窃记名但不可挂失补办的电子权利凭证以及盗窃记名可挂失的电子权利凭证的行为分别应当如何定性？实践中，有些电子权利凭证是一次性的，如电子门票、电影票兑换码、团购券等；而有些权利凭证则可以多次使用，如绑定了电话号码的 VIP 会员码，理发店、快捷酒店的金卡银卡，可用于打折的学生证等，如果行为人采用不正当手段窃用了前述两种不同类型的电子权利凭证，在定罪处罚时候是否需要区别对待？这些实践问题均需要理论界与实务界的人士共同研究

---

① 周旋：《中国刑法侵犯财产罪之财产概念研究》，上海三联书店 2013 年版，第 153 页。

② "杨志成盗窃案"，载《中华人民共和国最高人民法院公报案例》2008 年第 11 期。

③ 王信芳、沈解平、王连国：《虚增消费积分用于消费构成盗窃罪》，《人民司法·案例》2008 年第 2 期。

解答。

三 大数据财产

互联网的发展不仅极大地改变了财产的存在形式与概念边界，更是在更深层次上变革了企业的生产方式和生产要素，数据作为一种财产的独立价值日益得到彰显。近年来，"大数据财产"成为学界研究的一大热点。2013 年，英国牛津大学网络学院教授维克托·迈尔-舍恩伯格（Viktor Mayer-Schönberger）和《经济学人》杂志数据主编肯尼思·库克耶（Kenneth Cukier）著成《大数据时代：生活、工作与思维的大变革》（*Big Data：A Revolution that Will Transform How We Live，Work and Think*）一书，宣告了"大数据时代"的来临，引发了全球范围内关于"大数据"问题的探讨和热议，2013 年也因此被称作"大数据元年"。[①] 大数据被广泛应用于市场分析、商业咨询、广告投放、新闻传媒、政府公共服务、刑事司法与科学研究等各个领域，其本身所蕴含的巨大经济利益与商业价值亦引起了广泛关注，"大数据财产"（big data asset）、"数据资产"（data asset）等概念逐渐成形。2015 年 4 月 14 日，贵阳大数据交易所正式挂牌运营并完成首批大数据交易，标志着大数据在中国正式作为一种商品在现实的市场平台上进行交易。

"大数据财产"的出现同样对刑法中"财产""财物"等概念的内涵与外延形成剧烈冲击，围绕"大数据是否是财产"的问题，国内外理论界展开激烈争鸣：有学者将大数据称为新时代的"石油"，指出大数据是一种并列于土地、劳动等传统生产要素的全新的生产资料和财产类型。[②] "大数据具有财产性应该是最没争议的问题，因为从学理研究、大数据开发利用和数据交易实践，以及政策性文件规定中都能得出这个结论。"[③] 对此持否定态度的观点则认为，来自隐私权方面的诘责与挑战将

---

① 熊建、黄碧梅等：《2013 大数据元年》，《人民日报》2013 年 12 月 25 日第 10 版。

② Robert K. Perrons，Jesse W. Jensen，"Data as an Asset：What the Oil and Gas Sector can Learn from other Industries about 'Big Data'"，*Energy Policy*，2015（31），pp. 117-121；冯晓青：《大数据时代企业数据的财产权保护与制度构建》，《当代法学》2022 年第 6 期。

③ 王玉林、高富平：《大数据的财产属性研究》，《图书与情报》2016 年第 1 期。

会阻止将带有人格属性的个人数据加工为"财产"的做法和实践，[①] 试图将数据作为一种财产对待的做法面临着巨大的经济挑战、法律挑战、技术挑战和社会伦理挑战，[②] 对所谓的"大数据财产"进行估值和定价更是困难重重，[③] 由此否认大数据是一种新型的财产类型。此外，即便是在支持"大数据是一种财产"的阵营内部，关于大数据财产应当归属于谁亦存在严重分歧：一种观点认为，数据财产应当归属于数据的生产者即用户个人，法律应当承认互联网用户对数据财产的排他性所有权；[④] 另一种观点则认为，"大数据"之所以能够被称为"财产"，归根结底是源自数据加工者在收集、处理数据过程中所形成的价值添附，[⑤] 因此，应当将大数据财产赋予数据的收集者和控制者；[⑥] 还有人主张将大数据财产的所有权与收益权归属于政府公共部门。[⑦] 具体到刑法领域，关于"大数据"是否属于刑法意义上的"财产"或"财物"的学理聚讼将长期存在，侵害大数据的行为应当如何定性处刑也将是一个值得深入探讨的刑法议题。

四　虚拟财产

互联网对人们的生产、生活、娱乐方式产生了极其深远的影响，其中一个显著的标志是互联网游戏产业的兴起与"虚拟财产"的出现。

[①] Acquisti, A. & Varian, H., "Conditioning Prices on Purchase History", *Marketing Science*, 2005, 24（3）, pp. 367-381.

[②] Spiekermann-Hoff, Sarah and Böhme, Rainer and Acquisti, Alessandro and Hui, Kai-Lung, "The Challenges of Personal Data Markets and Privacy", *Electronic Markets*, 2015, 25（2）, pp. 161-167.

[③] Berthold, S. & Böhme, R., "Valuating Privacy with Option Pricing Theory", In T. Moore, D. Pym & C. Ioannidis（Eds.）, *Economics of Information Security and Privacy*, New York：Springer, 2009, pp. 187-209.

[④] 王立君：《个人自主信息资产的国内监管与国际法治》，《求索》2019 年第 4 期。

[⑤] 苏今：《大数据时代信息集合上的财产性权利之赋权基础——以数据和信息在大数据生命周期中的"关系化"为出发点》，《清华知识产权评论》2017 年第 1 辑。

[⑥] 冯晓青：《大数据时代企业数据的财产权保护与制度构建》，《当代法学》2022 年第 6 期。

[⑦] 锁福涛、潘政皓：《数据权益的法律保护路径研究》，《南京理工大学学报》（社会科学版）2022 年第 1 期。

2008 年，全国互联网游戏产业总产值仅为 185.6 亿元，[①] 之后便以年均 30%—40% 的速度爆发式增长；到 2014 年中国互联网游戏产业的实际收入规模便越过千亿元大关，达到 1144.8 亿元人民币；[②] 截至 2021 年，中国的互联网游戏用户已超过 6.66 亿人，各类游戏道具和增值服务的销售总额高达近 3000 亿元。[③] 巨大的产业规模背后是玩家为此投入的庞大经济成本，以及网络游戏公司的巨额利润，为了防止这些利益受到各种形式的非法侵害，虚拟财产的刑法保护问题被提上议程。[④] 关于"虚拟财产"能否被视为刑法意义上的"财物"，窃取虚拟财产的行为应当如何定性等问题，学界展开了激烈讨论：支持者将虚拟财产等同于现实中的财产，将之解释为财产犯罪的对象，主张以盗窃罪追究非法获取虚拟财产行为的刑事责任，[⑤] 即使不以出售牟利为目的，单纯地窃取虚拟财产用于个人娱乐，也会构成盗窃既遂。[⑥] 将"虚拟财产"认定为"财物"的立场得到了一部分法院的支持。[⑦] 反对说的立场则认为，"虚拟财产"不能被视为刑法意义上的"财产"，"虚拟财产"仅仅是一种通用说法，并非法律概念。[⑧] 虚拟财产并不属于法律意义上的"财物"，主体对其并不享有所有权，[⑨] 窃取虚拟财产的行为不能以盗窃罪论处。[⑩] 虽然最高司法机关采取了否定说

[①] 于志刚主编：《网络空间中虚拟财产的刑法保护》，中国人民公安大学出版社 2009 年版，第 11 页。

[②] 《2021 年中国游戏产业报告》，载 https://www.nppa.gov.cn/nppa/contents/280/102451.shtml。

[③] 任跃进、童伟华：《盗窃网络虚拟财产行为的法益厘清》，《新疆社会科学》2021 年第 5 期。

[④] 张弛：《窃取虚拟财产行为的法益审视》，《政治与法律》2017 年第 8 期。

[⑤] 陈罗兰：《虚拟财产的刑法意义》，《法学》2021 年第 11 期。

[⑥] 田宏杰、肖鹏、周时雨：《网络虚拟财产的界定及刑法保护》，《人民司法》2015 年第 5 期。

[⑦] 河南省邓州市人民法院（2020）豫 1381 刑初 651 号刑事判决书；陕西省榆林市榆阳区人民法院（2019）陕 0802 刑初 101 号刑事判决书；江苏省苏州市虎丘区人民法院（2010）虎刑二初字 0074 号刑事判决书；上海市黄浦区人民法院（2006）黄刑初字第 186 号刑事判决书等。

[⑧] 马永强：《论区块链加密货币的刑法定性》，《苏州大学学报》（法学版）2022 年第 2 期。

[⑨] 付琳：《虚拟财产的内生逻辑及其权属矛盾》，《社会科学家》2021 年第 2 期。

[⑩] 欧阳本祺：《论虚拟财产的刑法保护》，《政治与法律》2019 年第 9 期。

的立场，① 但是关于"虚拟财产"是否属于"财产"和"财物"的争议始终没有止消。

综上所述，在当前背景下，以虚拟化、数据化为代表的互联网信息技术革命对企业生产、商业经营和社会生活的各个方面产生巨大冲击，使固态、有形的财产存在形式发生虚拟化变异，由此催生了包括电子资金、电子权利凭证、大数据财产和虚拟财产在内的一系列"互联网新型财产"，对刑法中的"财产""财物"等基础性概念的传统边界形成巨大冲击，由此带来了大量的司法疑难问题。本书的核心论题即旨在解决这些所谓的"新型财产"能否被认定为刑法意义上的"财产"或"财物"的问题，在此基础上对因互联网的虚拟化冲击而日渐模糊的"财物"概念边界进行厘清和再勘，由此协调刑法条文的稳定性与社会发展需求之间的关系，并对涉及"互联网新型财产"案件的刑事司法认定问题作出系统而全面的回应。

---

① 2014年4月22日《最高人民法院研究室关于利用计算机窃取他人游戏币非法销售获利如何定性问题的研究意见》认为，价格鉴定存在困难的虚拟物品不宜作为财产犯罪的对象，利用计算机窃取他人游戏币非法销售获利的行为，目前宜以非法获取计算机信息系统数据罪定罪处罚。

第二章

电子资金犯罪的刑法应对

货币自古以来就是财产和财物的最主要表现形式。在绵延数千年的历史长河中，从贝壳、龟甲到金属货币，再到纸质货币，货币的形式不断发生嬗变。近代以来，纸币现金始终是货币资金的最主要表现形式。以信息技术为代表的第三次科学技术革命极大地改变了人们的生活与生产方式，与此同时也使货币资金的形式发生了革命性的转变。1985 年 3 月，由中国银行珠海分行发行的第一张银行卡"中银卡"意味着中国开始迈入资金电子化的时代。2002 年，中国现代化支付系统（China National Advanced Payment System，CNAPS）正式运行，为商业银行之间跨行、跨地区的支付清算服务提供了基础，使各商业银行计算机系统内的电子资金获得了与人民币现金同等的流通能力。近年来，以支付宝、微信支付、Apple Pay 为代表的第三方支付软件，以及以区块链技术为基础、以比特币为代表的数字货币的兴起，使人们的支付手段不再仅仅局限于传统的纸币支付与银行转账，电子资金的内涵与形式得到进一步的丰富，与此同时也带来了大量的司法疑难案件。有鉴于此，本章将首先对涉电子资金案件的刑事司法问题进行探讨。

第一节　电子资金概述

一　电子资金的概念范畴

"电子资金"是一个颇为宽泛的概念，凡是与纸币现金相对应，具有电子化的表现形式，并且具有支付结算与一般等价物功能的资金存在形式都可以被称为"电子资金"。狭义上的"电子资金"主要是指电子现金，即存在于银行等金融机构计算机系统中的代表一定资产的数据。① 随着时代的发展，支付中介与结算机构日渐多元化，电子化的支付手段不断丰富，电子资金的种类和范围也随之发生嬗变，支付宝、微信支付、财付通等第三方支付工具，余额宝、零钱通等具有支付功能的理财产品，以及比特币、莱特币、以太坊等"去中心化"的数字货币逐渐取代传统的纸币现金，成为人们支付、转账的重要工具。下文将对几种典型的电子资金类型进行逐一介绍：

（一）电子现金

"电子资金"的概念最早来源于"电子现金"（digital cash）或曰"电子货币"（electronic money），即"以数据形式储存在计算机中并能通过计算机网络而被使用的资金"。② 1994 年，欧盟支付系统工作小组在向欧洲货币当局提交的《预付价值卡》报告中，提出"电子货币是一种最近出现的新兴支付工具，被称作'电子钱包'或者多用途卡片，它包含着真实购买力的塑料卡片，为了获取该卡片，消费者必须预先支付其价值"③。国际清算银行巴塞尔银行监督管理委员会在 1996 年 8 月发布了《电子货币安全报告》，认为"电子货币"是一种预付价值产品（Stored-value product），包括储值卡（Stored-value card）或者电子钱包，以及使用计算机网络的类似产品即"电子现金"（digital cash）。④ 欧洲银行在 1998 年 8 月发布的报告中将"电子货币"定义为"以电子方式储存在技术设备中的货币价值，是一种预付价值的无记名支付工具，被广泛应用于向除电子货币发行人以外的其他人的支付，但是交易不一定涉及到银行账户。"⑤ 根据这一定义，电话卡、乘车卡等封闭资金系统的货物/服务支付

---

① 刘颖、杨萌：《电子资金类诈骗罪的若干问题》，《现代法学》2002 年第 2 期。

② 刘颖：《电子资金划拨法律问题研究》，法律出版社 2001 年版，第 57 页。

③ Report to the Council of the European Money Institute on Prepaid Cards by the Working Group on EU Payment System, May 1994.

④ Security of Electronic Money Report by the Committee on Payment and Settlement System and the Group of Computer Experts of the Central Banks of the Croup of Ten Countries Basle, Auguset 1996.

⑤ "Electronic money is broadly defined as an electronic store of monetary value on a technical device that may widely used for making payments to undertakings other than the issuer without necessarily involving bank accounts in the transaction, but acting as a prepaid bearer instrument." *See Report on Electronic Money European Central Bank*, August 1998.

工具被排除在"电子货币"的概念范畴之外。[①]

在中国，自1996年首家网上银行上线之后，各大商业银行纷纷推出了电子现金业务，使用电子现金作为现金管理、支付结算、收款付款、工资代发等金融服务的媒介和载体。2002年10月，中国现代化支付系统CNAPS正式上线运营，电子现金的价值得到了各家商业银行的统一认同，并且可以在各商业银行之间自由流通，获得了与纸币现金同等的流通性，电子现金逐渐演变为最重要的资金存在形式之一。

（二）第三方支付账户余额

随着互联网技术的进步和现代网络通讯工程的建设，以商业银行信用为基础建立的汇票、支票、本票等支付服务体系已无法完全满足以全球化、网络化、电子化为特征的贸易交往中的支付需求，由此催生了以第三方支付为代表的现代化支付体系。[②] 第三方支付是指具备一定实力和信誉保障的非金融机构，通过与互联网对接而促成交易双方进行交易的新型网络支付模式，以支付宝为代表，近年来兴起了一大批第三方支付软件，如微信支付、财付通、快钱、易宝支付等。根据《非银行支付机构网络支付业务管理办法》第3条规定，支付机构主要基于客户的商业银行账户和第三方支付软件的账户为客户提供小额快捷支付、电子商务等服务。这也就意味着第三方支付主要涉及两种类型的电子资金，一是基于客户商业银行账户中存储的电子现金；二是记录在第三方支付账户中的资金余额。随着时代的发展，以第三方支付账户余额为代表的新型电子资金正在社会生活中迅速普及。

（三）具有支付功能的理财产品

第三方支付对金融创新的影响不仅仅体现在其催生了一种不同于银行电子现金系统的新型电子资金，更是将传统的投资理财与网络支付结合起来，创造性地推出了一系列具有支付功能的理财产品，其中最具代表性的是诞生于2013年的"余额宝"和2018年腾讯公司推出的"微信零钱通"。第三方支付软件依托互联网支付平台，借助其庞大的用户群体，衔接第三方理财机构，实现了金融理财活动与互联网技术的充分结合，其巨

---

① 唐应茂：《电子货币与法律》，法律出版社2002年版，第11页。

② 杨松、郭金良：《第三方支付机构跨境电子支付服务监管的法律问题》，《法学》2015年第3期。

大的金融创新价值得到了社会的认可和肯定。①

与此同时，关于此类兼具支付与理财功能的金融服务产品的质疑与批评也从未消止。这些批评意见主要包括：（1）余额宝通过外围并购绕开市场准入制度，违反了行政许可的初衷，不当扩大了许可对象的范围，虚化了行政许可的职能，特殊行业的市场准入机制将不复存在。（2）就销售方式而言，余额宝取得重大成功之时，质疑其涉嫌代销的声音也在不断高涨。余额宝在并未取得基金销售牌照的情况下，有"打擦边球之嫌"。（3）从资金运作模式来看，余额宝还被指责为涉嫌非法集资活动。② 但是无论如何，作为第三方支付的功能延伸，余额宝等新型理财/支付工具已经与第三方支付一起深度融入了互联网时代社会大众的日常生活，在此背景下不应仅因其可能存在的合法性质疑而将其排除于电子资金的范畴之外。

（四）数字货币

虽然电子现金、第三方支付软件余额以及具有支付功能的理财产品在表现形式上与具有物理形态的纸币现金存在巨大差异，但就发行主体与运作原理而言，前述三种电子资金与传统的纸币、金属货币等并无本质区别：纸币现金由货币当局发行并由政府和国家控制，而电子现金系统和第三方支付软件则分别由商业银行和第三方支付软件公司作为中枢，其发行和支付方式均具有明显的"中心性"特征。③ 随着互联网技术的发展与现代密码科学的进步，一种具有划时代意义的电子资金类型——数字货币（Digital Currency）应运而生。所谓数字货币，亦称密码货币（Crypto Currency），是一种基于数学运算的、去中心化的、由密码学原理所保护的可兑换型虚拟货币。典型的数字货币包括比特币（Bitcoin）、莱特币（Litecoin）、以太坊（Ethereum）、名币（Namecoin）、瑞波币（Ripple）等，其中以比特币最为著名，也是其他数字货币改写、开发、创新的架构基础与技术源泉。④ 数字货币带有显著的"去中心化"特征，数字货币的发行和

----

① 顾天翔：《互联网金融理财的法律问题——以第三方支付机构的法律地位为视角》，《人民司法》2014 年第 9 期。

② 万志尧：《对第三方支付平台的行政监管与刑法审视》，《华东政法大学学报》2014 年第 5 期。

③ 吕睿智：《数字货币的交易功能及法律属性》，《法律科学》2022 年第 5 期。

④ 李敏：《数字货币的属性界定：法律和会计交叉研究的视角》，《法学评论》2021 年第 2 期。

转账不依赖于任何货币当局和支付中介，而是通过共享账本和工作量证明机制（Proof of Work，POW 机制，也即俗称的"挖矿"机制）由每一个参与分布式记账的人（比特币矿工）作为数字货币的发行者和支付中介，[①] 由此在确保交易的透明性、匿名性和安全性的同时，有效地避免了去中心化背景下的"双花"问题以及传统中心化货币所固有的通胀贬值缺陷，成为迄今为止对金融自由化最彻底的实践。[②] 鉴于数字货币具有无法伪造、保密性好、交易成本低以及跨国支付自由等优势，以数字货币作为媒介的支付方式在世界各地迅速普及，[③] 数字货币成为一种极为重要的支付手段与电子资金类型。

当前，中国正在着力推进现金社会建设，电子资金正在迅速取代现金纸币，成为人们交易支付的主要手段。不过，关于电子资金本身的财产属性，仍然有部分质疑，认为电子资金只不过金融计算机系统中的电子记账符号，不具有实际价值，不能被视为刑法意义上的"财产"或"财物"。[④] 有鉴于此，下文将就电子资金的本质与财产性来源进行分析和解读，在此基础上就电子资金是否属于"财物"的问题作出说明。

二　电子资金的本质与财产性根基

本书在第一章中就刑法中"财产"与"财物"的关系以及"财物"的认定标准等基础性问题进行了探讨。通过讨论可以得知，刑法意义上的"财物"必须同时满足"具有客观的物质存在形式""具有能够以金钱衡量的客观经济价值""具有占有和转移的可能性"三个条件；当"财物"

---

① 关于比特币和数字货币的运作原理参见 Satoshi Nakamoto, *Bitcoin：A Peer－to－Peer Electronic Cash System*, https：//bitcoin. org/bitcoin. pdf. 2008；姚前：《数字货币的前世与今生》，《中国法律评论》2018 年第 6 期；林成骏、伍玮：《比特币生成原理及其特点》，《中兴通讯技术》2018 年第 6 期。

② 任文启：《从世界最大比特币交易所破产看金融自由化的困境》，《求实》2014 年第 11 期。

③ 例如，与亚马逊在技术设备和电子产品销售方面齐名的在线电子商务网站 NeweggInc. （新蛋）正在扩大其支付选项，表示接受加拿大客户的比特币付款；俄罗斯世界杯期间，足球迷们可以用比特币支付住宿费用；包括家电连锁商场 BigCamera、丸井（Marui）ANNEX 百货等在内的多家日本公司，已经开始支持使用比特币付款。参见王卫、南庆贺《论盗窃比特币的行为性质》，《西部法学评论》2018 年第 5 期。

④ 黄泽林：《网络盗窃的刑法问题研究》，《河北法学》2009 年第 1 期。

被正当的权利人合法所有或者合法占有时，就可以在总则意义上将之评价为"财产"。在互联网背景下，对于"客观的物质存在形式"应作广义理解，而不应仅局限于占据一定物理空间的有体物之范畴，储存在互联网空间中的数据也可以成为财物的载体和物理表现形式，从这个意义上讲，表现为银行电子资金系统中的电子现金余额、第三方支付软件的余额以及记载于区块链分布式账本上的比特币都是具有客观的物质存在形式的，并不是仅仅存在于思想意识或者法律规定中的东西。而且，鉴于权利人分别可以通过银行电子资金账户、第三方支付软件的账户和比特币钱包的账户和密码实现对电子现金、第三方支付软件余额以及数字货币实现占有和控制，也可以将自己账户中的电子现金、第三方支付账户余额与数字货币转账给他人，故此前述几类电子资金同时具备占有和转移的可能性。关于电子资金财产性的探讨，主要集中于其是否具有客观经济价值以及这种客观经济价值来源于什么的问题。

（一）电子现金是储存在银行中的货币现金的电子化存在形式

首先需要对电子现金的财产性问题进行探讨。银行的电子现金就其存在形式而言，体现为储存在银行电子资金账户中的余额数据。那么，储存在银行计算机信息系统中的数据能否被称为"财物"呢？对这一问题的回答取决于对银行电子现金的客观经济价值性的判断，申言之，也就是对电子现金是否具有客观价值性的根源即交换价值的判断。在现实生活中，电子现金的交换价值是毋庸置疑的，凡是支持电子支付的地方，人们都可以使用电子现金购买商品和服务。从货币职能看，电子现金具有与实物现金相同的交换价值。[①] 那么，为什么表现为银行计算机系统数据的电子现金能够具有与金属货币和纸币相等同的交换价值呢？

这与电子现金的本质及其财产性来源有关。实际上，各商业银行的业务分类与相关说明已经揭示了银行电子资金的本质。例如，中国工商银行在其官网"机构服务—现金管理服务"一栏中表明：工商银行的现金管理服务，具体包括委托收款、代理收款、即时通、支票直通车、上门收款、协议钱箱等收款服务，信用证、电子汇兑、网上支付、代发工资、公用卡付款等付款服务，账户收支、账户余额、支付控制等账户管理服务，

---

① 李东荣：《我国电子现金发展相关问题研究》，《金融研究》2014 年第 3 期。

各项存款、债券结算代理、记账式债券柜台交易、开放式基金、外汇投资、短期融资等投资服务。① 该业务规则将"电子汇兑、网上支付、账户收支、账户余额"等涉及电子资金的业务均列于"现金管理服务"之下，意味着储存在工商银行计算机系统中的电子资金不过是现金的电子化存在形式，其本质仍然是货币现金。正如学者所指出的那样，电子现金的本质是基于电子支付渠道形成的货币形态，可以被视为纸币现金的电子化存在形式，② 在法律上应当对银行电子现金与纸币、金属货币作等同评价，将之纳入"财物"的概念范畴之中。

（二）第三方支付账户中电子资金的财产性

银行的电子现金可以被视为现实社会中纸币现金的数字化存在形式，与现金具有等同性。那么，支付宝、微信支付等第三方支付账户中的余额，能否像银行电子资金那样被一并视为货币现金的电子化表现形式呢？对此，学界存在两种不同观点："债权凭证说"认为，第三方支付账户内的金额实际上是第三方支付平台所占有的资金财产，账户记载的数额仅仅征表着用户对第三方支付平台所享有的债权，是一种电子化的债权权利凭证；③ 而"数字化财物说"则认为第三方支付账户中的资金数额是一种互联网技术支持下的数字化财物，无论是网上银行账户中的电子资金，还是第三方支付账户中的余额，其本质都是与现金货币具有同一性的资金表现形式，无论是在互联网虚拟空间中，还是在现实生活中均可以作为一般等价物而存在。④ 应当支持何者的观点呢？

实际上，中国人民银行已经在《非银行支付机构网络支付业务管理办法》中已就此问题作出了说明。根据第 7 条的规定，"支付账户所记录的资金余额不同于客户本人的银行存款，不受《存款保险条例》保护，其实质为客户委托支付机构保管的、所有权归属于客户的预付价值。该预付价值对应的货币资金虽然属于客户，但不以客户本人名义存放在银行，而是以支付机构名义存放在银行，并且由支付机构向银行发起资金调拨指令。"由此可见，第三方支付账户的资金数额归根结底仍然是所有权归属

① 中国工商银行：《现金管理服务》第 1 条，载 http：//www.icbc.com.cn/icbc/。
② 李东荣：《我国电子现金发展相关问题研究》，《金融研究》2014 年第 3 期。
③ 杨兴培：《挂失提取账户名下他人存款的行为性质》，《法学》2014 年第 11 期。
④ 孟春红、米尧静：《网络虚拟货币对现实金融体系的影响》，《海峡科学》2007 年第 5 期。

于客户的资金货币，只不过该部分货币是以第三方支付机构的名义存放在商业银行中，并不是所谓的"债权凭证"。由此可见，第三方支付账户的资金余额、网上银行的电子资金具有法律和经济上的同一性，与现实世界中的货币现金是三位一体的。对此，刘宪权教授曾作过一个十分形象的比喻："第三方支付账户和银行资金账户就是一个不可移动的电子钱柜，钱柜中储存的是数字化财物，账户的合法持有人通过账号、密码实现对账户内数字化财物的支配，数字化财物移转进任何一个其他的网络账户，都不影响其作为货币所充当的一般等价物的交换功能。"

在实践中，以第三方支付账户余额为侵害对象的案件也多以财产犯罪认定。有研究者对发生在 2021 年之前的、利用他人付款二维码实施的侵财案件进行统计，发现在其检索的 107 份相关判例中，有 80 例被司法机关认定为盗窃罪，27 例以诈骗罪论处，而对于行为人窃取或者拾得他人付款码之后，以扫码形式窃取第三方支付账户内余额的 54 起案件，法院均以盗窃罪进行认定。[①] 可见，司法机关已经普遍认可了第三方支付账户余额的财产属性，将之视为和现金、银行电子资金同等的存在。第三方支付账户中的余额和银行账户中的电子资金都是刑法意义上的"财物"，均属于侵财犯罪的对象。[②]

（三）兼具支付、理财功能的金融服务产品的属性认定

此外，需要对具有支付功能的理财账户资金进行探讨。与支付宝等单纯的第三方支付平台不同的是，"余额宝""零钱通"等还兼具理财投资功能，那么，这些具有支付功能的理财产品中的资金余额，能否被视为刑法意义上的"财物"呢？

笔者认为，对于这一问题的解答主要取决于对"余额宝""零钱通"等兼具理财与支付功能的金融服务产品本身的属性认识，若将其本质认定为第三方支付平台，则理财账户内的资金余额系用户的自有电子资金，与支付宝等第三方支付平台内的账户资金属性相同；若认为其本质上属于理财工具，则"余额宝""零钱通"账户内的余额是用户投资理财的基金份额，其性质等同于普通基金、理财产品的认购份额，账户余额对应的电子

---

① 李淼：《利用他人付款二维码侵财案件的定性反思——基于 107 份刑事裁判文书的实证分析》，《南大法学》2022 年第 2 期。

② 刘宪权：《论新型支付方式下的网络侵财犯罪的定性》，《法学评论》2017 年第 5 期。

资金由理财平台所占有，用户在赎回之前并不享有对该笔电子资金的处分权。实际上，这一问题的原理十分简单：兼具理财、支付功能的金融服务产品究竟是一种理财产品还是一种支付工具？答案是非常明确的，某些支付工具带有一定的理财收益功能，而严格意义上的理财产品并不具有直接用于交易、转账的支付功能。例如，日常消费、转账中经常使用的银行借记卡是具有一定的理财收益功能的，根据各大商业银行的有关规定，对于借记卡中的电子资金，通常按照活期存款计算其利率。也就是说，银行的借记卡实际上也是一种具有理财增益效果的支付工具，与此相类似，"余额宝""零钱通"等兼具理财与支付功能的金融服务产品应当被定性为一种电子支付工具而非理财产品。"余额宝"的工作人员曾多次表明，余额宝在本质上是一种支付工具而非理财工具。[①] 有鉴于此，与"支付宝""微信支付"等第三方支付账户中的电子资金相同，"余额宝""零钱通"等也属于货币现金的电子化存在形式，应当被认定为刑法意义上的"财物"。

（四）关于"比特币"等去中心化数字货币的财产性探讨

最后，需要对以"比特币"为代表的数字货币的财产性问题进行探讨。如前所述，银行电子现金和第三方支付软件余额的客观经济价值根源于其所代表的纸币现金，纸币现金、电子现金、第三方支付软件余额是三位一体的，后两者在本质上是纸币现金在不同电子资金系统中的数字化表现形式。然而，比特币等去中心化的数字货币并非由中央政府货币当局发行，[②] 其财产性并不来源于纸币现金。正如比特币的发明者中本聪所指出

[①] 周寒梅：《人气爆棚的互联网金融真的可以躺着赚钱?》，《上海法治报》2013 年 11 月 1 日第 A2 版。

[②] 比特币是一种"去中心化"的数字货币，也即不存在银行、第三方支付平台等中介机构作为交易的记录者。由于中介的缺位，很有可能发生"双花"（双重支付）的情况，导致交易系统的崩溃。为了解决这一问题，比特币的发明者中本聪（Satoshi Nakamoto）创造性地提出了"分布式共享账本"的记录机制——既然没有中介，那么每个比特币的参与者（矿工）都可以来充当交易中介记账，比特币矿工将自己收集到的全网的交易信息进行记录，形成一个区块（Block），这样比特币系统上就存在无数个区块（账本）。那么，应当以何者为准呢？中本聪提出，我们可以设置一道数学题，将目前已经存在的历史区块数据（区块头）与当前全网广播的未被确认的交易信息后面再加入一个随机数，进行两次哈希运算（即 SHA - 256 ［SHA - 256（计算对象）］）后，得出一个 256bit 的二进制数据串，再利用这个数据串验证所有矿工的答案，（转下页）

的那样：借助传统金融机构开发而成的电子支付（如前述电子现金、第三方支付等），其本质上仍然受限于基于信用的模式，其财产性源自于国家信用的背书，而比特币在本质上是基于密码学原理而不是信用的，[①] 考虑到这一因素，能否将没有国家信用作为保障的比特币等去中心化数字货币评价为刑法意义上的"财产"或"财物"呢？对此，有两种不同的见解：

1. 否定说

否定说的立场认为，比特币本质上只不过是一种依据公式运算得出的答案，并不具备任何实际价值，不能被视为刑法意义上的"财物"或"财产"。[②] 其理由有四：

其一，比特币虽然以"币"为名，但其既不具备国家信用背景和公信力支持流通的经济基础，更没有以黄金储备为价值保障的真实货币支撑，围绕比特币等数字货币所形成的"矿机厂商、矿池、矿工挖矿、交易

（接上页）在此基础上赋予第一个算出随机数的矿工以记账权。这一机制被称作"工作量证明机制"（Proof of Work，POW 机制），也就是俗称的"挖矿"机制。挖矿机制主要解决的是确定记账人的问题，挖矿的本质就是记账权的争夺。矿工 A 找到符合 POW 机制的随机数后，将该随机数连同区块头和其所搜集到的未被确认的交易信息封装至自己的区块并广播出去，如果该区块得到另一个矿工 B 的确认，B 在 A 所公布区块的基础上继续挖矿，A 的区块便得到第一次确认，若 C 又在 B 的新建区块后继续新建区块，使 A 的区块继续延伸下去，则 A 的区块则获得了第二次确认；如此循环往复，当 A 的区块获得六次确认时，A 的挖矿行为即告成功，A 的新建区块即被并入区块主链，成为历史区块的一部分，无法被更改和逆转。A 就该区块获得记账权，系统将奖励 A 一定数额的比特币，同时 A 可以收取其新建区块中所包括的交易活动的交易费用。根据中本聪对算法和算题难度的设计，每过 10 分钟就会形成一个新的区块，而奖励的比特币数量也会逐渐减少：2009 年比特币诞生的时候，每笔赏金是 50 个比特币。诞生 10 分钟后，第一批 50 个比特币生成了，而此时的货币总量就是 50。随后比特币就以约每 10 分钟 50 个的速度增长。当总量达到 1050 万时（2100 万的 50%），赏金减半为 25 个。当总量达到 1575 万（2100 万的 75%）时，赏金再减半为 12.5 个，直到 2140 年达到 2100 万个的总量上限，比特币便不再产生。这种基于密码学和计算机技术的制度设计，使得比特币矿工在挖矿、建立区块、延续区块链主链的过程中，促成了系统上广播的每一笔交易的完成，同时有效地避免了去中心化背景下的"双花"问题，比特币则是这一去中心化的交易运作机制中的运作工具和价值符号。

① 孟美丽：《浅谈比特币洗钱犯罪及应对策略》，《广州市公安管理干部学院学报》2018 年第 3 期。

② 赵天书：《比特币法律属性探析——从广义货币法的角度》，《中国政法大学学报》2017 年第 5 期。

所和法定货币的兑换平台"的数字货币产业链都是虚假的，[①] 归根结底只不过是一场"毫无意义的数字运算"。[②] 并且，围绕这场"毫无意义的数字运算"消耗的天量电力已经造成极为严重的资源浪费，在国家发改委发布《产业结构调整指导目录（2019 年本，征求意见稿）》中，将"虚拟货币'挖矿'活动（比特币等虚拟货币的生产过程）"明确列入"淘汰类"产业，意味着国家层面开始明令禁止生产、获取比特币的行为。

其二，比特币的兑换性为国家所否定，不具有交换价值。根据 2013 年中国人民银行等五部委发布的《关于防范比特币风险的通知》，各金融机构和支付机构不得开展与比特币相关的支付、兑换等业务，故此比特币不具有可兑换性。2021 年由中国人民银行、中央网信办、最高人民法院、最高人民检察院等十部门联合下发的《关于进一步防范和处置虚拟货币交易炒作风险的通知》（银发〔2021〕237 号）再次重申："虚拟货币不具有与法定货币等同的法律地位。比特币、以太币、泰达币等虚拟货币具有非货币当局发行、使用加密技术及分布式账户或类似技术、以数字化形式存在等主要特点，不具有法偿性，不应且不能作为货币在市场上流通使用。"缺乏国家权利背书的兑换与流通可能性，意味着比特币和 Q 币等虚拟财产一样，其价值因人而异，在币圈以外的人群中得不到承认，仅具有使用价值而不具备交换价值。[③]

其三，作为一种电子支付手段，比特币在交易的便利性和效率性方面也存在严重缺陷，比特币通过非对称加密签名和工作量证明共识机制，摆脱了对中心服务器的依赖，从而具备了常说的"分布式"和"去中心化"特点。但这种优势同时也伴随其他方面的劣势，因为所有参与记账竞争的矿机都必须对相同的交易进行重复验证、打包和哈希运算，并最终达成一致，意味着必须在效率和容量上作出牺牲。一方面，比特币的系统交易容量极低，其理论总的系统吞吐容量约为每秒 7 笔交易，同为电子资金系统的支付宝吞吐容量最高是每秒 25.6 万笔交易。系统容量低下直接导致交易速度极慢，根本不具有用于日常支付手段的可能性。另一方面，由于比

---

① 雷振华：《比特币暴跌系金融本源回归》，《上海金融报》2018 年 11 月 23 日第 A2 版。

② 肖飒、张超：《比特币法律属性及刑法保护》，《证券时报》2016 年 4 月 30 日第 A4 版。

③ 储陈城、马世理：《比特币的刑法保护方式——从教义学到国家政策的分析》，《重庆大学学报》（社会科学版）2019 年第 6 期。

特币出块时间被设定为平均 10 分钟，也即意味着每笔交易的平均确认时间也较为漫长；相比之下，支付宝每笔交易耗时不到 3 秒，而非接触式 IC 卡交易耗时少于 1 秒。[①]

其四，根据刑法与有关司法解释的规定，比特币等数字货币并不属于刑法第 92 条所规定的"公民私人财产"，此外，根据最高司法机关的相关解释，鉴于侵犯虚拟财产案件由于具体的犯罪数额无法认定而不应以盗窃罪等财产犯罪认定，[②] 那么同理可证，价格瞬息万变的比特币也不应当被认定为刑法意义上的"财物"。对比长期以来不同资产价格的波动率，比特币的波动率是主要货币的 10 倍，是贵金属的 3—5 倍，是股票市场的 3—5 倍，是原油的 3 倍。极高的波动率导致比特币无法成为价值储藏的手段，也否定了将此类虚拟物品评价为财物的可能性。[③] 国外研究者不无遗憾地指出，以比特币为代表的去中心化数字货币本为消除通胀、实现普惠金融而诞生，然而，二级市场中比特币价格受供求关系影响而不断波动，"币值不稳"严重制约其作为交换工具和计量尺度的功能发挥，影响比特币的"初心"实现，即绕过传统银行系统并取代国家法定货币的构想。[④]

有鉴于此，持否定说立场的学者和实务界人士反对将比特币等去中心化的数字货币归属于刑法中"财物"，甚至将之视为"庞氏骗局"的一种，与历史上荷兰的"郁金香骗局"和前些年发生在中国的"兰花骗局"等并无本质区别。[⑤]

2. 肯定说

亦有不少学者主张应当肯定数字货币的财产属性，将之视为刑法上的

① 吴云、朱玮：《虚拟货币：一场失败的私人货币社会实验?》，《金融监管研究》2020 年第 6 期。

② 2014 年 4 月 22 日《最高人民法院研究室关于利用计算机窃取他人游戏币非法销售获利如何定性问题的研究意见》认为，价格鉴定存在困难的虚拟物品不宜作为财产犯罪的对象，利用计算机窃取他人游戏币非法销售获利的行为，目前宜以非法获取计算机信息系统数据罪定罪处罚。

③ 张春莉：《虚拟货币的刑法属性及保护路径》，《浙江社会科学》2022 年第 11 期。

④ Douglas Arner, Raphael Auer and Jon Frost, "Stablecoins: Risks, Potentialand Regulation", *Financial Stability Review*, 2020, Issue39, pp. 97-98.

⑤ 刘戈：《比特币的价值终将归零》，《环球时报》2018 年 11 月 28 日第 15 版。

"财物"，并对否定说的理由逐一进行反驳：

首先，真正意义上的数字货币并不是所谓的"庞氏骗局"，"庞氏骗局"表现为一个中心化的推动者或共谋者以高回报、低风险等经济激励或者投资项目为诱饵，通过欺诈性手段骗取投资者资金，而事实上根本不存在具有收益的项目或仅有少部分资金投入项目，早期投资者收益全部或者绝大部分源于后期投资者的资金。比特币等数字货币系统在经济模式上类似于"庞氏骗局""正反馈循环"，但是该体系既不存在能够被证明为构成犯罪主体的中心化诈骗计划推动者与共谋团队，也没有实施欺诈性行为诱骗投资者针对一个虚构的投资项目提供资金，更没有证据表明存在非法占有他人资金的诈骗目的。① 抛开国内那些打着"比特币""区块链""ICO"的幌子，行金融诈骗、传销和非法集资之实的犯罪活动，真正意义上的数字货币并不涉及所谓的"庞氏骗局"。

其次，比特币的财产性已经得到法律法规的确证。有研究者指出，2013 年《关于防范比特币风险的通知》、2021 年《关于进一步防范和处置虚拟货币交易炒作风险的通知》等强化数字货币监管的政策文件并未否定数字货币的财产属性，数字货币不能以货币方式流通并不意味着不能以商品方式流通，否定数字货币财产属性的观点实则混同了货币与财产的概念。② 而且，《关于防范比特币风险的通知》直接将比特币界定为一种可以由个人合法持有和买卖的虚拟金融商品，故而其可以被纳入《刑法》第 92 条第 4 款规定的"其他财产"。③《刑法》第 92 条第（四）项中所列举的公民私人所有的财产包括"股份、股票、债券和其他财产"，其中"股份、股票、债券"这三种财产形态在本质上皆属于金融商品的范畴。根据体系解释的原理，既然"股份""股票""债券"等金融产品均属于刑法规定的"财产"之列，那么同属于"金融财产"的比特币自然可以被解释为刑法第 92 条第（四）项所规定的"其他财产"。④

---

① Rhys Bollen, "The Legal Status of Online Currencies: Are Bitcoins the Future?", *Journal of Banking and Finance Law and Practice*, 2013, Vol. 24, p. 272.

② 齐爱民、张哲：《政策与司法背景下虚拟货币法律属性的实证分析》，《求是学刊》2022 年第 2 期。

③ 邓建鹏：《ICO 非法集资问题的法学思考》，《暨南学报》（哲学社会科学版）2018 年第 8 期。

④ 王熠珏：《"区块链 +"时代比特币侵财犯罪研究》，《东方法学》2019 年第 3 期。

最后，从国际经验来看，不少国家已经认可了比特币等数字货币的财产性。2013 年 6 月，德国成为世界上第一个承认比特币作为支付手段的国家。① 紧随其后，2014 年 3 月和 2015 年 9 月，美国国家税务局（IRS）和美国商品期货交易委员会（CFTC）分别发布文件，宣布将比特币和其他数字货币定义为"大宗商品"，并开始对比特币交易活动进行征税。② 2016 年 2 月，日本金融监管机构提议将比特币作为一种支付方式，赋予其与日本传统货币类似的法律地位。③ 2021 年 6 月 9 日，位于中美洲的萨尔瓦多共和国于通过了《比特币法》，该法第 1 条规定：本法的目的是将比特币（BTC）作为不受限制的法定货币进行管理，比特币具有自由的权力，在任何自然人或法人进行的对公或对私交易中都不受限制。④ 就世界范围而言，以美国、德国、日本、瑞士为代表的发达经济体以及保加利亚、斯洛文尼亚和罗马尼亚等东欧国家均认可了比特币等数字货币的财产属性。⑤ 总之，比特币具有管理可能性、转移可能性、具有价值性，应当被视为刑法意义上的"财物"，以比特币等去中心化的数字货币为目标的侵害行为应当被认定为财产犯罪。⑥

学界围绕比特币是否具有客观的经济价值、是否具有财产属性、是否属于刑法意义上的"财物"等核心议题各执一词、展开激烈争论。对于该命题的准确裁断有赖于对刑法中"财物"属性、特征以及财产性来源等问题的深入考察。笔者认为，比特币等去中心化的数字货币能否被视为"财物"的关键，在于其是否具有"财物"的根本属性即交换价值，若数字货币仅具使用价值而无交换价值，则不应被评价为刑法意义上的"财

---

① "Legal Regulation of Cryptocurrency Turnover in Ukraine and the EU", *Journal of Legal*, *Ethical and Regulatory Issues*, 2019, Vol. 22 (2).

② 王谨：《数字货币的商法性研究》，《法学杂志》2020 年第 12 期。

③ 李敏：《数字货币的属性界定：法律和会计交叉研究的视角》，《法学评论》2021 年第 2 期。

④ 齐爱民、张哲：《政策与司法背景下虚拟货币法律属性的实证分析》，《求是学刊》2022 年第 2 期。关于该法案的英文全文，参见 https://homefinderinmobiliaria.com/el-salvador-bitcoin-law/。

⑤ ［美］保罗·维格纳、迈克尔·J. 卡西：《加密货币——虚拟货币如何挑战全球经济秩序》，吴建刚译，中国工信出版集团、人民邮电出版社 2015 年版，第 260—261 页。

⑥ 盛豪杰、行江：《类型化认定：窃取比特币行为的刑法适用》，《西北民族大学学报》（哲学社会科学版）2021 年第 2 期。

物"，反之则应当认可其财产性。然而，在比特币等去中心化的数字货币与法定货币是否具有可兑换性的问题上，中国与域外某些国家的实践存在较大分歧，并且监管层面对待比特币的态度也呈现出明显的前后差异。

如前所述，美国、加拿大、德国、日本等国已经认可了比特币、以太坊等数字货币的财产属性，将之视为一种与法定货币相类似的支付手段，[①] 在德国的 Kreuzberg 区，甚至形成了一个以比特币作为主要支付方式的比特币经济特区，[②] 在加拿大的一些地区亦可以直接使用比特币付款和提款。[③] 在中国，2017 年之前，国家对数字货币交易以及数字货币与法定货币之间的兑换均持肯定态度，由此催生了包括比特币中国（BTCChina）、火币网在内的一系列数字货币交易平台，鼎盛时期国内比特币的单日交易量超过 500 万个，交易额突破人民币 300 亿元。然而，2017 年 9 月 4 日，中国人民银行等七部委紧急下发了《关于防范代币发行融资风险的公告》，将利用数字货币进行的融资活动（ICO，首次代币发行）界定为"一种未经批准非法公开融资的行为"，并且在全国范围内全面禁止法定货币与代币之间、"虚拟货币"相互之间的兑换业务，2017 年 9 月 30 日，比特币中国停止全部业务；火币网亦自 2017 年 9 月 15 日起暂停注册、人民币充值业务，并于 9 月 30 日前通知所有用户即将停止交易，最终于 2017 年 10 月 31 日前，逐步完全停止所有数字资产兑人民币的交易业务。自此，比特币等数字货币在中国境内丧失了与法定货币（人民币）直接兑换的可能性。那么，不能在中国境内直接兑换为法定货币，是否意味着以比特币为代表的数字货币丧失了交换价值继而被排除在"财物"的概念范围之外呢？

答案应当是否定的。不能直接兑换为人民币并不当然意味着数字货币交换价值和流通性的丧失。[④] 首先，尽管自 2017 年 9 月以后，比特币等数字货币在中国境内失去了直接与法定货币（人民币）相互兑换的可能，

---

① 王谨：《数字货币的商法性研究》，《法学杂志》2020 年第 12 期。

② 赵天书：《比特币法律属性探析——从广义货币法的角度》，《中国政法大学学报》2017 年第 5 期。

③ 曲磊、郭宏波：《比特币等虚拟货币金融犯罪风险前瞻》，《经济参考研究》2014 年第 68 期。

④ 齐爱民、张哲：《政策与司法背景下虚拟货币法律属性的实证分析》，《求是学刊》2022 年第 2 期。

但是并不意味着数字货币交换价值的彻底丧失，数字货币的持有人仍然可以在国外的比特币交易平台上将之兑换为外币，甚至从事洗钱、骗购外汇等犯罪活动，这一点是那些否认比特币具有财产属性的学者们也不得不承认的事实。① 只要比特币等数字货币仍然可以在世界上的某个国家兑换成该国货币，那么数字货币的可兑换性与交换价值就不会彻底丧失。其次，即使无法与法定货币相互兑换，在接受数字货币作为一种支付手段的场域，数字货币与商品和服务的兑换也不是单向的，服务和商品的提供者可以通过出售自己的商品或服务来换取比特币，而比特币的持有者则可以支付比特币作为购买商品和服务的对价，比特币仍然具有交换价值②，甚至，在具有"货币认同"的群体中，比特币完全可以被视为拟制的法定货币。③ 最后，即使比特币不具有可兑换性，也没有在特定群体中形成共同认可的支付手段，仅仅作为投机品存在，只要这种投机品可以在公开或者私下场合交换、流通，那么比特币就不会丧失其流通性和交换价值。事实上，从全球整体视角看，比特币的流通性甚至要比少数国家法定货币还高。④

比特币的交易过程并不是如否定论者所称的那样是单向的、不可逆的，而是可以和商品或者服务相互转化。在这个意义上，以比特币为代表的数字货币作为一种支付手段和价值储存方式，与仅具有使用价值而无交换价值的纪念物品是存在本质区别的。数字货币具有作为"财物"必备要素的客观价值与交换价值，应当将之纳入"财物"的概念范畴之中。⑤

根据刑法与相关文件的规定，也应当认可数字货币的财产属性，否则将陷入罪名适用的悖论。2013 年发布的《关于防范比特币风险的通知》指出："对于发现使用比特币进行诈骗、赌博、洗钱等犯罪活动线索的，应及时向公安机关报案"，根据刑法第 191 条规定，洗钱罪的对象包括

---

① 赵冠男：《论比特币的刑事没收》，《中国人民公安大学学报》（社会科学版）2022 年第 4 期；周铭川：《盗窃比特币行为的定性分析》，《南通大学学报》（社会科学版）2020 年第 3 期。

② 孟美丽：《浅谈比特币洗钱犯罪及应对策略》，《广州市公安管理干部学院学报》2018 年第 3 期。

③ 赵磊：《数字货币的私法意义》，《北京理工大学学报》（社会科学版）2020 第 6 期。

④ 盛豪杰、行江：《类型化认定：窃取比特币行为的刑法适用》，《西北民族大学学报》（哲学社会科学版）2021 年第 2 期。

⑤ 任彦君：《非法获取虚拟货币行为的刑法定性分析》，《法商研究》2022 年第 5 期。

"资金""财产"和"其他犯罪所得和收益"，既然比特币可以成为洗钱罪的犯罪对象，也就意味着应当赋予比特币和"资金""财产""犯罪所得收益"等相同的刑法地位，将其评价为刑法意义上的"财物"，否则就无法对以比特币等数字货币为对象的犯罪活动进行惩处和打击。[1]

以数字货币为代表的区块链革命已经在全球范围内产生了深远的影响，这种基于现代密码学与互联网技术的新型财产不仅为美国、德国、日本、瑞士等发达经济体所认可，并且其所具有的去中心化、抑制通胀、难以伪造和篡改、安全保密等独特优势对于货币当局研究和发行法定数字货币极具参考价值。[2] 在此背景下，更应当直面数字货币的财产属性与经济价值，将之作为与银行电子现金、第三方支付余额相并列的电子资金存在形式，共同纳入"财物"的概念范畴之中。综上，肯定说的立场应当被支持。

三　电子资金的出现给刑事司法认定带来的冲击

电子资金出现后，其虚拟化、数据化的存在形式也给相关案件的司法认定带来较大冲击，具体体现两个方面：一是犯罪手段的异变；二是罪名界限的纠葛。

（一）犯罪手段的异变

传统上的财产犯罪以占有为核心，其基本行为构造是通过打破他人对财物的合法占有，建立本人对财物的非法占有，行为人获取财物的行为必然导致损失受害人的财产损失；而当现金、财物被电子化以后，情况发生了变化。若行为人采取非法手段侵入银行或第三方支付软件的计算机信息系统，修改账户信息记录，人为增加了自己账户上的"金额"时，应当如何认定？例如，2003 年 5 月，张某侵入某市邮政储蓄银行的计算机系统，采用虚增金额的方式给自己的电子现金账户中分 11 笔"存入"人民币 80 余万元，[3] 在本案中，张某并未将他人账户中的电子资金非法转移至自己的账户中，而是采取"复制"的手段凭空捏造了一大批并不存在的

---

① 马永强：《论区块链加密货币的刑法定性》，《苏州大学学报》（法学版）2022 年第 2 期。

② 李炳：《关于法定数字货币的研究共识与展望》，《金融理论与实践》2018 年第 12 期。

③ 雷建斌：《盗窃抑或诈骗——侵入金融机构计算机系统虚增存款获取资金行为定性之探析》，《人民司法·案例》2007 年第 2 期。

"资金"，对于张某的行为应当如何定性？可见互联网发展所带来的资金虚拟化、电子化的趋势，极大地冲击了以有形占有为中心的传统侵财犯罪类型，使财产犯罪的客观行为模式发生嬗变，形成了大量司法疑难问题。

（二）罪名界限的纠葛

电子资金和第三方支付软件出现后，一些兼具"秘密窃取"与"骗取"双重性质的虚拟化侵财手段开始陆续出现，盗窃、侵占、诈骗等罪名之间原本泾渭分明的界限变得越发模糊，给司法认定带来了不少困难。以近年来热议的"偷换二维码案"为例，① 行为人将商店的二维码偷偷换成自己的收款码，在家里"坐享其成"，几个月内通过这种方式收款数千元，对于此类行为究竟构成盗窃还是诈骗，学界存在严重分歧：有研究者认为，"偷换二维码案"的事实自然符合盗窃罪行为的逻辑结构，对于此类案件应以盗窃罪论处，② 在"偷换二维码案"案件中，盗窃的对象是商家所享有的财产性利益，即商家对顾客的债权和应收账款；③ 持相反立场观点则认为，偷换二维码的案件应以诈骗罪论处，但是在此类主张的内部，又存在"商家受骗说"④"顾客受骗说"⑤"直接诈骗说""三角诈骗说"等多种立场的分野，⑥ 究竟哪种主张更具合理性，不同立场各执一词、莫衷一是。

电子资金的出现使传统的"现金""占有"等概念受到了强烈冲击，

---

① 自 2017 年以来，利用偷换二维码方式实现非法占有目的的犯罪在各地均有发生，现实生活中偷换二维码的情形多发于快餐店、便利店、饮料店等规模不大、管理不严的经营场所，案发量非常大；同时，在很多案件中，因为二维码被调换后，商户能够及时发现的，损失一般为几十、几百元，未能作为刑事案件处理。其中影响力比较大的有福建省石狮市 2017 年审理的"邹晓敏案"（福建省石狮市人民法院一审刑事判决书（2017）闽 0581 刑初 1070 号）和"吴某和张某盗窃案"（广东省佛山市禅城区人民法院刑事判决书（2017）粤 0604 刑初 550 号）等案件。胡敏慧：《电子支付环境下偷换二维码获财案件定性问题探析》，《科学决策》2021 年第 10 期。

② 王奕琛：《"偷换二维码案"的定性问题研究》，《华北水利水电大学学报》（社会科学版）2022 年第 2 期。

③ 付立庆：《二维码案件中诈骗罪说的质疑与盗窃罪说的论证》，《浙江大学学报》（人文社会科学版）2022 年第 1 期。

④ 蔡颖：《偷换二维码行为的刑法定性》，《法学》2020 年第 1 期。

⑤ 徐剑：《二维码替换案的罪名适用研究》，《法律适用》2021 年第 2 期。

⑥ 范硕：《偷换二维码行为的法教义学析解》，《东北师大学报》（哲学社会科学版）2021 年第 4 期。

给财产犯罪的行为模式及罪名界限的认定带来了极为深刻的影响。有鉴于此，下文中将首先对电子资金犯罪案件的行为类型进行逐一分析，在此基础上对盗窃、诈骗交织型涉电子资金犯罪案件的罪名选择与适用问题作出解答。

第二节　电子资金犯罪的基本类型与行为认定

传统上的以货币现金为对象的财产犯罪可以被分为暴力、胁迫型财产犯罪，窃取、骗取型财产犯罪，侵占、挪用型财产犯罪以及毁坏、拒付型财产犯罪四种基本类型。[①] 当货币资金被金融计算机系统所虚化，转变为电子化、数据化的存在形式时，针对电子资金所实施的犯罪行为方式也随之改变。具体说来，在互联网背景下，采用技术手段实施的侵害电子资金的刑事案件大致可以划分为窃取型电子资金犯罪、复制型电子资金犯罪和套取型电子资金犯罪三种基本类型。[②]

一　窃取型电子资金犯罪

所谓窃取型电子资金犯罪，是指行为人通过技术手段侵入银行计算机系统或者第三方支付软件的后台，将他人账户下的电子资金非法划拨至其电子资金账户；或者非法获取他人电子资金账户密码后，登录他人电子资金账户盗划资金，数额较大的行为。

（一）窃取银行电子现金的行为认定

实践中，最为常见的电子资金侵财案件就是通过技术手段（计算机病毒、木马程序或其他技术入侵手段）或现实手段（如偷看密码、翻看证件、盗窃 U 盾或手机等）非法获取受害人银行电子现金账户的控制权，将账户内的电子现金非法占为己有。关于此类行为如何认定，实践中存在

---

① 张明楷：《刑法学》，法律出版社 2021 年版，第 1211—1212 页。

② 在电子资金时代，以电子资金为对象的诈骗、抢劫犯罪同样存在，例如，行为人采用虚构事实、隐瞒真相等手段使受害人陷于错误认识，从而通过电子银行或第三方支付软件等途径向行为人转账、划拨资金，数额较大的；或者采用暴力、胁迫等手段索取他人电子银行账户密码或者第三方支付软件账户，再将受害人账户内的资金非法据为己有的。只不过，此类犯罪与传统的"现金交付型"侵财犯罪没有本质区别，不能体现出互联网时代侵财犯罪的技术性特征，故此不再赘述。至于以技术手段实施的电子资金犯罪中盗窃与诈骗罪的罪名界分问题将在下一节中进行探讨。

两种立场：

1. 以信用卡诈骗罪认定

一种观点认为，此类案件中的行为人非法获取了受害人银行卡的账号密码，并且通过互联网将账户资金转账划走，非法占有了电子现金合法权利人之财产，其行为已经构成"冒用他人银行卡"的情形。行为人侵犯了国家的金融管理制度，扰乱了信用卡业务的正常管理秩序，侵害了公私财物的所有权，应当以刑法第196条规定的信用卡诈骗罪论处。① 需要指出的是，虽然刑法第196条第三项规定的是"冒用他人信用卡"的行为，② 但是根据2004年12月29日全国人大常委会《关于〈中华人民共和国刑法〉有关信用卡规定的解释》，刑法规定的"信用卡"，是指由商业银行或者其他金融机构发行的、具有消费支付、信用贷款、转账结算、存取现金等全部或者部分功能的电子支付卡。这也就意味着刑法意义上的"信用卡"不仅包括贷记卡，也包括通常所称的银行卡即借记卡，而金融法规和一般所称的"信用卡"仅仅指贷记卡，而不包括借记卡；③ 此外，《最高人民法院、最高人民检察院关于办理妨害信用卡管理刑事案件具体应用法律若干问题的解释》（以下简称《信用卡解释》）第5条的规定，④ 采用窃取、收买、骗取等手段或者以其他非法方式获取他人信用卡信息资料，并通过

---

① 周鸿宾：《转移他人网上银行财产如何定性》，《新疆人大》2009年第5期。

② 刑法第196条第1款规定，有下列情形之一，进行信用卡诈骗活动，数额较大的，处五年以下有期徒刑或者拘役，并处二万元以上二十万元以下罚金；数额巨大或者有其他严重情节的，处五年以上十年以下有期徒刑，并处五万元以上五十万元以下罚金；数额特别巨大或者有其他特别严重情节的，处十年以上有期徒刑或者无期徒刑，并处五万元以上五十万元以下罚金或者没收财产：（一）使用伪造的信用卡，或者使用以虚假的身份证明骗领的信用卡的；（二）使用作废的信用卡的；（三）冒用他人信用卡的；（四）恶意透支的。

③ 刘宪权：《论新型支付方式下网络侵财犯罪的定性》，《法学评论》2017年第5期。

④ 《最高人民法院、最高人民检察院关于办理妨害信用卡管理刑事案件具体应用法律若干问题的解释》第5条规定："使用伪造的信用卡、以虚假的身份证明骗领的信用卡、作废的信用卡或者冒用他人信用卡，进行信用卡诈骗活动，数额在5000元以上不满5万元的，应当认定为刑法第一百九十六条规定的'数额较大'；数额在5万元以上不满50万元的，应当认定为刑法第一百九十六条规定的'数额巨大'；数额在50万元以上的，应当认定为刑法第一百九十六条规定的'数额特别巨大'。刑法第一百九十六条第一款第（三）项所称'冒用他人信用卡'，包括以下情形：（一）拾得他人信用卡并使用的；（二）骗取他人信用卡并使用的；（三）窃取、收买、骗取或者以其他非法方式获取他人信用卡信息资料，并通过互联网、通讯终端等使用的；（四）其他冒用他人信用卡的情形。

互联网、通讯终端等使用的,属于刑法第 196 条规定的"冒用他人信用卡"的行为。故此,窃取他人电子银行账户密码之后非法占有其电子资金的行为构成信用卡诈骗罪。

2. 以盗窃罪认定

有学者对以上见解提出质疑,指出在信用卡诈骗罪中,侵权关系发生在行为人与金融机构之间,或者行为人与金融机构、原持卡人之间,不管什么类型的信用卡诈骗犯罪,金融机构一定是在这个侵权关系的一方;而盗窃罪的侵权关系则发生在行为人与原持卡人之间,金融机构并不属于被侵权的主体。在此类案件中,银行和金融机构并未受到任何损失,犯罪行为人与银行交易系统之间是一种被默认为正常的交易关系,二者之间并不存在侵权关系,故此,不能仅仅因为行为人存在"冒用信用卡"这一情形而以信用卡诈骗罪认定。[①] 被告人以非法占有为目的,利用计算机信息系统在互联网上秘密窃取他人财产,数额巨大的,应当盗窃罪论处。[②]

对于以上两种主张应作何种评述?笔者认为,根据立法与相关司法解释的规定,对于采用非法手段控制受害人银行电子现金账户后非法占有其电子资金的行为应当以盗窃罪认定。理由如下:

首先,虽然"两高"《信用卡解释》第 5 条第(三)项将"窃取、收买、骗取或者以其他非法方式获取他人信用卡信息资料,并通过互联网、通讯终端等使用的"行为认定为"冒用他人信用卡"之情形,但是刑法第 196 条第 3 款则明确规定:"盗窃信用卡并使用的,依照本法第 264 条(盗窃罪)的规定定罪处罚"。那么,能否将非法控制他人电子银行账户后的转账行为解释为"盗窃信用卡并使用"呢?答案是肯定的。既然《信用卡解释》第 5 条第(三)项将"信用卡"的概念扩大解释为"通过互联网、通讯终端等使用的信用卡信息资料",也就意味着刑法第 196 条第 3 款规定的"盗窃信用卡并使用"中的"信用卡"也包含了"通过互联网、通讯终端等使用的信用卡信息资料"。申言之,《信用卡解释》扩大了"信用卡"的概念外延,使刑法意义上的"信用卡"不再局限于表现为具有客观物理形态的实体卡片,而是包括能够与实体卡片具有相同使

---

① 陈鹏飞:《盗窃他人信用卡 U 盾并转走卡内存款的行为定性》,《中国检察官》2014 年第 4 期。

② 蔡桂生:《新型支付方式下诈骗与盗窃的界限》,《法学》2018 年第 1 期。

用效果的银行卡账号、密码，从这个意义上讲，行为人非法获取信用卡账号、密码之后通过互联网或通讯终端，将受害人电子资金账户中的电子现金据为己有的，系属刑法第 196 条第 3 款所规定的"盗窃信用卡并使用"之情形，应当依照盗窃罪定罪处罚。实际上，在"盗窃信用卡并使用"的场合，行为人的使用行为本身就是一种"冒用他人信用卡"的行为，即使依照司法解释的规定将"非法获取他人信用卡信息资料，并通过互联网、通讯终端等使用的"行为评价为"冒用他人信用卡"，仍然不妨碍将此冒用行为进一步评价为盗窃。

其次，从犯罪客体来讲，此类案件并未侵害到信用卡的管理妨害秩序，更没有破坏国家对金融市场的管理秩序，是一种纯粹的、针对特定个人的侵财犯罪行为。决定某种犯罪活动行为性质的是犯罪客体，更具体的说，是犯罪活动所侵害的直接客体或主要客体。[①] 就信用卡诈骗罪而言，本罪的客体是复杂客体，其主要客体是国家对信用卡秩序的管理制度，而公民的合法财产权利仅仅是本罪的次要客体，并不能决定犯罪的性质。[②] 从此类案件的行为模式来看，犯罪行为的冒用、提现的行为没有侵犯到信用卡诈骗罪的犯罪客体即信用卡管理秩序，不能因为转账是通过网上银行完成，就一概认定为信用卡诈骗。[③] 此类行为主要是侵犯了公私财产的所有权，而非国家对信用卡的管理秩序，故此不应以信用卡诈骗罪认定。

最后，从电子现金的本质来讲，也不宜将此类行为认定为信用卡诈骗罪。如前所述，电子现金归根结底是客户银行存款的电子表现形式，其对应的是客户在银行中的现实资金，也就是说，电子资金在本质上是现金在特定银行计算机信息系统中的电子符号与代表。[④] 鉴于信用卡诈骗罪的入罪与量刑标准要显著轻于盗窃罪，如果将窃取电子资金的行为认定为信用卡诈骗罪，则会造成严重的司法悖论。例如，根据相关司法解释的规定，信用卡诈骗罪的入罪标准是 5000 元人民币，而盗窃罪中"数额较大"的

---

① 高铭暄、马克昌主编：《刑法学》，北京大学出版社、高等教育出版社 2019 年版，第 54—55 页。

② 高铭暄、马克昌主编：《刑法学》，北京大学出版社、高等教育出版社 2019 年版，第 418—419 页。

③ 周鸿宾：《转移他人网上银行财产如何定性》，《新疆人大》2009 年第 5 期。

④ 本章第一节关于电子资金本质与财产性根基的论证。

追诉标准为 1000 元以上至 3000 元以上（见表 2-1），这也就意味着如果行为人盗取了 4000 元现金，则应以盗窃罪论处，而采用技术手段将他人账户中 4000 元的电子资金转走则不构成犯罪，盗窃相同数额的电子资金和现金货币却面临完全不同的刑事后果，这显然是十分荒谬的。

有鉴于此，通过技术手段或者其他方式获取他人银行电子现金账户的控制权，继而窃取电子现金的行为应以盗窃罪论处，不应适用信用卡诈骗罪的有关规定。

表 2-1　　　　　　　　　盗窃罪与信用卡诈骗罪定罪量刑之比较

	认定标准		法定刑	
	信用卡诈骗罪	盗窃罪	信用卡诈骗罪	盗窃罪
数额较大	5000 元—5 万元	1000 元以上至 3000 元以上	5 年以下有期徒刑	3 年以下有期徒刑
数额巨大	5 万—50 万元	3 万元以上至 10 万元以上	5 年以上 10 年以下有期徒刑	3 年以上 10 年以下有期徒刑
数额特别巨大	50 万元以上	30 万元以上至 50 万元以上	10 年以上有期徒刑或无期徒刑	10 年以上有期徒刑或者无期

（二）窃用第三方支付账户后转账行为的罪名适用

前文主要就涉及银行电子现金的相关问题进行了论述，接下来需要探讨的是窃取三方支付软件余额以及具有支付功能的理财工具余额的刑法认定问题。此类案件近年来多有发生。例如，2015 年 3 月 11 日晚，被告人徐某使用单位配发的手机登录支付宝时，发现可以直接登录原同事、被害人马某的支付宝账户，该账户内尚有余额 5 万余元。次日下午 1 时许，徐某利用其工作时获取的马某支付宝密码，使用上述手机分两次从该账户转账 1.5 万元到刘某的中国银行账户，后刘某从银行取现 1.5 万元交给徐某。宁波市海曙区人民检察院指控被告人徐某犯盗窃罪，向宁波市海曙区人民法院提起公诉，一审法院和二审法院则认定为此案构成诈骗罪。[①] 对于此类案件，检察机关与审判机关的关于罪名认定的意见出现了分歧。在盗窃和诈骗两种认定意见中，何者更具合理性？

---

① 宁波市海曙区人民法院一审刑事判决书（2015）甬海刑初字第 392 号；宁波市中级人民法院二审刑事判决书（2015）浙甬刑二终字 497 号。

实际上，与"第三方支付平台能否作为诈骗对象"的问题密切相关的是一个由来已久的理论议题，即"机器可否被骗"。否定者认为，机器没有意识，所以不会陷入错误认识继而处分财产，由此机器不能被骗，只有人才能成为诈骗的对象；① 依照此种逻辑线路，第三方支付平台虽然是高度信息化、智能化的计算机信息系统，但本质上仍然是一种机器，和商业银行的 ATM 取款机没有本质区别，无法作出自主的意思表示和意思选择，故此也不存在"上当受骗、作出错误意思表示的"可能性，窃用他人支付宝账户并转走账户内电子资金的行为，表面上看是"骗了"第三方支付软件，实际上没有任何人受骗，② 应当被评价为一种"秘密窃取"的行为，对于行为人非法控制他人第三方支付软件账户密码后将账户内电子资金转走的行为，应当以盗窃罪认定。③ 而支持机器可以被骗的学者提出所谓的"电子代理人"说，即认为 ATM 机、第三方支付软件、银行计算机系统等均可以被视为一种"电子代理人"，代表了权利人的意志和利益，行为人对电子代理人所实施的行为，等同于对权利人实施的行为。④ 非法获取他人支付宝账户密码并转移账户内资金的行为，在本质上属于一种三角诈骗，应当以诈骗罪定罪处刑。⑤

笔者认为，应当赞同否定说的立场。"电子代理人说"虽然具有一定的合理性，但是基于两个方面的考虑，即便在互联网背景下也不应认同"机器可以被骗"的观点：一方面，从诈骗罪构成要件的角度而言，尽管在网络时代的诈骗罪在牟利形式、犯罪性质与既遂标准等方面发生巨大异变，但是"虚构事实使受骗人陷入错误认识，继而处分其财产"的基本构造并未改变，很难承认受害人在根本没有与行为人进行任何意识交流的情况下就被对方骗了，将窃取他人账户密码后转移财产的行为强行解释为

① 张明楷：《也论拾得的信用卡在 ATM 机上取款的行为性质——与刘明祥教授商榷》，《清华法学》2008 年第 1 期。

② 赵运锋：《转移他人支付宝钱款行为定性分析——兼论盗窃罪与诈骗罪的竞合关系》，《华东政法大学学报》2017 年第 3 期。

③ 吴波：《秘密转移第三方支付平台资金行为的定性——以支付宝为例》，《华东政法大学学报》2017 年第 3 期。

④ 皮勇：《论网络信用卡诈骗犯罪及其刑事立法》，《中国刑事法杂志》2003 年第 1 期。

⑤ 许姣姣、晏阳、田鹏：《关于"窃用"支付宝账户行为性质的法律问题探讨》，《武汉金融》2015 年第 3 期。

"诈骗",超出了"诈骗"的一般语义范围,属于类推解释;另一方面,从处理结果看,"电子代理人说"主张将所有涉及第三方支付软件等电子资金系统的侵财案件无差别地认定为诈骗罪,跳过了对盗窃、侵占、抢夺等其他财产犯罪罪名适用可能性的判断,有过于草率之嫌,蕴含着罪责失衡的危险。有鉴于此,在对以第三方支付软件余额为犯罪对象的行为进行评价时,必须坚持"机器不能被骗"的基本原理,坚持"银行计算机系统、第三方支付软件等互联网资金系统不能被骗"的理论前提。秘密窃取他人第三方支付软件的账号、密码之后,将账户内的电子资金余额非法据为己有的行为应当被定性为盗窃而非诈骗。当然,若行为人径行采用欺诈、暴力、胁迫等手段从受害人处直接获得第三方支付软件或具有支付功能的理财软件的账号密码,则与传统上以纸币现金为对象的财产犯罪行为没有本质区别,应当根据行为人具体实施犯罪的手段,将之认定为诈骗、抢劫或其他罪名。

(三) 窃取数字货币行为的刑法定性

最后,需要对窃取比特币等数字货币的定性问题加以探讨。如前所述,不同于银行电子现金或者第三方支付软件余额,比特币等数字货币的财产性并不是来源于储存在银行中的货币现金,而是来源于其本身具有的交换价值。实践中已经出现了以比特币为犯罪目标的案件。对于窃取比特币等数字货币的案件,实践中存在两种处理方法:

一是以盗窃罪定性,例如,2016 年 2 月 22 日晚,犯罪嫌疑人武某采用技术手段截获了受害人金某在"MMM"投资平台上的账号密码,之后通过篡改收款地址的方式将被害人金某账户中的 70.9578 枚比特币转走,后在"火币网"交易平台上出售,获利 20 余万元。[①] 广东省的李某因赌博经济拮据,分多次将周某某网站内的 1.91308 个比特币转移至其网站账户内,后转售 44332.9 元。案发后,当地法院以盗窃罪判处被告人李某有期徒刑 1 年 3 个月,并处罚金人民币 2 万元。[②]

不过,在江苏省金湖县发生的一起盗窃比特币案件中,被告人陈某借助非法网站查询到受害人吴某在某比特币交易平台上的账户密码,将其账户内的 1.64 个比特币兑换为 899.10 美元并非法据为己有,被法院认定为

[①] 浙江省天台县人民法院一审刑事判决书 (2016) 浙 1023 刑初字第 384 号。

[②] 广东省汕头市龙湖区人民法院一审刑事判决书 (2019) 粤 0507 刑初 949 号。

非法获取计算机信息系统数据罪。① 类似的认定思路在 2017 年河北省邯郸市峰峰矿区发生的"罗某窃取比特币案"亦有体现。② 可见，实务机关关于窃取比特币等数字货币的行为应当如何定性的问题尚未达成共识。

笔者认为，关于采用技术手段或者其他方法获取他人数字货币账户的控制权后非法占有其数字货币的行为如何定性的问题，涉及关于数字货币本身财产性的认定。若将之视为刑法意义上的"财物"，则比特币等数字货币便可以成为盗窃、诈骗、抢劫等财产犯罪的行为对象，窃取数字货币的行为自然应当以盗窃罪认定；③ 反之则应以非法获取计算机信息系统数据罪等计算机犯罪的相关罪名处理。④ 在本章第一节关于数字货币财产性的论证中，笔者已经指出，以比特币、莱特币、以太坊为代表的去中心化数字货币兼具数据化的物质存在形态、以交换价值为核心的客观经济价值以及占有和转移的可能性，应当被认定为刑法意义上的"财物"，并且可以成为财产犯罪的对象。否定数字货币的财产属性，不仅会带来罪名适用和司法认定方面的悖论，更是与互联网经济的发展需求相背离。有鉴于此，窃取比特币的行为应当以盗窃罪而非计算机犯罪的有关罪名定罪处刑。⑤ 这里需要重点讨论的是窃取比特币案件的数额认定问题。

在对比特币等数字货币的财产性持否定态度的立场中，犯罪数额难以测定始终是最主要的质疑的理由之一。⑥ 即使是承认"比特币属于财物"的学者，也坦言价格和价值的摇摆不定给侵害数字货币案件的犯罪数额认定带来巨大困难。⑦ 有鉴于此，一些论者提出若干标准，用以测定盗窃数字货币案件中犯罪数额的方法：例如，有学者认为应当以生产成本（获取

① 江苏省金湖县人民法院一审刑事判决书（2015）金刑初字第 00090 号。

② 河北省邯郸市峰峰矿区人民法院一审刑事判决书（2017）冀 0406 刑初字第 18 号。

③ 王熠珏：《"区块链 +"时代比特币侵财犯罪研究》，《东方法学》2019 年第 3 期。

④ 储陈城，马世理：《比特币的刑法保护方式——从教义学到国家政策的分析》，《重庆大学学报》（社会科学版）2019 年第 6 期。

⑤ 简筱昊：《窃取数字货币行为定性研究》，《山东警察学院学报》2020 年第 2 期。

⑥ 吴云、朱玮：《虚拟货币：一场失败的私人货币社会实验?》，《金融监管研究》2020 年第 6 期。

⑦ 盛豪杰、行江：《类型化认定：窃取比特币行为的刑法适用》，《西北民族大学学报》（哲学社会科学版）2021 年第 2 期。

比特币而投入的矿机、电力、人工等挖矿成本）作为犯罪数额的认定标准，① 或者以窃取比特币后的销赃价格认定；数额难以认定的，可以委托第三方机构进行估价。② 还有学者主张应当以数字货币"共识机制"群体共同认可的价格作为认定标准。③ 对于这些方法，笔者认为以生产成本认定犯罪数额的做法不仅缺乏可操作性，并且忽视了数字货币作为一种支付手段的本质以及作为一种金融商品的溢价与附加价值，故而并不可取；④ 而第三方评估机构的评估则可能面临评估标准的公正性、评估方法的正确性、评估样本的合理性以及评估结论的客观性等诸多方面的质疑，难以得出一个准确、客观的认定结果。⑤ 相比之下，以犯罪行为发生之时数字货币在平台上交易的市场价格，或者数字货币与法定货币的兑换比率作为犯罪数额的认定标准更具合理性。不过，鉴于 2017 年的《关于防范代币发行融资风险的公告》已经在全国范围内全面禁止数字货币之间、数字货币与法定货币之间的交易与兑换，故此，自 2017 年 9 月起，比特币等数字货币已经失去了所谓的"市场价格"作为认定标准。在此情况下，盗窃数字货币案件的犯罪数额应当如何厘定呢？

　　笔者认为，虽然在中国范围内，包括比特币在内的去中心化数字货币已经丧失了与法定货币直接兑换的可能性，但是在国际上来看，数字货币的持有者仍然可以将之兑换为美元、欧元、日元等外币，这种可兑换性构成了比特币等数字货币的交换价值的基础。在盗窃比特币的相关案例中，也有行为人将窃取的比特币兑换为美元等外币的实例。⑥ 有鉴于此，在行为人盗窃数字货币并将其兑换为外币的场合，可以参照人民币对该种外币的兑换汇率确定犯罪数额。若行为人仅仅将数字货币转移至本人控制的数字货币账户中，没有将其兑换为外币或实物的，则可以考虑参照《最高人民法院、最高人民检察院关于办理盗窃刑事案件适用法律若干问题的解

---

　　① 李钧、长铗：《比特币——一个虚幻而真实的金融世界》，中信出版社 2017 年版，第 5—6 页。

　　② 王熠珏：《比特币的性质界定与刑法应对》，《科学经济社会》2018 年第 3 期。

　　③ 谭佐财：《虚拟货币流通的法律关系与私法保护》，《中国流通经济》2021 年第 3 期。

　　④ 张建新、谢杰：《"去中心化"金融工具的法律风险控制——对比特币和首次代币发行（ICO）的行政监管与经济刑法调整》，《河南警察学院学报》2018 年第 3 期。

　　⑤ 王熠珏：《比特币的性质界定与刑法应对》，《科学经济社会》2018 年第 3 期。

　　⑥ 江苏省金湖县人民法院一审刑事判决书（2015）金刑初字第 00090 号。

释》第 5 条第（二）项的规定，以行为人遭受的实际损失确定犯罪数额。

二　复制型电子资金犯罪

上文主要讨论了窃取他人账户中电子资金案件的司法认定问题，此类案件虽然以技术手段实施，但是在犯罪效果方面与传统上的盗窃案件并无太大区别，行为人以技术手段打破权利人对电子资金的合法占有，建立起自己对资金的非法占有，行为人对电子资金的非法获取必然导致着他人账户资金的减少，两者之间呈现出一种零和状态。但是数据化的互联网金融系统的出现使电子资金犯罪的行为手段发生异化与嬗变，原本在现实世界中不可能出现的犯罪手段在资金电子化的背景下纷纷涌现，由此给司法实践带来巨大困惑，其中，最为典型的表现就是"复制型"电子资金侵财案件，实践中曾出现过如下两个案例：

（1）被告人张某是 A 县邮政局的一名计算机系统维护员，在对 A 县某储蓄所的计算机系统进行维护时，无意中获取了本地区储蓄所电子资金系统的管理密码，遂产生利用计算机系统虚存实取储蓄款的念头。2003 年 8 月至 9 月间，张某使用数张伪造的身份证，在与 A 县相邻的 B 县邮政储蓄机构的 8 个下辖储蓄所分别开立了账户。2003 年 10 月 5 日，张某利用其办公室内的计算机登录到 B 县的储蓄所计算机系统，以修改后台数据的方式给事先开好的 8 个账户中分别"存入"数额不等的 11 笔存款，共计人民币 80 余万元。为了防止犯罪活动被发觉，以争取异地取款的时间，张某还故意造成该储蓄所的计算机系统故障。2003 年 10 月 6 日，张某在 B 县的几家储蓄所分别填写取款单，共取出现金 5 万余元，并将 30 余万元现金转存至本人账户。2003 年 10 月 11 日，张某又在邻省某市建设银行的自动取款机上通过跨行异地取款的方式，用邮政储蓄卡取走现金近 2 万元，随后被公安机关抓获。公诉机关以盗窃罪对张某提起公诉。一审法院以盗窃罪判处张某无期徒刑，二审法院则以诈骗罪改判为有期徒刑 13 年。[①]

（2）江苏扬州的"黑客"郝某文、郝某龙兄弟熟练掌握计算机侵入技术，多次利用黑客技术成功侵入其他单位的计算机系统，遂产生了侵入银行系统"弄点钱花"的犯罪意图。经过周密策划，郝某文、郝某龙二

---

① 甘肃省高级人民法院终审刑事判决书（2004）甘刑一终字第 414 号。

人先是以"王君""吕俊昌"等假名在工商银行邗江支行的某营业网点开设了 16 个活期存折账户，并购买了作案用的网络侵入装置。郝某文在夜间潜入工商银行某营业网点，将侵入装置接入该网点的计算机系统线路中。郝某龙便操作计算机，查找到"王君""吕俊昌"名下的 16 个电子资金账户，将账户余额由"0"修改为"45000"，以此种手段向其开设的账户分别"打入"4.5 万元，合计 72 万元。随后，两名被告人持存折到中国工商银行扬州市分行其他营业网点分别取现，总共取出人民币 26 万元。①

对于此种以技术手段侵入金融机构后台系统，通过修改数据方式虚增账户内电子资金数额的"复制型"侵财案件，实践中有三种不同的认定意见：

1. 以盗窃罪论且犯罪金额以虚增金额认定

第一种意见认为，此类案件应以盗窃罪认定，并且其犯罪金额应当是行为人通过侵入银行电子资金系统、修改后台数据后所虚增的金额。持此观点的学者认为，采用技术手段侵入银行计算机系统，将账户上电子资金的数额由"0"修改为数万或者数十万，这种虚增资金的虽然从表面上似乎没有直接减少银行和其他客户的电子资金数量，但是从存贷双方的资金平衡关系来看，行为人没有向银行的电子资金系统存入一分钱，却让银行凭空出现数十万元的资金亏空。由于银行对于计算机系统所显示的电子资金账户余额具有无条件的付款义务，这就使得银行必须准备数十万元的现金用以填平行为人的修改行为所造成的资金亏空，给银行造成了数十万元的巨额损失，而资金空转所带来的巨额利益则被行为人以虚增本人账户中电子资金数额的方式非法侵占。申言之，银行因资金亏空所损失的资金数额，正是行为人通过技术手段秘密获取的数额，这种造成银行财产损失的方式与窃取银行现金的行为并无本质区别，故此对于此类行为应当以盗窃罪定罪处刑。②

2. 以诈骗罪论且犯罪金额以取现金额认定

有不同意见者对前述立场提出批判，认为电子资金本身是一种记账符

---

① 佚名：《扬州公审电脑"黑客"》，《楚天都市报》1999 年 1 月 10 日。

② 徐蓉：《侵入银行电脑提取虚增存款该定何罪》，《人民检察》1999 年第 3 期。

号，不具有实际价值。① 行为人若想通过电子资金获取利益，必须经过两个阶段方能完成，在第一个阶段，通过技术或者现实手段获得对银行计算机信息系统或者他人电子资金账户的控制权，继而虚增或窃取电子资金；第二个阶段，使用或者兑取其所获取的电子资金。在第一个阶段，行为人所窃取的账户、密码不过是一些数据信息，并非财物，行为人窃取此类信息并不妨害权利人对这些信息的继续占有，在第二个阶段，行为人需要借助一些后续行为（提现、消费）等方能实现其利益，故此只有第二个阶段才决定其行为的性质。② 行为人以技术手段侵入银行系统，虚增存款数额，之后持虚假存单，采用虚构事实、隐瞒真相的手法从银行骗取巨额现金，其行为符合诈骗罪的构成要件，应以诈骗罪论处，犯罪数额以其实际提取的现金金额计算。③

3. 以金融凭证诈骗罪论且犯罪金额以取现金额认定

另有观点认为，在此类案件中，电子资金是一种记账符号，而记录这些电子资金的银行的计算机信息系统在本质上是一种记账工具，通过修改银行电子资金系统虚增存款金额的行为犹如涂改存单，根据刑法第194条第2款之规定，"使用伪造、变造的委托收款凭证、汇款凭证、银行存单等其他银行结算凭证的"，依照金融凭证诈骗罪的规定定罪量刑。因此，被告人的行为构成金融凭证诈骗罪。④ 至于犯罪数额，则应当以行为人通过犯罪行为实际获取的现金数额为准。

对于以上三种观点，笔者认为，盗窃说的立场值得肯定。对于复制型电子资金犯罪案件构成何种罪名的认定，取决于对电子资金本身财产属性的判断。若认为电子资金没有任何价值，仅仅是一种数据代码与记账符号，那么以虚增金额的方式非法获取电子资金的行为就是给银行增设一笔非法债务的行为，行为人只有在使用欺骗手段从银行处取现或消费时才能被认定为诈骗罪；而若将电子资金与现金相等同，认为电子资金亦属于刑法意义上的"财物"，则行为人侵入银行系统后给自己的账户虚增电子资

---

① 黄泽林：《网络盗窃的刑法问题研究》，《河北法学》2009年第1期。

② 李文燕：《计算机犯罪研究》，中国方正出版社2001年版，第180—182页。

③ 雷建斌：《盗窃抑或诈骗——侵入金融机构计算机系统虚增存款获取资金行为定性之探析》，《人民司法·案例》2007年第2期。

④ 徐蓉：《侵入银行电脑提取虚增存款该定何罪》，《人民检察》1999年第3期。

金之时即已构成盗窃罪。[①] 如前所述，电子资金虽然是现金在银行计算机系统中的代表与化身，但是与现金具有等同性，可以无条件地自由转换，不能因电子资金是现金的表现形式而否定其财产性与价值性。这就好比纸币虽然不是金属货币，仅仅是一种价值符号，但是也不能否认纸币属于财产。同理，电子资金是一种切实存在于银行计算机系统中的财产，采用虚增账户金额的形式非法获取电子资金的行为应当被认定为盗窃罪。至于部分学者所主张的以金融凭证诈骗罪认定的观点，应当指出，根据刑法第194 条第 2 款关于金融凭证诈骗罪的规定，只有使用"伪造、变造的银行结算凭证"的行为，才可以以本罪论处。在此类案件中，虽然行为人在完成电子资金复制行为后往往会使用存折、银行卡等金融票证取现，但是并未对存折、银行卡本身进行伪造、变造或涂改。至于其侵入后台系统，将自己电子资金账户中的余额由"0"修改为数万元或者数十万元，则是对银行计算机信息系统数据的修改，而非对作为银行结算凭证的存折本身进行的篡改、变造或伪造。故此"复制型"电子资金盗窃行为并不符合刑法第 194 条金融凭证诈骗罪的客观构成要件，将之认定为"使用伪造、变造的银行结算凭证"，过于牵强，且也没有法律依据。[②] 综上，对于此类案件应当以盗窃罪定罪处刑。

三 套取型电子资金犯罪

上文就窃取型电子资金犯罪案件和复制型电子资金犯罪案件的刑事司法认定问题进行了探讨。这两种侵害电子资金的行为类型虽然作案手段不同，但都有一个共同特征，即都会给受害人带来直接的经济损失。在互联网背景下，依托于互联网征信和电子资金系统的各类消费信贷产品日渐勃兴，由此催生了一些虽然不会给权利人造成直接的经济损失，但却以非法手段套取大额电子资金使用权的"套取型"电子资金犯罪案件。京东白条、蚂蚁花呗等金融服务产品的出现使得利用第三方支付账户的授信额度和免息期套取电子资金成为可能，使一些不法分子看到了可乘之机，为他人提供电子资金套现服务从而牟取非法利益。实践中，行为人主要通过两

---

① 黄泽林：《网络盗窃的刑法问题研究》，《河北法学》2009 年第 1 期。

② 雷建斌：《盗窃抑或诈骗——侵入金融机构计算机系统虚增存款获取资金行为定性之探析》，《人民司法·案例》2007 年第 2 期。

种途径将只能用于购物、消费的赊购权限转化为电子资金账户中的余额：

第一种途径表现为"退款套现"。在某些电商平台中，当消费者对其在该电商平台上所购得的产品或服务不满，发起退款申请并经商户同意后，系统不会将已经扣除的授信额度恢复到购物之前状态，而是将商户所退还的电子资金直接转到消费者的账户中，这种退款规则被一些别用有心的人用来套取电子资金并从中牟利。例如，在著名的"蚂蚁花呗套现第一案"中，被告人杜某狮与被告人杜某城正是利用此手法替他人套取电子资金 470 余万元，从中牟利 6000 余元。[①]

另一种途径是"虚构交易"，即行为人通过与支持"花呗付款"的商户相互勾结，利用账户中的授信额度拍下商家的商品，商家再操作系统"虚拟发货"。发货后，商家将会收到由蚂蚁花呗垫付的电子资金，通常情况下，商家会扣掉3%—5%的套现"手续费"，将剩余资金的大部分先打入套现者指定的账户中从而完成套现。[②] 这种虚构交易的套现模式实际上是将"花呗"垫付的电子资金作为一种"商品"来出售，套现者以蚂蚁花呗的授信额度"购买"商家从阿里小贷处骗取的垫付资金，整个套现过程以伪装成普通货物销售的电商交易流程作为掩盖，故而难以发现和打击。

京东白条、蚂蚁花呗等消费金融服务的设立初衷是为了鼓励用户积极消费，从而拉动电商业务的增长，提升网上商城的销售业绩。套现行为的存在，不仅与这些消费金融产品的功能设定背道而驰，还会让套现者利用免息期和分期权限掌握大量的流动资金，一旦套现者将之投入股市、债市或房地产，或者利用套取的资金从事高利贷、地下钱庄等违法放贷活动，势必会给国家的金融秩序、经济秩序和社会秩序带来巨大的风险和隐忧。有鉴于此，主张将利用具有消费信贷功能的金融服务产品套取电子资金的行为认定为犯罪的呼声日渐高涨。例如，有观点认为，根据 2009 年《信用卡解释》第 7 条之规定，违反国家规定，使用销售点终端机具（POS机）等方法，以虚构交易、虚开价格、现金退货等方式向信用卡持卡人直接支付现金，情节严重的，应当依据刑法第 225 条的规定，以非法经营罪定罪处罚。使用蚂蚁花呗、京东白条等金融服务产品套取电子资金的行

---

① 重庆市江北区人民法院一审刑事判决书（2017）渝 0105 刑初字第 817 号。

② 郑爽：《支付宝"花呗"套现漏洞分析及监管建议》，《中国信用卡》2015 年第 10 期。

为，在本质上与使用 POS 机等终端套取现金的方式具有相当性与统一性，故此应当援引《信用卡解释》第 7 条之规定，对于利用各种消费信贷金融服务产品套取电子资金的中介或商户，若达到情节严重之标准的，应以非法经营罪论处。① 另有观点认为，利用"花呗"、京东白条套现的行为虽然与利用 POS 机进行信用卡套现的案件在行为方式上具有一定的类似性，但是并不能将之解释为"利用 POS 机进行信用卡套现"的行为，不能直接套用《信用卡解释》第 7 条的规定对其进行规制；② 将此类行为作为犯罪打击的真正原因在于其本质上属于一种未经批准的非法金融活动，根据刑法第 225 条第（三）项的规定，违反国家规定，非法从事资金支付结算业务的，应当以非法经营罪论处。③ 在前述"蚂蚁花呗套现第一案"中，法院正是基于这一思路以非法经营罪对被告人杜某狮判处有期徒刑 2 年零 6 个月，并处罚金 3 万元。④

不过，并非所有人均认同以非法经营罪对此类行为进行制裁的观点。有观点结合非法经营罪的立法背景提出，《刑法修正案（七）》之所以将"非法从事资金支付结算业务"规定为非法经营罪的一种情形，是为了打击当时十分猖獗的"地下钱庄"活动。地下钱庄在非法吸储放贷的过程中直接取代了银行的角色，在消费者与商户之间进行资金支付结算，严重扰乱正常的金融秩序和市场秩序，故此有必要以非法经营罪对其进行打击和遏止。但是行为人利用蚂蚁花呗、京东白条和第三方支付平台，通过虚构交易、虚开价格、现金退款等方式套取电子资金的行为，与私自设立的"地下钱庄"在行为模式与社会危害性上具有显著区别，故此不能被认定为"非法从事资金支付结算业务"。⑤ 亦有实务界人士认为，一方面，成立非法经营罪的前提必须是存在禁止性的国家规定，目前并无法律、行政

① 童云峰：《互联网金融虚拟信用套现刑法定性研究——以蚂蚁花呗套现司法判决为视角》，《江西警官学院学报》2018 年第 3 期。

② 叶青、黄亚：《非法从事网络支付结算业务的刑法规制探讨——以全国首例"花呗套现"入刑案为蓝本》，《中国检察官》2018 年第 6 期。

③ 王国平：《从首例利用"蚂蚁花呗"套现案例探析相关套现行为的本质属性》，《法律适用》2018 年第 10 期。

④ 重庆市江北区人民法院一审刑事判决书（2017）渝 0105 刑初字第 817 号。

⑤ 刘子巍：《第三方支付平台中套现行为的刑法规制——以支付宝"蚂蚁花呗"为例》，《江西警察学院学报》2017 年第 3 期。

法规、国务院文件或者司法解释对利用金融消费产品套现的行为作出明确规定。另一方面，在套现的过程中，商家和套现者之间是虚拟的，并不涉及任何市场交易行为，自然也不会出现破坏市场秩序的后果。有鉴于此，对于利用"花呗"、京东白条等套现的行为不能以非法经营罪追究套现者的刑事责任。[①]

对于以上两种立场，笔者认为，前者的理解是正确的，对于利用蚂蚁花呗、京东白条等消费信贷服务为用户套取电子资金的中介或商户，或者其他以套现为业者，应当以非法经营罪追究其刑事责任。一方面，根据中国人民银行《支付结算办法》的规定，"支付结算"是指使用各种手段进行货币给付和资金清算的行为。[②] 在利用"花呗"、京东白条套取电子资金的活动中，账户的拥有者实际上是在利用自己的授信额度换取一定数额的资金，而商户和中介正是以不正当的手段将用户的授信额度转化为可供自由支配的电子资金，扣除一定比例的"手续费"后将资金交付给用户，这种转化债权、交付资金的行为应当被认定为刑法第 225 条第（三）项规定的"从事资金支付结算业务"。另一方面，根据 1998 年 7 月 13 日颁布的《非法金融机构和非法金融业务活动取缔办法》第 4 条之规定，非法金融业务活动，是指未经中国人民银行批准，擅自从事的下列活动：……（三）非法发放贷款、办理结算、票据贴现、资金拆借、信托投资、金融租赁、融资担保、外汇买卖。由此可知，未经中国人民银行批准，擅自办理资金结算业务的行为，属于违反国务院行政法规的"非法金融业务活动"。在利用蚂蚁花呗、京东白条等进行套现的活动中，从事套现活动的商户或者中介的资金支付结算活动并未得到中国人民银行的批准，依法应当被认定为违反国家规定的非法金融业务。可见，对于提供套现服务的商家和中介能够以非法经营罪认定，并不是如否定论者所言的那

[①] 杜宇、江珊珊：《花呗套现行为分析》，《2018 第二届全国检察官阅读征文活动获奖文选》，第 688—698 页。

[②] 中国人民银行《支付结算办法》第 3 条规定："本办法所称支付结算是指单位、个人在社会经济活动中使用票据、信用卡和汇兑、托收承付、委托收款等结算方式进行货币给付及其资金清算的行为。"由于该《办法》出台之时，电子银行、二维码、第三方支付软件等支付方式尚未出现，故此其列举的支付方式中仅包括票据、信用卡、汇兑、托收承付、委托收款五种形式。但是对于该规定应作出符合时代发展的解释，而不能将电子支付方式排除在支付结算的方式之外。

样缺乏禁止性的"国家规定"。[1]

第三节　电子资金犯罪的罪名界分

一　电子资金犯罪案件的罪名纠葛

电子资金的出现改变了纸币现金的有形存在形式，使传统的"窃占型"犯罪行为模式异变为"窃取型""复制型"和"套取型"三种行为类型。不仅如此，电子资金与新型支付方式的出现对消费、支付和借贷等人们的日常经济活动产生了极为深远的影响，使得盗窃、诈骗、侵占等财产犯罪的罪名相互纠缠，原本泾渭分明的罪名界限也变得越发模糊，由此给相关案件的罪名选择与司法认定带来巨大困惑。具体说来，涉电子资金案件的罪名纠葛主要由以下原因导致。

（一）因转账行为引发的罪名纠葛

电子资金改变了以纸币现金为媒介的"面对面"的资金交付形式，大大提升了资金流转的效率与安全性，不过同时也造成误转误付的概率大幅增加，由此给相关案件的罪名界分与司法适用造成困惑。以"误转资金案"为例，A 本打算将 10 万元资金打给 B，但是因记错账号而误将资金转给了 C。C 发现自己账户中凭空多出来 10 万元资金，以为是"天上掉馅饼"，遂将 10 万元资金全部转走。C 的行为究竟是构成侵占还是盗窃？[2] 在数字货币的场合，[3] 罪名又如何认定？例如，A 向 B 的比特币钱

---

[1]　杜宇、江珊珊：《花呗套现行为分析》，《2018 第二届全国检察官阅读征文活动获奖文选》，第 688—698 页。

[2]　陈洪兵：《财产犯罪之间的界限与竞合研究》，中国政法大学出版社 2014 年版，第 89 页。

[3]　比特币不需要去银行开户，只需要下载一个比特币钱包软件，在本地安装完成后，开户就完成了。在本地安装完成时，电脑会根据电脑的参数信息随机生成私钥，私钥非常重要，甚至需要专门记录，因为电脑一旦经过格式化，再次安装比特币软件，二次生成的私钥就会是另一串编码，原来的私钥以及私钥所记载的比特币就会完全消失，也就是说私钥和 IP 地址也不是绑定的，由此大大增加了安全性。系统生成私钥后，本地通过椭圆曲线密码算法导出公钥，公钥生成后，再通过两次哈希运算，生成一个 16 位的数字编码，这个数字编码就是比特币钱包地址，类似于商业银行、支付宝的账号。这个地址总是以 1 或者 3 开头，例如 1DwunA9otZZQyhkVvkLJ8DV1tuSwMF7r3v，在转账的过程中，如果没有确认好比特币钱包的地址，极有可能发生误转的现象。

包转账 100 个比特币，但因输入错误将之转给 C，在此情形下，C 若将自己比特币钱包中的比特币转账或支付给他人，其行为应当如何认定？

（二）因支付行为引发的罪名纠葛

电子资金的出现亦对商业活动中的支付方式产生了深远的影响。传统上，"支付"表现为购买商品或服务时的现金交付行为，正所谓"一手交钱、一手交货"，支付是当面的、即时的、发生在现实空间中的。互联网和电子资金的出现极大地革新了交易支付的方式，催生了包括支付链接、二维码在内的一系列互联网支付工具，使传统的"现金交付式"支付向虚拟化、网络化、匿名化转变，亦给潜在的犯罪分子带来了可乘之机，利用钓鱼网站、虚假链接、二维码等实施的侵财犯罪频频发生，带来了一系列前所未有的司法疑难问题。例如，被告人臧某泉等开设无货可供的虚假淘宝网店，以低价销售游戏点卡等商品来吸引买家，与买家商谈好价格后，被告人便将事先植入充值程序的虚假淘宝链接发送给买家。买家一旦通过该链接付款，其钱款就会汇入网络游戏公司的支付宝账户，给臧某泉的游戏账户充值，臧某泉再使用该账户购买游戏点卡、Q 币等出售套现，共获利 22000 元。2010 年 6 月，臧某泉在骗取被害人金某 195 元后，获悉其网银账户尚有 30 余万元存款，遂向金某谎称自己尚未看到付款记录，让其再转 1 元进行验证。随后，臧某泉发给金某一个标注金额为 1 元但实际上植入了 30.5 万元的支付链接，金某在臧某泉的诱导下点击了该链接，其网银账户中的 30.5 万元随即被转入臧某泉的游戏账户中。[①] 臧某泉的行为应当被认定为盗窃还是诈骗，引起了学界和实务界的广泛讨论。另以著名的"偷换二维码"案为例，楼下的超市抓到一个小偷，他把附近几家小店里的支付二维码偷偷换成自己的，店主直到月底结款的时候才发现，据说这几个月他通过此种手段默默在家收了 6000 多元，此种行为构成盗窃还是诈骗？

（三）因借贷行为引发的罪名纠葛

电子现金与第三方支付软件在内的电子资金亦催生了以 P2P、消费信贷产品为代表的互联网借贷产业，与此同时使盗窃、诈骗等传统财产犯罪的罪名边界变得越发模糊。如前所述，在互联网背景下，侵害电子资金犯

---

① 最高人民法院公报案例：《臧某泉等盗窃、诈骗案》，（2011）浙杭刑初字第 91 号刑事判决。

罪的案件主要有"窃取型""复制型"和"套取型"三种基本行为模式。在特定场合下，"窃取型"电子资金犯罪案件可能与"套取型"电子资金犯罪案件发生竞合，由此引发财产犯罪罪名的选择与适用问题。以2015年9月浙江省瑞安市审理的一起盗用"花呗"套现案为例，被告人付某利用事先知晓的受害人杨某的支付宝账号密码，在中介的帮助下先后三次从受害人的"花呗"账户中套取电子资金8000元，在支付10%的手续费后将剩余的7200元人民币用于偿还其个人债务。案发后，被告人主动投案自首并赔偿受害人损失8000元人民币。[①] 无独有偶，2017年4月1日，被害人黄某委托被告人张某某设计淘宝店铺，并告知其支付宝账户和密码。被告人张某某在未告知被害人黄某的情况下，在莆田市荔城区自己家中使用被害人黄某的支付宝账户通过"蚂蚁花呗""蚂蚁借呗""来分期"先后三次套现、贷款人民币7500元、2万元、1500元，共计人民币2.9万元，尔后将上述钱款转入其父亲张某名下的中国建设银行卡和支付宝账户中供其日常挥霍花销。[②] 关于此类案件的罪名认定，实践中便存在以盗窃罪认定、[③] 以诈骗罪认定、[④] 以信用卡诈骗罪认定、[⑤] 以贷款诈骗罪认定，[⑥] 以及根据犯罪手段认定等多种不同意见，[⑦] 引发了巨大的实践争议。此类案件的出现，是互联网背景下财产虚拟化、资金电子化所引发的直接结果。这些案件的认定与处理，不仅涉及诈骗与盗窃的罪名区分，

---

① 浙江省瑞安市人民法院一审刑事判决书（2015）温瑞刑初字第1624号。

② 福建省莆田市荔城区人民法院一审刑事判决书（2018）闽0304刑初111号。

③ 马春辉：《论冒用他人支付宝账户进行"花呗套现"的刑法规制》，《广州广播电视大学学报》2020年第2期；尹志望、张浩杰：《冒用他人支付宝账户进行蚂蚁花呗套现的定性》，《人民法院报》2016年11月10日第6版。

④ 杨锁伟：《冒用他人"花呗"消费或套现行为之刑法定性研究》，《福建警察学院学报》2020年第3期；邹建华：《利用电子支付账户实施盗骗行为如何适用法律》，《人民检察》2018年第2期。

⑤ 吕静：《冒用他人花呗账户行为定性的实证研究——以"何某某盗窃案"为例》，《上海公安高等专科学校学报》2018年第4期。

⑥ 李慧民、刘天资：《冒用他人蚂蚁花呗套现的行为定性》，《上海商学院学报》2018年第1期。

⑦ 陆芳烨：《冒用他人蚂蚁花呗行为的刑事认定》，《中国检察官》2018年第16期；马寅翔：《冒用电商平台个人信用支付产品的行为定性——以花呗为例的分析》，《法学》2016年第9期。

亦涉及对互联网时代的侵财犯罪应坚持何种刑事立场和态度，下文将就这些问题进行深入分析。

二　电子资金案件罪名界分的理论聚讼及评析

在对与电子资金有关的盗窃、诈骗交织型案件进行罪名认定时，有几个基本问题需要被厘清：首先，盗窃罪、诈骗罪、侵占罪等财产犯罪的罪名本身的关系如何，两者在行为外延上究竟体现为一种部分重合的交叉竞合关系还是一种相互排斥的对立关系，这是对此类案件进行罪名选择时所需要解决的基础性问题；其次，究竟应以何种具体标准作为区分此类案件的根本性标尺；最后，在互联网支付和互联网借贷的场合，如何准确区分三角诈骗行为与盗窃行为的间接正犯，这是互联网背景下电子资金犯罪案件罪名界分的最大难点。

（一）盗窃罪、诈骗罪与侵占罪的相互关系

1. 占有状态：侵占罪与盗窃罪、诈骗罪的关系及区分

在对互联网背景下兼具盗窃与诈骗性质的电子资金犯罪行为进行定性之前，首先需要对盗窃罪、诈骗罪和侵占罪三者之间的竞合并列关系进行探讨。相比之下，侵占罪和盗窃、诈骗二罪名之间的界限相对比较明晰，根据刑法第 270 条规定，侵占罪，是指"将代为保管的他人财物非法占为己有，数额较大，拒不退还的"行为，侵占罪的本质在于"变合法持有为非法所有"，也就是说，在犯罪行为发生之时，行为人已经将占有了他人的财物，[①] 而盗窃罪和诈骗罪则分别表现为以秘密窃取或虚构事实、隐瞒真相的手段，打破他人对财物的合法占有，建立起自己对财物的非法占有，因此，侵占罪和盗窃罪、诈骗罪在通常情况下是无法发生竞合的，彼此之间呈现出一种相互对立的关系——若行为人在实施非法侵占行为之时该财物业已为其控制和占有，则应当认定为侵占罪，反之则应当被评价为盗窃罪或诈骗罪。[②]

那么，在前述"误转资金案"中，行为人将他人误转至本人账户的

---

① 高铭暄、马克昌主编：《刑法学》，北京大学出版社、高等教育出版社 2019 年版，第507—509 页。

② 胡洁人、王运翱：《"偷换二维码取财"行为性质之争议》，《山东警察学院学报》2022 年第 4 期。

电子资金据为己有之时，是否已经获得了对该资金的占有和控制呢？对这一问题的判断取决于对电子资金本身财产性的理解。若将电子资金本身视为一种财物，那么电子资金账户的控制者就其账户上储存的全部电子资金实现占有，在误转资金的场合，A 的电子资金一旦被转到 C 的电子资金账户，C 即已实现对该笔电子资金的占有和控制，若 C 采用转账的方式将该比电子资金转走，则应当成立侵占罪而非盗窃罪。反之，若否认电子资金的财产性，认为其只不过是一种无价值的记账符号，A 和 C 都是借助银行对账户所记载的纸币现金进行占有，那么这种占有状态直到行为人 C 进行转账之后方被打破，C 构成盗窃罪而非诈骗罪。如前所述，银行电子现金、第三方支付软件余额等电子资金与现实中的纸质现金具有同等性，属于刑法意义上的"财物"而非一般的记账符号，[①] 当受害人错误地将自己的电子资金转到行为人的账户时，基于"货币属于其占有者"的原理，行为人已经获得了对该财物的占有，此时构成不当得利。若其未经受害人的许可擅自将该笔资金据为己有，或者受害人向其追讨时，行为人拒不退还的，应当以侵占罪对其定罪处刑。

在误转比特币等数字货币的场合，情况就要复杂一些，虽然在理论上对于非法处分他人误转的比特币的行为，可以比照前述误转电子资金案件的行为以侵占罪处理，但是鉴于比特币具有高度的匿名性，在现实社会中对于误转比特币的案件甚至根本无从救济。如前所述，比特币地址无须登记、无须任何中心机构确认，用户只要下载比特币钱包软件后，系统就会根据该台电脑的相关参数信息生成私钥，再由私钥生成公钥与比特币钱包地址。私钥和比特币钱包的地址都是唯一的、无法重复生成的，即使是用户自己也要将其记下来，否则一旦电脑经过格式化，再次生成的比特币钱包就会与之前的大不相同。申言之，比特币私钥和电脑的 IP 地址也不是绑定的，由此在大幅增加交易的安全性、匿名信的同时，亦使每一笔比特币交易都变得无从转账、无从追踪。[②] 即使误转比特币的人知道自己转账的比特币钱包地址，也根本无从查询、确认钱包地址的主人，其损失基本上无法挽回。有鉴于此，对于非法处分对方误转来的电子资金的行为，理

---

① 参见本章第一节"二、电子资金的本质与财产性根基"的论述。

② 曲磊、郭宏波：《比特币等虚拟货币金融犯罪风险前瞻》，《经济参考研究》2014 年第 68 期。

论上可以以侵占罪认定，但若涉及比特币等数字货币的场合，刑法将在事实上不具有介入和适用的可能性。

以上以"误转资金案"为例对侵占罪和盗窃罪的罪名关系进行了探讨，经过分析可以得知，由于犯罪行为构造方面的区别，"变合法持有为非法所有"的侵占罪与"变他人占有为本人占有"的盗窃、诈骗、抢劫等罪名在外延上具有天然的不相容性，二者不能成立竞合关系，区分侵占罪与其他财产犯罪的主要标志，在于行为人实施侵害行为时是否业已对该财物实现占有：若行为人将自己已经合法占有的财物非法据为己有，则应当被认定为侵占罪；若行为人在打破占有状态时该财物仍为原权利人占有，则应当以盗窃、诈骗、抢夺或者其他财产犯罪的罪名认定。下文将进一步对同属于"占有打破型"的盗窃、诈骗二罪的罪名关系进行探讨。

2. 相互排斥：盗窃罪与诈骗罪之间的罪名关系

关于盗窃罪与诈骗罪相互关系的不同认识，将会使相关案件的认定产生迥异的结论：如果认为盗窃罪与诈骗罪之间是一种完全排斥的关系，则应当进一步探讨互联网背景下盗窃罪与诈骗犯罪的具体区分标准；如果认为二者之间是一种法条竞合的关系，则应当优先适用特殊法条；如果认为此类行为构成诈骗罪与盗窃罪的想象竞合犯，则按照择一重罪处理之原则，适用盗窃罪定罪量刑。对于盗窃罪和诈骗罪的相互关系问题，在日本刑法学界已有较多探讨：有观点认为，盗窃罪和诈骗罪之间是一种法条竞合的关系，盗窃罪作为所有和平占有型侵财犯罪的兜底性罪名而存在；[1] 而平野龙一则认为，两者之间是一种相互排斥的关系，盗窃罪和诈骗罪不存在竞合的可能性，交付行为的有无是划分这两种犯罪的界限。[2] 在中国，多数学者认为盗窃罪和诈骗罪之间是一种相互排斥的关系，否定二者之间成立法条竞合或者想象竞合的可能性；[3] 亦有少数学者主张盗窃罪和诈骗罪之间可以成立想象竞合犯。[4]

---

① 刘明祥：《财产犯罪比较研究》，中国政法大学出版社 2001 年版，第 224 页。

② 张明楷：《刑法分则的解释原理》，中国人民大学出版社 2004 年版，第 122—123 页。

③ 王安异、许姣姣：《诈骗罪中利用信息网络的财产交付——基于最高人民法院指导案例27 号的分析》，《法学》2015 年第 2 期；徐光华：《刑法解释视域下的"自愿处分"——以常见疑难盗窃与诈骗案件的区分为视角》，《政治与法律》2010 年第 8 期；贾凤英：《盗窃与诈骗行为交织的财产性犯罪定性研究——由几则案例引发的思考》，《法律适用》2006 年第 11 期等。

④ 陈洪兵：《盗窃罪与诈骗罪的关系》，《湖南大学学报》2013 年第 6 期。

　　对此，笔者认为，一方面，一律以想象竞合处理发生在互联网空间内的盗窃、诈骗交织案件在实际上回避了对犯罪行为性质的最终判断，消解了刑法分则对诈骗和盗窃罪分别规定不同构成要件的立法本意，择一重罪论处的做法亦隐含着对罪责刑相适应原则的潜在破坏；[①] 另一方面，鉴于诈骗罪相对于盗窃罪而言属于特殊法条，认为两者之间构成法条竞合的做法，同样会将此类案件的处理结果千篇一律地指向诈骗罪，[②] 存在重罪轻罚、放纵犯罪的风险，同样不符合罪责刑相适应原则的内在要求。一言以蔽之，认为诈骗与盗窃可以成立想象竞合或者法条竞合的观点，不仅回避了对犯罪行为性质的实质判断，还会造成案件处理结果的畸重畸轻，违背罪责刑相适应原则的基本要求。因此，互联网背景下的盗窃罪和诈骗罪之间应当是一种相互排斥、非此即彼的关系，竞合说的立场应当被否认。

　　（二）受害人"不知情"的程度和内容：电子资金案件盗窃罪和诈骗罪的界分标准

　　在对盗窃罪和诈骗罪两者的相互关系进行厘清的基础上，接下来需要解决的是如何确定互联网背景下盗窃罪和诈骗罪的界分标准的问题。这一问题的解答有赖于对于盗窃和诈骗两种犯罪的行为模式和内在特征的深入考察。一般认为，盗窃行为的本质特征在于"秘密窃取"，而诈骗的本质特征在于"致使受害人陷于错误认识而处分"，两者的共同特征在于当犯罪行为发生时，受害人对于自己财产受到损失的事实是不知情的。申言之，盗窃、诈骗交织案件中受害人"不知情"的内容和程度是区分互联网背景下盗窃行为与诈骗行为的关键所在。如果受害人对于行为人的活动以及侵财事实的发生均是完全不知情的，则这种"不知情"的情况对行为人而言构成"秘密窃取"，应当以盗窃罪追究其刑事责任。[③] 本章第二节所讨论的非法获取他人电子资金账户的控制权后将账户内的电子资金据为己有的"窃取型"电子资金犯罪案件既属此类。但是，在受害人对于行为人的存在，以及行为人所实施的活动本身是知情的，只是对于自己处分财物的内容与后果是不知情的，这种情况下如何认定盗窃与诈骗之间的

---

　　① 徐光华：《刑法解释视域下的"自愿处分"——以常见疑难盗窃与诈骗案件的区分为视角》，《政治与法律》2010 年第 8 期。

　　② 陈洪兵：《盗窃罪与诈骗罪的关系》，《湖南大学学报》2013 年第 6 期。

　　③ 吴艳玮、郝雪强：《从处分行为及占有角度对盗窃罪与诈骗罪及侵占罪界限再研究》，《河北法学》2011 年第 12 期。

罪名界限，则是一个争议颇多的问题，理论界存在三种见解："处分意思不要说""缓和的处分意思不要说"以及"处分意思必要说"。"处分意思不要说"认为，只要被骗者认识到财物外形上的转移占有，即使对于被转移物的种类、性质、价值等并不知情，同样可以成立诈骗罪。[①] 而"缓和的处分意思必要说"则认为，在受害人基于错误认识而进行财产转移的场合，只要受骗者意识到自己所转移的是财物或者财产性利益，即使是关于被转移财产的价值、数量和内容等存在错误，对其实际上的价值是不知情的，也应当构成诈骗罪。[②] 实际上，这种缓和的处分意思必要说与处分意思不要说已经相差无几。[③] 另有学者提出了"处分意思必要说"，该说要求诈骗犯罪的受害人对于其处分的对象、财物的数量、价值等具有全面的认识，仅仅对诈骗者的非法占有目的以及处分行为所带来的财产损失后果是不知情的。[④] 如果受害人对财物自身的实际价值是不知情的，构成盗窃罪而非诈骗罪。

对于以上争议，最高人民法院在指导案例《臧某泉等盗窃、诈骗案》中指出，臧某泉发给被害人标注金额为 1 元但实际上植入了 30.5 万元的支付链接，继而非法获取金某 30.5 万资金的行为，构成盗窃罪；而开设假的淘宝网店，欺骗他人点击付款链接而骗取财物的行为则成立诈骗罪。在前一种情况下，金某对于将资金转账给臧某泉的事实是知情的，但是对于其处分财物的实际价值是不知情的（实际上是处分 30.5 万元的资金却认为自己处分的是 1 元钱），其行为构成盗窃罪而非诈骗罪；而在后一种情形中，受害人由于臧某泉等的诈骗活动，误以为通过其网店可以买到装备、游戏点卡故而交付资金，受害人对于自己所支付资金的数额和价值是完全知情的，其行为成立诈骗罪。由此可见，最高人民法院采纳了处分意思必要说的观点，在兼具盗窃、诈骗性质的涉互联网犯罪案件中，如果受害人对自己所处分财物的实际价值和内容是完全知情的，则成立诈骗罪；

---

① 陈洪兵：《盗窃罪与诈骗罪的关系》，《湖南大学学报》2013 年第 6 期。

② ［日］山口厚：《刑法各论》第 2 版，王昭武译，中国人民大学出版社 2011 年版，第 302 页。

③ 王安异、许姣姣：《诈骗罪中利用信息网络的财产交付——基于最高人民法院指导案例 27 号的分析》，《法学》2015 年第 2 期。

④ 吴光侠：《〈臧某泉等盗窃、诈骗案〉的理解与参照——利用信息网络进行盗窃与诈骗的区分》，《人民司法》2015 年第 12 期。

如果对于自己所处分财物的内容或实际价值并不知情，则构成盗窃罪。受害人对自己处分行为与处分内容的知情程度，是区分互联网背景下盗窃罪与诈骗罪的根本性标准。[①]

（三）三角诈骗与盗窃罪间接正犯的区分

最高人民法院以指导案例的形式确立了互联网背景下盗窃与诈骗的区分标准，坚持了处分意思必要说；但是这一判断标准只能适用于诈骗人与受害人直接发生关系的案件中，对于介入了第三方主体的场合，如何准确地区分盗窃与诈骗行为就成为一个极其复杂的难题。以上文中的"偷换二维码案"为例：对店主而言，他对于偷换二维码的行为完全不知情，小偷的行为符合"秘密窃取"的特征，应当被认定为盗窃罪的间接正犯；[②] 而对顾客而言，这一过程更符合三角诈骗的特征：受害人是店主，受骗人是顾客，偷换二维码的行为使顾客陷入错误认识，认为自己在向店家支付购物款，由于顾客对自己处分的金额内容是明知的，根据处分意思必要说，对于偷换二维码的行为人应当以诈骗罪论处。[③] 那么，此类案件究竟是盗窃罪还是诈骗罪？

对于这一问题，学界存在阵营说与授权说之分野。阵营说认为，应当以受骗者归属于行为人的阵营还是被害人的阵营作为区分三角诈骗和盗窃罪间接正犯的标准，当受骗人处于被害人阵营时成立诈骗罪，属于行为人阵营时则构成盗窃罪。[④] 授权说则认为，被骗的第三人是否得到权利人的授权，是区分盗窃和诈骗的关键，如果受骗人并非财物的占有者或者辅助占有者，没有被权利人授以处分财物的权限，那么行骗人只能被认定为盗窃罪的间接正犯。[⑤] 然而，在前述案例中，顾客既不属于受骗人的阵营，也非行为人阵营，而是独立的第三方阵营；顾客是购物款的所有人，自然有权处分购物款的权限，但是这种权限并非来源于店主的授权，由此可见，无论是阵营说还是权限说都无法解决类似偷换商店二维码案件的定性

---

① 廖斌：《网络支付方式下盗窃罪与诈骗罪区分的教义学分析》，《当代法学》2022 年第5 期。

② 王奕琛：《"偷换二维码案"的定性问题研究》，《华北水利水电大学学报》（社会科学版）2022 年第2 期。

③ 马永强：《盗窃罪中财产性利益占有的规范化解释进路》，《政治与法律》2020 年第3 期。

④ 陈洪兵：《盗窃罪与诈骗罪的关系》，《湖南大学学报》2013 年第6 期。

⑤ 黄祥青：《盗窃、诈骗行为交织型财产犯罪定性研究》，《法律适用》2011 年第4 期。

问题。

笔者认为，厘清这一问题的关键在于准确把握犯罪对象，之后以犯罪对象为观测基点，对犯罪行为的性质作出判断。通说认为，犯罪对象是指犯罪行为所直接作用的具体的人或物。[①] 也就是说，行为人的行为所直接作用的人才是犯罪对象，尽管在实践中，犯罪行为直接作用的人往往也是最终承担犯罪行为后果的人，但二者并非总是重合的。在偷换商店二维码案件中，店主并非犯罪行为直接作用的人，偷换二维码的直接后果是造成顾客陷入错误认识继而向行为人支付购物款，顾客才是偷换二维码行为的犯罪对象。[②] 以此为观测点，行为人对顾客所实施的行为，是一种典型的诈骗行为，行为人实际获取的财产是顾客的购物款，而非店主的财产。而顾客从店主那里"购买"到的商品，实际上并未支付价款，属于不当得利。此案正确的救济方式应当是顾客向店主返还不当得利所得的商品，而后向偷换二维码的诈骗行为人追偿。[③]

又如，在"盗用花呗套现案"中，作为犯罪对象的、由被告人付某所套取的电子资金并非从杨某的支付宝账户中直接窃取，而是从"阿里小贷"旗下的"蚂蚁花呗"中取得。付某窃用杨某的支付宝账号密码，冒用了杨某的身份向"蚂蚁花呗"发起借款请求，"阿里小贷"对于其处分的财物（"花呗"消费信贷借款8000元）的价值和内容是完全明知的，但是在实际支付对象以及支付对象是否会如实还款的问题上陷入了错误认识，该行为更符合"虚构事实、隐瞒真相，使受骗人陷于错误认识交付财物"的诈骗行为构造，而非以"秘密窃取"为特征的盗窃。本案是一起典型的三角诈骗案件，受骗者是"蚂蚁花呗"的运营方即"阿里小贷"，而真正的受害人则是遭受财产损失的杨某。[④] 被告人付某采用虚构事实、隐瞒真相的手段从受骗者"阿里小贷"处骗取电子资金之后，再将支付偿还的责任转嫁给受害人。[⑤] 不过，这里需要注意的是，考虑到小额贷款

---

① 高铭暄、马克昌主编：《刑法学》，北京大学出版社、高等教育出版社2019年版，第54页。

② 徐剑：《二维码替换案的罪名适用研究》，《法律适用》2021年第2期。

③ 蔡一军：《论新型支付环境下财产性质对罪名认定之影响》，《东方法学》2017年第2期。

④ 杨锁伟：《冒用他人"花呗"消费或套现行为之刑法定性研究》，《福建警察学院学报》2020年第3期。

⑤ 邹建华：《利用电子支付账户实施盗骗行为如何适用法律》，《人民检察》2018年第2期。

公司的金融机构地位也已获得了中国人民银行的正式承认，司法实践也已经出现了将之认定为金融机构的刑事判例，故此应当认可"阿里小贷"等小额贷款公司的金融机构地位，[①] 对于"盗用花呗套现案"进行认定时，在确认其作为诈骗的基本行为构造后，还应当具体适用刑法第 193 条规定的贷款诈骗罪对其进行裁量。达到入罪标准的，应以贷款诈骗罪认定。

三　电子资金犯罪案件的罪名界分步骤

至此，我们可以对涉电子资金案件中如何正确界分侵占、盗窃与诈骗等财产犯罪的罪名进行如下概况：首先，对占有状态和打破占有的时间进行判断，若行为人对电子资金实施侵害行为时该电子资金业已为其实际占有，则应当认定为侵占；其次，若行为人实施非法占有行为之后方打破权利人对电子资金的占有状态，则应当进一步区分此行为是盗窃还是诈骗，寻找行为人的行为所直接作用的人或财物，即犯罪对象，以犯罪对象而不是危害行为结果的最终承担者作为判断行为性质的观测基点；最后，以处分意思必要说作为区分互联网背景下盗窃罪与诈骗犯罪的标准：若受害人对自己所处分的财物的实际价值和内容是完全知情的，则成立诈骗罪；若对于财物的内容或实际价值并不知情，则构成盗窃罪。

此外，需要说明的是，对于因互联网背景下的支付、转账、借贷行为所造成的罪名纠葛进行界分时，不应该存在各种预设性的价值倾向。有学者认为，鉴于诈骗罪的处罚要轻于盗窃罪，出于保障人权与有利于被告人的考虑，在处理盗窃、诈骗交织案件时，应当尽量将受害人的行为解释为"自愿处分"，从而将秘密窃取与欺诈方式并取的侵财案件认定为诈骗罪（轻罪）。[②] 笔者认为，这种观点曲解了"有利于被告人"原则的本来含义。所谓"存疑有利于被告"（In dubio pro reo）的基本含义是"在对事实存在合理疑问时，应当作出有利于被告人的判决、裁定"。[③] 有利于被

---

① 具体参见本章第二节"三、套取型电子资金犯罪"中关于小额贷款公司金融主体地位机构的论证与上海市杨浦区人民法院一审刑事判决书（2012）杨刑初字第 192 号、《中国人民银行发布金融机构编码规范》（银发［2009］363 号）第 3.32 条·Z1。

② 徐光华：《刑法解释视域下的"自愿处分"——以常见疑难盗窃与诈骗案件的区分为视角》，《政治与法律》2010 年第 8 期。

③ 张明楷：《刑法格言的展开》，北京大学出版社 2013 年版，第 534 页。

告人的原则并不适用于所有的场合，该原则不适用于对法律疑问的场合，当法律存在争议或者疑问时，应当按照一般的法律解释原则消除其疑问，而非一概地作出有利于被告人的解释。① 对于互联网背景下罪名纠葛型案件的定性，应当摒弃先入为主的价值预设，严格地以犯罪事实为依据，依照现行刑法的规定，运用法律解释技术对案件性质作出准确的认定。

四　小结

本章主要就电子资金犯罪的相关问题进行了探讨。如前所述，虽然银行电子现金、第三方支付账户余额、具有支付功能的理财产品与去中心化的数字货币等并不具有有形的物理形态，但是作为互联网背景下的新型电子资金类型，完全应当被视为刑法意义上的"财物"，可以成为财产犯罪的行为对象。不过，电子资金虚拟化、数据化的存在形式也给相关案件的司法认定带来较大冲击，催生了复制型、套取型等新型侵财犯罪的行为模式，并给相关案件的罪名界分与既遂标准的认定等造成了一定程度的障碍。只有把握刑法意义上"财产""财物"等概念的基本特征，与此同时结合互联网背景下资金电子化、支付网络化的时代趋势，才能对电子资金犯罪案件作出准确而合理的认定。

在互联网背景下，传统的窃取型侵财手段发生变异，出现了"复制型"与"套取型"电子资金犯罪案件。对于通过技术手段或者其他方式获取他人电子资金账户的控制权，继而窃取银行电子现金、第三方支付软件余额以及比特币等数字货币的行为应以盗窃罪论处，不应适用信用卡诈骗罪的有关规定；而对于采取技术手段侵入银行计算机信息系统后虚增电子资金数额的行为人，也应当以盗窃罪追究。对于近年来出现的利用"蚂蚁花呗""京东白条"等消费信贷服务套取电子资金的案件，对于为用户套取电子资金的中介或商户，或者其他以套现为业的行为人，应当以非法经营罪追究其刑事责任。

当侵占、盗窃和诈骗等传统罪名因电子支付、互联网转账、网络借贷等原因发生纠葛、难以认定时，应当遵循如下步骤进行罪名界分：首先，依据行为人实施犯罪活动时的占有状态作为区分侵占罪和其他罪名的界限，若行为人实施犯罪行为时业已占有了受害人的财物，则应当被认定为

---

① ［德］C. Roxin：《德国刑事诉讼法》，吴丽琪译，台湾：三民书局1998年版，第2页。

侵占罪，否则应当进一步探讨其构成盗窃、诈骗等罪名的可能性；其次，在判断某一案件构成何种财产犯罪罪名时，应当首先确定行为人的行为所直接作用的人或财物，即犯罪对象，以犯罪对象而不是犯罪行为结果的最终承担者作为判断行为性质的观测基点；最后，以处分意思必要说作为区分互联网背景下盗窃罪与诈骗犯罪的标准：若受害人对自己所处分的财物的实际价值和内容是完全知情的，则成立诈骗罪；若对于财物的内容或实际价值并不知情，则应当以盗窃罪定罪处刑。

第三章

涉电子权利凭证案件的
刑事司法认定

　　生活在今天的人们对计划经济时代的各类票证仍然记忆犹新。改革开放以前，由各级政府发行的粮票、油票、布票等实物票证曾经长期替代货币发挥物资配给的作用，机关单位内部印制的饭票、澡票、理发票等服务兑换票券也影响了数代人的生活。随着生产力的发展与社会主义市场经济制度的确立，以粮票、邮票为代表的政府票证逐渐淡出了人们的日常生活，取而代之的是各种私营主体发行的权利凭证，如门票、月饼票、入场券、兑换券、礼品券、购物卡等，这些由商业机构发行的权利凭证有些是记名的、有些是不记名的，但是均承载了一定的经济利益，通常情况下只能通过购买取得。在互联网时代，由政府或市场主体发行的各类权利凭证逐渐由传统的纸质票证形式向计算机系统中的数据编码演化，形成了种类繁多、功能各异的电子权利凭证：传统的电影票和入场券被一串串数字编码所取代，地铁票被乘车码代替，人们凭借网上购得的团购券在餐厅中购买食物，很多景区的纸质门票也逐渐演变为手机中的电子门票……互联网与电子化的浪潮正在将现实中的商品和服务演变为由电磁记录和信息编码所承载的数据化权利凭证，亦对传统的"财产"概念造成冲击，带来大量的刑事司法问题。例如，电子权利凭证能否被认定为刑法意义上的"财物"、包括哪些基本的类型；用于兑换商品或服务的虚拟化权利凭证的财产性如何认定、侵害电子权利凭证的行为构成何种犯罪，等等。本章将主要就与电子化权利凭证相关的问题进行探讨。

第一节　电子权利凭证概述：分类、财产性与刑法研究现状

一　刑法视域下电子权利凭证相关问题的研究现状

虚拟化的电子权利凭证已经深入到社会生活的各个角落，人们已经习惯于凭借会员和手机号享受折扣，使用团购券支付餐饮、保健和娱乐费用，利用各种积分兑换实物或服务，但是并没有意识到一种全新的财产形式正在逐渐成型并深度介入到人们的生活。近年来如雨后春笋般涌现的各类电子权利凭证，似乎也没有引起理论界的足够重视，诸如"电子化的权利凭证仅仅是改变了权利的载体形式，从传统的纸券、电子卡变成了电子数据，完全可以套用刑法关于有价票证的相关规定"的观点在实践中也普遍存在，导致相关案件的司法适用与法律解释出现严重的混乱与失序。[1] 例如，有学者将电子化的权利凭证视为一种独立的财产类型，主张适用刑法关于财产犯罪有关条款对其进行保护；[2] 而对此持不同见解的观点则认为不同种类的电子权利凭证差别较大，既有被视为"特别动产"的各种无记名证券，同时也有一些不属于财产的电子权利凭证，对电子权利凭证的法律意义不能一概而论。[3] 又如，对于未经允许而使用他人电子权利凭证的行为，有学者主张"使用盗窃"行为本身可以构成犯罪，[4] 更多的学者则对此持否定态度，认为对于单纯的使用盗窃行为不应以盗窃罪论处。[5] 此外，还有较为折中的立场主张只有在使用盗窃造成的不法占有状态持续到一定时间之后，才能将之认定为盗窃罪，单纯的、暂时的占有转移不能以盗窃罪论处。[6] 这些争议的存在折射出目前学界关于电子化财

---

① 周旋：《中国刑法侵犯财产罪之财产概念研究》，上海三联书店 2013 年版，第 168—169 页。

② 郭利纱：《以积分、优惠券为对象的犯罪的认定——以犯罪对象的多元化为切入》，《西南政法大学学报》2018 年第 6 期。

③ 周旋：《中国刑法侵犯财产罪之财产概念研究》，上海三联书店 2013 年版，第 111 页。

④ 黎宏：《论盗窃财产性利益》，《清华法学》2013 年第 6 期。

⑤ 李强：《论使用盗窃与盗用》，《国家检察官学院学报》2018 年第 2 期。

⑥ 王俊：《非法占有目的的不同意义：基于对盗窃、侵占、诈骗的比较研究》，《中外法学》2017 年第 5 期。

产权利凭证的研究中至少存在如下几个方面的问题：

（一）主题不明：缺乏对涉电子权利凭证刑法问题的专门化研究

目前刑法学界关于权利凭证的文献成果颇为罕见，[①] 针对电子权利凭证或数据编码权利凭证的专门研究更是凤毛麟角，[②] 研究者往往将之作为"财产性利益"的下属概念进行例举和探讨。[③] 例如，张明楷为了论证"财产性利益应属于财物"，主张将盗窃财产权利凭证的行为认定为犯罪；[④] 持有类似主张的学者则进一步指出："以下几种无体物作为财产性利益是没有争议的：（1）所有权以及与之相关的财产性权利，如财物返还请求权；（2）他物权；（3）以支付财物为内容的债权。"[⑤] 这里的"所有权相关权利"与"以支付财物为内容的债权"在实践中通常表现为各种物权权利凭证。这种将财产权利凭证归属为财产性利益附属概念的立场忽视了权利凭证作为一种财物类型的独立研究价值，在一定程度上消解了"财物"和"财产"等基础概念的内涵边界，不利于相关案件的准确认定。例如，演唱会门票是一种权利凭证，有一定的票面价值，行为人可以凭借门票获得观看演出的权利，实践中曾出现盗窃演唱会门票被认定为犯罪的案例；[⑥] 但是如果将观看演唱会的权利本身视为一种财物，就会得出"未买票而进入现场观看演唱会的行为构成盗窃罪"的结论，明显背离了社会大众的一般认识。由此可知，财产权利凭证虽然与财产性利益密切相关，但绝不能混为一谈，在当前互联网与社会生活深度融合的时代背景

---

① 有限的几篇专门性研究文献如傅俊维：《论盗窃罪对象的扩容——以财产权利凭证为视角》，《公民与法》（法学版）2014 年第 2 期；周旋：《中国刑法侵犯财产罪之财产概念研究》，上海三联书店 2013 年版，第 153—184 页；胡泰忠、肖波：《财产权利凭证的财产控制方式与盗窃数额的计算——兼论审理盗窃案件相关司法解释规定的完善》，《法律适用》2008 年第 5 期。

② 对电子化财产权利凭证进行专门研究的文献如何萍、刘继琨：《冒用他人互联网电子积分行为的刑法定性——以"冒用他人航空里程积分的行为"为例》，《青少年犯罪问题》2021 年第 4 期；郭利纱：《以积分、优惠券为对象的犯罪的认定——以犯罪对象的多元化为切入》，《西南政法大学学报》2018 年第 6 期；阳东辉、吴加明：《盗窃数字编码型凭证行为性质的认定》，《法学》2013 年第 5 期等。

③ 刘明祥：《论窃取财产性利益》，《政治与法律》2019 年第 8 期。

④ 张明楷：《论盗窃财产性利益》，《中外法学》2016 年第 6 期。

⑤ 李强：《财产中财产性利益的界定》，《法学》2017 年第 12 期。

⑥ 胡梦瑶：《男子在 Bigbang 演唱会外盗窃门票 被判拘役 5 个月》，《法制晚报》2017 年 1 月 6 日。

下，财产权利凭证特别是电子化权利凭证的独特研究价值应当引起学界的足够重视。

（二）概念混淆：与虚拟财产的问题相混同

关于电子权利凭证的理论研究中，另一个比较常见的认识偏差就是将电子化的权利凭证与虚拟财产相混同。例如，杨立新将"虚拟的网络本身以及存在于网络上的具有财产性的电磁记录"称作虚拟财产；[①] 另有观点将"网络空间中具有价值的并且能满足人们某种需要的特定服务或者无形物"统称为"虚拟财产"；[②] 认为各类 ID 账户、免费或收费的电子邮件、QQ 号码、论坛账号中的金币、可用于平台购物时折抵货款的"返点"、"积分"、网易泡泡币、虚拟货币、虚拟装备、直播平台账号下持有的礼物等都可以被纳入"虚拟财产"的概念范畴之中。[③] 应当指出，这种见解虽然并不存在什么原则性错误，但是却在种属概念的把握上出现了一定程度的偏颇。诚然所谓的"虚拟财产"代表了一定的虚拟物品与虚拟服务，能够满足人们的特定需求特别是游戏、娱乐需求，但是这并不意味着所有存在于互联网空间中的、能够满足人们需求的服务或者无形物都能够被称为"虚拟财产"。实际上，"虚拟财产"应当是"电子权利凭证"的一个下位概念。权利凭证依照其所代表对象的不同，可以被划分为物权凭证和服务凭证，前者可以用以兑换特定的物品，而后者则可以兑换特定的服务，这些服务既可以是现实性的（如按摩、洗浴、理发、看电影、参加演唱会等），也可以是虚拟性的（如互联网游戏中的 VIP 特权、视频软件上的去广告服务、网络直播中的"打赏""投币"等），而所谓的"虚拟财产"在本质上是一种可以借此获取互联网游戏娱乐服务的电子化服务权利凭证。[④] "虚拟财产"属于互联网背景下电子权利凭证的一种类型，而不能以其指代所有的存在于互联网空间中的、具有财产属性的电子记录或信息资源。有鉴于此，本书将"虚拟财产"作为一个单独的研究对象将其置于第五章中进行专门探讨，本章主要侧重于研究一般意义上的电子权利凭证以及与之相关的刑事司法认定问题。

---

① 杨立新、王中合：《论网络虚拟财产的物权属性及其基本规则》，《国家检察官学院学报》2004 年第 6 期。

② 朱宣烨：《数据分层与侵犯网络虚拟财产犯罪研究》，《法学杂志》2020 年第 6 期。

③ 付琳：《虚拟财产的内生逻辑及其权属矛盾》，《社会科学家》2021 年第 2 期。

④ 张弛：《窃取虚拟财产行为的法益审视》，《政治与法律》2017 年第 8 期。

（三）认知滞后：对于电子权利凭证的理解落后于时代的发展

长期以来，刑法学界关于普通权利凭证的研究主要围绕刑法第 227 条规定的"有价票证"① 以及《最高人民法院、最高人民检察院关于办理盗窃刑事案件适用法律若干问题的解释》（以下简称《盗窃罪解释》）第 5 条所规定的"有价支付凭证""有价证券"和"有价票证"等，主要的研究对象也以车票、船票、彩票、门票、欠条、储值卡、存折等纸质票证为主，对于犯罪行为方式的探讨也仅仅局限于"伪造""倒卖"和"盗窃"等有限的几种形式，② 带有强烈的现实物理色彩。随着互联网的普及与"双层社会"的成型，这种固态化的理解已经跟不上时代发展的步伐，呈现出一定的滞后性。据报道，两名 90 后黑客攻破杭州一家旅行社的互联网系统，将该旅行社代理发售的原价为 375 元的某景区的电子门票价格修改为 0.01 元，累计购买 2700 余张卖给票贩子，非法获利 50 余万元。③ 又如，2013 年，游某从北京市某电影公司辞职后，私自拷贝了该电影公司的电影卡充值系统，之后为多名消费者提供"复活"充值服务，将已经过期或作废的电影卡重新激活，累计获利 4 万余元。④ 诸如此类的案件既非伪造、盗窃，也非倒卖伪造的有价票证，行为人作案过程中也并不涉及门票、车票、船票等传统的纸质票证，以"有价票证"为对象的理论研究与法律规范在应对此类新型案件时颇显乏力，正如张明楷所指出的那样：当下，许多财产性利益已经没有书面凭证，只有电子化的权利凭证，在此背景下，即便将所有盗窃财产凭证的行为均认定为盗窃罪，也无法解

---

① 这里的"普通权利凭证"是指刑法第 194 条规定的票据、金融凭证诈以及第 178 条规定的有价证券、股票和债券以外的权利凭证，实践中一般称作"有价票证"。

② 相关研究文献如黄自强：《倒卖车票、船票罪之立法完善——以北京奥运会门票转让为视角》，《法治论坛》2008 年第 4 期；罗开卷：《伪造、倒卖伪造的有价票证罪的司法认定》，《时代法学》2009 年第 1 期；彭之宇、刘勇：《伪造、倒卖伪造的有价票证罪疑难问题探究》，《人民检察》2009 年第 22 期；赵东航：《伪造贩卖月饼兑换券构成何罪？》，《人民之声》2010 年第 9 期；皇甫长城、李华振、张炜：《由公司、企业自行制发的票证能否认定为刑法上的"其他有价票证"》，《中国检察官》2011 年第 4 期；张三保、齐焱森：《伪造并贩卖景区接待票的行为定性》，《中国检察官》2017 年第 6 期等。

③ 搜狐网：《90 后黑客破解上海迪士尼门票：1 分钱买下》，http：//www.sohu.com/a/125907619_119778。

④ 郭晓东：《将废旧电影卡充值后销售的行为定性》，《中国检察官》2015 年第 7 期。

决全部问题。① 考虑到这一现实，针对侵害电子化权利凭证犯罪问题的专门研究必须尽快跟上，尽早弥合社会发展与刑法规范之间的时代鸿沟。

（四）以点带面：局限于个别问题的零碎探讨

近年来，已有部分学者和实务界人士就某些涉及电子权利凭证的具体性问题进行了研究和论证。例如，有学者对盗窃月饼券、② 蛋糕券等物品权利凭证的问题进行探讨，③ 亦有实务界人士就虚增消费积分行为的司法认定、④ 盗窃权利凭证后未承兑行为的定性问题展开探讨；⑤ 但是在不少案件的罪名认定问题上存在较大分歧。以近年来出现的行为人以"刷单""刷分"的方式大量套现的案件为例，实践中有的法院以盗窃罪论处，⑥ 有的法院以诈骗罪认定，⑦ 还有观点认为对于此类案件应当根据案件的情况进行判断，当行为人利用系统漏洞"刷分""刷单"时，应当以诈骗罪认定；而在利用商家优惠积分规则本身进行的"规则用尽"型"刷分""刷单"行为，应以非法获取计算机信息系统论处，原则上不应以财产犯罪认定。⑧ 之所以出现这种争议与分歧，究其根源，在于论者对于电子权利凭证这一新型财产形式的本质、种类与财产性来源等基础性问题缺乏系统性的理论认知，未能将这些具体问题的解答统摄于一个统一的研究主题之下，由此陷入了"只见树木、不见森林"的认知困局。无怪乎有学者感叹：虽然在实践中各种电子化的权利凭证的意义与重要性已经

---

① 张明楷：《论盗窃财产性利益》，《中外法学》2016 年第 6 期。

② 赵东航：《伪造贩卖月饼兑换券构成何罪？》，《人民之声》2010 年第 9 期。

③ 阳东辉、吴加明：《盗窃数字编码型凭证行为性质的认定》，《法学》2013 年第 5 期。

④ 郭利纱：《以积分、优惠券为对象的犯罪的认定——以犯罪对象的多元化为切入》，《西南政法大学学报》2018 年第 6 期；杨旭、黄婷玉：《利用网站漏洞虚增积分后兑现构成盗窃罪》，《人民司法》2013 年第 20 期。

⑤ 龙婧婧：《盗窃奖券未承兑是否构成犯罪》，《检察日报》2017 年 12 月 15 日第 3 版。

⑥ 如"江某盗窃案"：浙江省杭州市拱墅区人民法院一审刑事判决书（2016）浙 0105 刑初 562 号；"梁某盗窃案"：浙江省湖州市吴兴区人民法院一审刑事判决书（2013）湖吴刑一初字第 122 号等。

⑦ 如"滴滴快车优惠券案"：北京市海淀区人民法院一审刑事判决书（2016）京 0108 刑初字第 521 号；"黎某骗取大众点评优惠券案"：上海市浦东新区人民法院一审刑事判决书（2016）沪 0115 刑初 4205 号。

⑧ 何龙：《刷单骗取积分、优惠券并套现行为的刑法性质认定——以结果本位刑法观为视角》，《法律适用》2017 年第 10 期。

为实务部门普遍承认，但是司法判例在相关案件的解释说理上却显得千奇百怪。① 有鉴于此，对于近年来所发生的各种涉及电子权利凭证的疑难案件进行系统性的问题梳理与理论整合便显得尤为必要。

二　电子权利凭证的种类

"电子权利凭证"是权利凭证的一个下属概念，而权利凭证是指基于金钱、财产或者服务所提供的纸质或者电子的权利凭证，通过此凭证，权利人可以实现其所代表的利益。② 权利凭证的实质是权利的证券化，将抽象的财产权利记载于纸质载体上，通过纸质权利凭证（证券、票据、票证、凭证等）的占有转移来实现权利凭证所征表的权利转移，由此以实现简化转让程序、促进交易发展的目的。③ 在纸质权利凭证时代，各类证券、票证被认为是权利与纸质载体的结合，权利人对票证的权利由权利人对纸质凭证的所有权以及纸质凭证上所记载的权益共同构成，凭证记载的权利需要依赖其物质化的纸质载体而存在，④ 而在互联网背景下，传统的纸质权利票证迅速发生蜕变，演化成依托互联网技术与计算机信息系统而存在、以电磁记录和数据编码为载体的新型存在形式，是为电子权利凭证。有学者将电子权利凭证归纳为四类：其一是互联网充值账号及密码，如手机、电话的在线充值密码与数据流量包，互联网游戏与网络通行证的激活码、充值密码以及 QQ 号充值后所获取的 Q 币等；其二是由商家向不特定消费者发行的不记名、不挂失的购物编码，诸如团购券、电子优惠券、打折券等；其三是能够接受某种特定服务、掌握某种稀缺资源的分配凭证，如电子消费券、视频网站会员、优先购买手机的邀请码；其四是能够使某些商品（主要是电子产品）正常使用的注册编码，如正版 Windows 系统的 COA 激活码、iPhone 手机的 Apple Id、正版游戏光盘的 CD-key 等。⑤ 随着互联网技术的进步与电子商务的发展，电子权利凭证的种类和

① 周旋：《中国刑法侵犯财产罪之财产概念研究》，上海三联书店 2013 年版，第 168 页。

② 傅俊维：《论盗窃罪对象的扩容——以财产权利凭证为视角》，《公民与法》（法学版）2014 年第 2 期。

③ 郭鹏：《电子商务环境下的权利证券化——以电子提单为视角》，《武汉大学学报》（哲学社会科学版）2013 年第 4 期。

④ 谢怀栻：《票据法概论》，法律出版社 1990 年版，第 5—6 页。

⑤ 阳东辉、吴加明：《盗窃数字编码型凭证行为性质的认定》，《法学》2013 年第 5 期。

形式日益丰富并且不断创新，以具体列举的方式根本无法穷尽电子权利凭证的概念外延，故此下文将依据功能和使用方式对电子权利凭证的类型进行划分和梳理，在此基础上分别就不同种类的电子权利凭证的财产性问题进行探讨。

（一）记名电子凭证与不记名电子凭证

在纸质权利凭证时代，刑法以及相关司法解释就已经对权利凭证的类型作出了划分。按照《盗窃罪解释》第5条的规定，盗窃不记名、不挂失的有价票证的，应当按照票面数额和盗窃时应得的孳息、奖金或者奖品等可得收益一并计算盗窃数额；盗窃记名的有价票证的，已经兑现的，按照兑现部分的财物价值计算盗窃数额；没有兑现，但是失主无法通过挂失、补办等方式避免损失的，按照给失主造成的实际损失计算盗窃数额。据此，依据是否记名、是否可以补办挂失等标准，司法解释将权利凭证划分为不记名权利凭证、记名且可挂失的权利凭证与记名且不可挂失的权利凭证三种基本类型。不过，在互联网背景下，电子化的权利凭证往往表现为账号、密码、手机号、兑换码等数据形式，其载体并不会像塑料卡片、纸质票证那样丢失，在很多情况下，电子权利凭证仅仅表现为一串特定的数据编码，只能被遗忘而无法被遗失，在用户遗忘账户密码的情况下，往往还能通过邮件、身份验证等方式找回密码，重新掌握该电子权利凭证，故此在现实中并不存在"挂失"的问题。有鉴于此，根据是否与权利人的个人信息相绑定，可以将电子权利凭证划分为记名电子凭证与不记名电子凭证两种基本类型。

1. 记名电子权利凭证

记名电子权利凭证，是指在兑换商品、服务或者享受特定权限时，需要验证使用人个人身份信息的数字化权利凭证。这里的"个人身份信息"通常是指权利人的手机、身份证号或者具有唯一性的互联网 ID 编码。记名的电子权利凭证最为显著的特征是权利人只有通过"注册""登录"等验证程序后才能行使凭证承载的权利，如兑换商品、接受服务、享受折扣等。记名的电子权利凭证在现实生活中非常普遍，各种电子会员、互联网游戏账号、视频网站的 VIP 会员、QQ 号、微信号与电子邮箱账号均属此类。从某种意义上来讲，手机号与身份证号本身就是一种特殊形式的电子权利凭证，人们可以通过手机号码实现通信服务，凭借身份证号码可以享受参观博物馆等公共服务。与传统的纸质记名票证（如学生证、游泳馆会员证、洗车卡等）相比，电子化的记名权利凭证还具有显著的可扩展性与功能的叠加性，一种形式的记名电子权利凭证可以成为另外一种记名或者不记名的电子权利凭证的载体。例如，手机号可以成为某些商家电子会员和 VIP 服务的凭证，玩家可以通过电子邮箱注册互联网游戏的账号，微信和 QQ 号也成为很多社交类 APP 软件和网络论坛社区的替代性登录形式，这些功能和作用使得电子化的记名权利凭证呈现于不同于传统记名票证的特征。

2. 不记名电子权利凭证

与记名化的电子权利凭证相对应的是不记名的电子权利凭证，实践中，这种不记名的电子权利凭证主要表现为三种类型：一是以卡片为载体、记录特定电磁信息、可以多次重复使用的各类储值卡和预付卡，如交通卡、超市购物卡、商店礼品卡；二是不具有物理外形的，以数据编码、二维码、电子卡券等形式表现的各种团购券、消费券、取票码和兑换码等，这类电子权利凭证往往是一次性的、不可重复使用的，一旦兑换成特定的商品或服务即告失效；三是用于激活特定商品功能或服务的激活码、邀请码或注册码，例如正版 Windows 系统的 COA 激活码、游戏注册码、CD-key 等，早期出现的这种类型的不记名权利凭证往往被印制在特定的纸质、塑料卡片或者商品的外包装上，并以封漆覆盖，权利人购得服务之后，刮开涂层，在系统中输入激活码或注册码即可获取商品的全部功能，近年来，此种类型的激活码、注册码逐渐舍弃了传统的印制模式，向电子化的数据编码方式演进，其功能也不再仅仅局限于激活特定的商品或服务。例如，小米商城推出了颇具特色的"小米 F 码"，用户凭"F 码"可以直接购买热销产品，无须排队抢购。这一种带有特权性质的权限编码便是介于普通的电子消费码与商品激活码之间的新型不记名电子权利凭证。

不记名的电子权利凭证与记名的权利凭证存在如下几个方面的区别：首先，从生效时间来看，不记名的电子权利凭证在权利人购买之前即已具备兑换商品或服务的功能，而记名的电子权利凭证必须经过注册、激活之后才能发挥其功效。其次，就生成主体而言，不记名的电子权利凭证由商家或服务的提供者单方制作、发行，而记名的电子权利凭证必须在商家与消费者的共同作用下方可形成。最后，从专属性与可流转性的角度，不记名的电子权利凭证并不与特定的使用人相关联，持有该电子权利凭证的人即享有兑换商品或服务的权利；而记名的电子权利凭证带有一定程度的人身专属性，通常情况下需要通过身份信息验证与特定的使用人绑定。例如，在电影票订购平台上购买了电影票之后，系统会生成一张二维码截图或者向购票人发送一条取票码，之后任何人都可以凭借该二维码截图或取票码从影院的取票机中取票观影；但是若通过12306网站购买实名制购票火车票后，只有购票人本人可以刷身份证进站，其他人并不享有此权利。

（二）物品电子凭证、服务电子凭证与电子积分

根据电子权利凭证所代表的权利内容及其兑换的对象，可以将电子权利凭证划分为物品电子凭证、服务电子凭证与电子积分三种类型。

1. 物品电子凭证

传统的权利凭证主要用于兑换物品或者服务，在纸质票证时代，粮票、布票、油票等实物票证作为有价票证的主要代表甚至一度起到一般等价物的作用，提单作为一种重要的票据类型在当今的大宗商品贸易中仍然发挥着不可或缺的重要作用。进入互联网时代，用于兑换实物的纸质凭证发生虚拟化嬗变，演变为各类电子化的物品权利凭证。最早出现的电子化物品凭证是商家、超市、商场制作发行的电磁化卡片，磁卡内记录一定的预付价值并与商家的计算机信息系统相关联，持卡人可以凭借卡片从商家兑换特定的商品，如食品、服装、烟酒茶叶等生活用品，或者从超市中选购商品后以卡中余额支付，这种以电子卡片为载体的物品权利凭证在本质上与传统的纸质物权票证并无太大区别，只不过是运用计算机信息技术提升了商家的销售管理水平，但是电子卡片仍然存在消磁、损坏或丢失等问题，并且电子卡片的制作和使用也需要不菲的投入。为了降低系统建设成本，提升商品销售的安全性与便捷性，在互联网技术的支持下，很多商家将以电磁卡片为载体的物品权利凭证升级为数据编码形式的提货码和兑换码，消费者支付货款后，商家会向购买者发送提货码或者印有提货码与官方网站二维码的卡券，消费者只要记住了提货码或兑换码，就可以直接在商家店铺或者网站上兑换其该物品凭证所对应的货物。① 此外，电子权利凭证亦被广泛应用于商业营销活动，很多商家在销售产品时会推出种类繁多的抽奖活动，将一些数字编码或二维码印制在产品包装上，中奖的消费者可以在商家官方网站上通过这些数字化的权利凭证兑换奖品。随着时代

---

① 国内已有数家专门的互联网平台为商家提供此种电子提货码的技术支持，比较知名的如"提货王"卡券提货管理系统（http：//px.bluehui.com/）。

的发展，电子化的物品权利凭证不断推陈出新，在市场交易和商品销售中发挥着巨大的推动作用。

2. 服务电子凭证

与电子化的物品权利凭证相对应的是服务电子凭证。服务权利凭证在现实生活中极为常见，邮票、车票、船票、门票、美发卡、健身卡等纸质服务票证至今仍然被广泛使用。随着网络通讯技术的发展，电子化的服务凭证也逐渐走进人们的生活。在较为宽泛的意义上，电话卡、公交卡、校园卡、社保卡等均属于服务电子凭证之范畴，可以兑换通话、乘车、社会保障服务等公私服务类型。与信用卡等电子资金载体不同，电子化的服务凭证通常由特定的商业主体发行，在封闭的资金—服务系统中流通，并不具有能够兑换其他商品、服务或者货币的流转性。① 第三方支付工具兴起后，服务权利凭证舍弃了纸质或卡片的物理外壳，转化为绑定于使用者个人电子身份的虚拟卡券，"微信卡包"中的各种电子卡券便为其示例。通常而言，由于服务具有人身专属性，用以兑换服务的电子权利凭证都是一种专属于使用者个人的、记名的权利凭证，但是随着平台经济的崛起，服务被特定的互联网数据固定下来，并被赋予了电子化的存在形式，继而能够像商品一样被流转和出售，由此产生了不记名的电子化消费凭证，即网络团购券。② 与记名的服务电子凭证不同，网络团购券无须注册、验证身份即可使用，与物品电子凭证一样可以在不特定主体之间流转和使用，故此成为互联网犯罪活动的对象之一，实践中曾出现过多起以不记名的团购券、兑换码为对象的犯罪活动，③ 给实务机关的司法认定造成了不少困惑。

除了电子门票、团购券、取票码等直接用于兑换特定服务的电子权利凭证，服务型的电子权利凭证还被应用于商品或服务的促销，此类电子权利凭证虽然不能直接兑换成商品或服务，却能够为消费者提供一定的折扣或者优惠，或者享受一些超出普通用户的特殊权限，促使其购买商品或者

---

① 唐应茂：《电子货币与法律》，法律出版社 2002 年版，第 11 页。

② 乔临芳：《网络团购的法律关系研究》，硕士学位论文，天津师范大学，2012 年。

③ 相关案件报道韩家慧：《男子利用 APP 漏洞盗取电影兑换码出售 获刑 13 年》，《新闻晨报》2015 年 10 月 12 日；搜狐网：《90 后黑客破解上海迪士尼门票：1 分钱买下》，http://www.sohu.com/a/125907619_119778；新浪网：《深圳首起黑客盗刷电影票案告破 6 人盗刷四千余张票涉案 22 万》，http://finance.sina.com.cn/roll/2016-12-16/doc-ifxytkcf7856591.shtml 等。

服务。实践中，这种类型的服务电子凭证主要以三种形式出现：一是各种不记名的打折券或优惠券，往往在商家打折促销活动时发放，或者在消费者首次消费后赠送，可以在下次购买商品或者消费时使用，享受一定比例的折扣优惠；二是各种形式的电子会员和 VIP 权限，用户持此记名的服务电子凭证到店消费时可以享受会员价和一定的折扣，或者在观看视频时可以享受高清格式、去广告等服务特权；三是各种形式的"电子红包"。例如，用户利用"美团""饿了么"等订餐平台点餐后，可以分享到微信群里"抢红包"，红包金额可以用于折抵在平台上订餐的费用，各种第三方软件与银行理财产品推出的"理财红包"也属此列，本质上均属于能够赋予消费者一定消费特权的服务电子凭证。

3. 电子积分

随着互联网经济的发展，服务与商品的界限日渐模糊，传统的用于兑换单一物品或服务的权利凭证在功能上也发生嬗变，出现了兼具物品权利凭证与服务凭证两种性质的复合型电子权利凭证，也即电子积分。消费者通过注册会员获取商家发售的记名化电子权利凭证，并且通过消费、参与活动、推广注册、商家赠送等形式积累积分，当积分累积到一定程度，就可以兑换商品、服务，享受折扣或者直接提取现金。电子积分系统作为一种重要的 CRM 系统，[①] 在现代电子商务中被广泛使用，加油卡积分、淘宝淘金币、蚂蚁信用积分、电子银行信用卡积分等均属此类。

通过对互联网背景下电子化权利凭证的种类梳理，可以得知相较于传统的纸质权利凭证，电子化的服务凭证不仅在形式和载体上存在区别，在功能、占有状态与商业作用等方面也发生了革命性的变化：传统上，纸质票证如粮票、提单、车票通常必须支付相应的对价方能获得，而且只能兑换特定的服务或者商品，功能单一，承担的主要是提货兑换功能；而现在，各种形态各异的电子化权利凭证不仅种类更加丰富，形式更加多样，而且其主要功能由传统的兑换功能向营销、兑付、宣传、返现等多种功能

---

① CRM（Customer Relationship Management）系统，即客户关系管理系统。企业为提高核心竞争力，利用相应的信息技术以及互联网技术协调企业与顾客间在销售、营销和服务上的交互，从而提升其管理方式，向客户提供创新式的个性化的客户交互和服务，从而吸引新客户、保留老客户，以及将已有客户转为忠实客户，增加市场与效益。电子会员卡、消费积分、VIP 特权等服务权利凭证都属于 CRM 工具的范畴。

拓展，兑换的对象也由单一种类的服务或者商品向可供选择的多种商品、服务或消费特权转化，通过活动赠与等方式免费发放的电子化权利凭证也日益增多，这些功能与形式的变化使得依托于互联网技术的电子权利凭证超越了"有价证券""有价票证"等传统概念的范畴，引发了关于电子权利凭证是否属于财产，对于侵害电子权利凭证的行为如何认定的疑惑与讨论。有鉴于此，为了有效应对权利凭证的电子化给刑法所造成的冲击，首先应当对电子权利凭证的财产性问题进行深入分析，回答形态各异的电子权利凭证是否属于"财产"或"财物"的问题。

三　电子权利凭证的财产性辨析

目前学界关于电子权利凭证的财产性问题尚无系统性的探讨，但是在若干具体问题上存在颇多争议。例如，对于作为即时通讯服务凭证的 QQ 号而言，有学者认为 QQ 号凝聚了技术和财力投入、具有使用价值和交换价值、能够满足所有权人和注册使用权人的特定用途，应当被视为刑法上的"财物"；[1] 对此持反对观点的立场则认为，QQ 号仅仅是一种代表通信服务的权利凭证，行为人窃取他人 QQ 号的行为实际上是以非法获取服务权利凭证的手段侵害了他人的通信自由，应以侵害通信自由罪论处。[2] 又如，关于景区、演唱会的电子门票等服务权利凭证是否属于刑法第 227 条与《盗窃罪解释》第 5 条所规定的"有价票证"，以及能否被定义为刑法意义上的"财物"，学界存在争议。[3] 此外，对于"有价票证"本身的财产性问题也存在不同意见。有观点认为，有价票证作为代表特定财物的权利凭证，与其所记载的财物本身是密不可分的，谁持有了有价票证，谁就占有了有价票证记载下的财物，丧失了有价票证实际上就是失去了对财产的控制。正是基于这一原因，司法解释和刑法理论均认可了有价票证属于刑法意义上的"财物"，属于财产犯罪的对象。[4] 而有的学者则对有价凭证的财产性存在一定程度的怀疑，认为不同种类的有价票证性质差异较

---

① 梁根林：《虚拟财产的刑法保护——以首例盗卖 QQ 号案的刑法适用为视角》，《人民检察》2014 年第 1 期。

② 深圳市南山区人民法院一审刑事判决书（2006）深南法刑初字第 56 号。

③ 贺刚飞：《窃取演唱会门票如何定罪》，《法制博览》2015 年第 9 期。

④ 郭利纱：《以积分、优惠券为对象的犯罪的认定——以犯罪对象的多元化为切入》，《西南政法大学学报》2018 年第 6 期。

大，既有被视为"特别动产"的各种无记名证券，同时也有一些不属于财产的债权权利凭证，对于窃取有价凭证行为的法律意义不能一概而论。① 对于这些争议，笔者认为，随着时代的发展，电子权利凭证的种类、功能、形态等方面已经发生了巨大的变化，针对具体问题的个别研究很难从根本上解答电子权利凭证的财产性问题。有鉴于此，下文中将结合本书第一章中所归纳的刑法意义上的"财物"认定标准，从整体上对电子权利凭证的财产性问题进行逐一分析与解答。

本书在第一章中对刑法中"财物"的概念与认定标准进行了阐述，刑法意义上的"财物"是指具有客观的物质存在形式、具有能够以金钱衡量的客观经济价值并且具有占有和转移的可能性的物品或财产性利益；当"财物"被正当的权利人合法所有或者合法占有时，就可以在总则意义上将之同时评价为"财产"。认定某种权利客体是否属于刑法意义上的"财产"或"财物"，应当从存在形态、客观价值性、占有与转移的可能性等角度综合进行判断。具体说来，在对电子权利凭证的财产性问题进行分析时，应当把握如下几条认定原则：

（一）记名与否与电子权利凭证的财产性无关

上文依是否具有人身专属性将电子权利凭证划分为记名凭证与不记名凭证两种类型，但是需要指出的是，权利凭证是否记名、是否具有人身专属性并不影响其财产性的认定。如前所述，占有和转移占有的可能性是刑法中"财物"的必备特征之一，但是这并不意味着那些专属于人身的物品、利益或权利凭证不能被纳入"财物"的概念范围之中。占有和转移的可能性与财物的人身专属性并不冲突，只要某种物品可以被占有，并且这种占有状态可以从物理上或者观念上被打破，即便该物品专属于特定的拥有者，仍然可以被评价为刑法意义上的"财物"。例如，刑法第265条规定，以牟利为目的，盗接他人通信线路、复制他人电信码号或者明知是盗接、复制的电信设备、设施而使用的，构成盗窃罪。"他人的电信码号"是一种专属人身的权利凭证，但是同样可以成为盗窃罪的对象也即"财物"。《全国人民代表大会常务委员会关于〈中华人民共和国刑法〉第二百六十六条的解释》规定："以欺诈、伪造证明材料或者其他手段骗取养老、医疗、工伤、失业、生育等社会保险金或者其他社会保障待遇的，

---

① 周旋：《中国刑法侵犯财产罪之财产概念研究》，上海三联书店2013年版，第111页。

属于刑法第二百六十六条规定的诈骗公私财物的行为。"社保待遇显然也是专属于特定人的财产性利益，但同样可以成为财产犯罪的对象。同样的道理在与权利凭证相关的司法解释中也可以得到印证。《盗窃罪解释》第5条规定："盗窃不记名、不挂失的有价支付凭证、有价证券、有价票证的，应当按票面数额和盗窃时应得的孳息、奖金或者奖品等可得收益一并计算盗窃数额；盗窃记名的有价支付凭证、有价证券、有价票证，已经兑现的，按照兑现部分的财物价值计算盗窃数额；没有兑现，但失主无法通过挂失、补领、补办手续等方式避免损失的，按照给失主造成的实际损失计算盗窃数额。"由此可见，对于权利凭证而言，记名与否并不影响其财产性的成立，只要具有能够以货币衡量的数额或损失，具备相应的客观经济价值，就可以认定为刑法意义上的"财物"，这一原理同样适用于以数据编码和电磁卡片为载体的各类电子权利凭证。[①]

（二）伪造的电子权利凭证不属于刑法意义上的"财产"或"财物"

在对有价票证和电子权利凭证是否属于财产的问题进行判断时，应当注重对其合法性特征的把握。有学者指出，刑法中的"有价票证"应当具备合法性、价值性、流通使用的公开性等基本特征，[②] 行为人伪造的各种有价票证和电子权利凭证由于不具备合法性特征，故此不能被称为"有价票证"，不属于刑法意义上的"财产"。但是，刑法中的"财物"并不以合法财物为限，违禁品、毒品等非法财物也属于刑法意义上的"财物"，[③] 那么，被伪造的电子权利凭证是否属于刑法意义上的"财物"？有

[①] 实践中的司法判决也印证了这一观点。例如，陈某与聂某在成都从事机票销售工作，在工作中陈某发现航空公司里程可以为他人兑换机票，并告知聂某。其后，两人通过多种途径掌握了居住于深圳的陈某某经常乘坐国航航班的情况，于是便冒用陈某某的身份信息在国航凤凰知音网站注册会员，并将陈某某所搭乘航班累积的航空里程积分兑换机票转卖他人，以此谋取非法利益。深圳市南山区人民法院判决，以诈骗罪判处聂某有期徒刑6个月，并处罚金人民币3000元；判处陈某拘役4个月，并处罚金人民币1000元。可见，法院并未因陈某、聂某的犯罪对象是记名的权利凭证而否定诈骗罪的成立。参见广东省深圳市南山区人民法院一审刑事判决书（2019）粤0305刑初917号。

[②] 梁春程、徐雯雯：《伪造、倒卖伪造的有价票证罪若干问题研究》，《犯罪研究》2013年第5期。

[③] 张明楷：《刑法学》，法律出版社2021年版，第1216页。

些司法解释和司法文件规定了伪造有价票证的数额认定标准,① 能否据此认为伪造的电子权利凭证也是具有经济价值性的非法财物?

答案应当是否定的,虽然刑法意义上的"财物"不以合法财物为限,但是还必须具备一定的客观价值性。客观价值性具有形式和实质两个层面:就表面意义而言,刑法意义上的"财物"必须具有能够以金钱、货币衡量的价值,并且可以自由地交易、转化或变卖;而在更深层次的价值来源方面,"财物"必须包含一定数量的人类一般劳动,劳动是财物的价值根源。具体到权利凭证的问题上,代权性是包括电子权利凭证在内的各类有价票证的重要特征与财产属性来源,② 权利凭证的客观经济价值来源于其所代表的服务或商品。权利凭证与之所记载的财物具有同一性,掌握了该凭证,也就占有了其所记载的财物,故此合法的权利凭证可以被视为"财物",能够成为财产犯罪的对象。③ 申言之,合法的权利凭证的价值来源于其所代表的商品或服务,根源于其所代表的商品或服务中所包含的人类一般劳动;而伪造的权利凭证所记载的商品或服务并不存在,指向的是一种编造的虚假事实,并不存在任何实际价值,亦无任何形式的人类一般劳动作为其价值的来源和基础,故而不能像合法的有价票证那样被视为"财物"。因此,行为人伪造的电子权利凭证由于缺乏代权性与客观价值性,并不属于刑法意义上的"财产"或"财物"。

(三) 获取电子权利凭证的途径免费与否并不影响其财产性的认定

不具有实际价值的伪造的电子权利凭证不属于刑法意义上的"财产"或"财物",但是,这并不意味着所有的以免费途径获取的电子权利凭证也不在"财物"之列。如前所述,权利凭证的价值来源于其所代表的商品或服务中所包含的劳动,而非权利人为其支付的对价。劳动是权利凭证

---

① 例如,2008 年 6 月 25 日最高人民检察院、公安部《关于公安机关管辖的刑事案件立案追诉标准的规定 (一)》第 29 条规定,伪造或者倒卖伪造的有价票证,价额累计在 5000 元以上的,或者数量累计在 1000 张以上的,应予立案追诉;2003 年 3 月 19 日出台的《江苏省高级人民法院、江苏省人民检察院、江苏省公安厅关于办理伪造、倒卖伪造的有价票证犯罪案件数额标准的意见》规定:伪造有价票证的票面数额在 3000 元以上不满 30000 元的,或者非法获利 1000 元以上不满 10000 元的,属于伪造有价票证"数额较大";倒卖伪造的有价票证的票面数额在 4000 以上不满 40000 元的,或者非法获利 2000 元以上不满 20000 元的,属于倒卖伪造的有价票证"数额较大"。

② 罗开卷:《伪造、倒卖伪造的有价票证罪的司法认定》,《时代法学》2009 年第 1 期。

③ 武良军:《论借据能否作为财产犯罪的对象》,《政治与法律》2011 年第 2 期。

客观经济价值的根源，行为人的获取途径并不影响其权利凭证客观经济价值的判断。《盗窃罪解释》第 5 条第（一）项规定，盗窃不记名、不挂失的有价支付凭证、有价证券、有价票证的，应当按照票面数额和盗窃时应得的孳息、奖金或者奖品等可得收益一并计算盗窃数额。这也就意味着权利凭证的实际价值应当根据其所兑换的对象来判断，而不是由行为人获取该权利凭证时支付的对价所决定。即便权利人没有支付任何费用即获得了某种电子权利凭证（如通过免费抽奖、商家赠送等途径获得的电子礼券），只要它能够被兑换为具有客观经济价值的商品或服务，那么该电子权利凭证就可以被认定为刑法意义上的"财物"。行为人以窃取、骗取或者夺取此类免费的物品或者服务电子凭证的，达到相应的入罪标准时应以财产犯罪的有关罪名论处。

（四）无法独立兑换商品或服务的电子权利凭证不属于刑法意义上的"财产"

最后需要申明的是，虽然电子权利凭证的财产属性并不受是否记名、是否为有偿获取等因素的影响，但是这并不代表所有类型的电子权利凭证都属于刑法意义上的财物。只有那些能够独立兑换商品或服务的记名/不记名电子权利凭证才能够被认定为刑法第 227 条和《盗窃罪解释》第 5 条规定的"有价票证"，继而被认定为刑法意义上的"财物"。有学者指出，并不是所有类型的权利凭证都属于刑法规定的"有价票证"，刑法第 227 条第 1 款规定的"其他有价票证"应当是指与车票、船票、邮票或同一属性的有价票证。[①] 此外，根据《治安管理处罚法》第 52 条第（三）项规定，"伪造、变造、倒卖车票、船票、航空客票、文艺演出票、体育比赛入场券或者其他有价票证、凭证的，可以处以治安管理处罚。"可以得知公司、企业等商业主体在自己的经营权限内制发的演出、比赛门票也属于本罪中的"其他有价票证"。[②] 由此可见，只有像车票、船票、机票、门票等具有独立兑换功能的权利凭证才属于刑法意义上的"有价票证"，并作为财产犯罪的对象而存在。商家发行的打折券、优惠券、会员特权，以及能够折抵消费金额的消费红包、理财红包等，在本质上属于商家的促

---

① 张三保、齐焱森：《伪造并贩卖景区接待票的行为定性》，《中国检察官》2017 年第 6 期。

② 梁春程、许雯雯：《伪造、倒卖伪造的有价票证罪若干问题研究》，《犯罪研究》2013 年第 5 期。

销手段，不宜作为财产犯罪的对象进行保护。

之所以得出这种结论，主要与刑法中"财物"的特征有关。如前所述，刑法意义上的"财物"必须同时满足具有客观的物质存在形式、能够以金钱衡量的客观经济价值以及占有和转移的可能性三个要求，而无法单独兑换商品或服务的打折券、优惠券、折抵金等无法满足上述要求：首先，不具有占有和转移可能性的物品不能被称为"财物"。打折券、优惠券、折抵金和会员特权虽然具有一定的面额，可以折抵一定数量的价款，但必须与商家出售的商品或服务搭配使用，不能脱离商品或服务独立存在，任何人都无法将这种打折权限"偷走"或"抢走"；若行为人采用暴力、胁迫手段强行索取这种折扣权限、情节严重的，应当以刑法第226条规定的强迫交易罪论处而不是将之认定为财产犯罪。其次，打折、优惠仅仅是商家为了实现其营利目的，在出售商品或服务时采取的一种销售策略，折扣凭证本身并非商品或者服务，更非劳动的产物，缺乏作为"财物"所必须具备的价值来源与基础。最后，此类折扣或优惠凭证仅具有使用价值而无交换价值，无法转化或兑换成其他的现金或者财物，如果将优惠券、打折券、会员权限等也视为刑法意义上的"财物"，那么商家在资不抵债时，就可以用自行印制的打折券和会员卡作价偿还，这显然是非常荒唐的，也不会有任何一个债权人同意接收这样的"财物"。故此，无法单独兑换成商品或服务，仅仅具有折扣、折抵功能的权利凭证不能被视为刑法意义上的"财产"或"财物"。不过，需要指出的是，具有返现功能的红包、积分等应属于刑法意义上的财物，这是因为其所对应的并不是打折优惠的服务特权，而是对应一定数额的现金或电子资金，对于以非法手段获取商家返现积分后向商家套现的行为，应当以财产犯罪论处。[①]

根据前述四条认定原则，可以对现实生活中种类繁多、形态各异的电子权利凭证的财产性作出如下判断：能够直接兑换实物或者现金的物品电子凭证，无论其是否记名、获取方式如何，均应认定为"财物"；就服务电子凭证而言，如果凭此电子权利凭证可以直接享受某种服务（如入场、观影、乘车、保健、餐饮、美容等），则属刑法意义上的"财物"；若该电子化的权利凭证仅仅能使使用者享受某种消费特权（如打折、优惠、折

---

① 王信芳、沈解平、王连国：《虚增消费积分用于消费构成盗窃罪》，《人民司法·案例》2008年第2期。

抵、贵宾室、快速通道等），而不能独立兑换特定的服务，则不应被认定为刑法意义上的"财产"或"财物"。就电子积分而言，应当依其功能具体分析，若能够独立兑换特定的商品或者服务（如现金红包、返现积分、电子礼券等），或者虽然不能独立兑换特定的商品或服务，但是仅需要支付远低于商品成本价格的、象征性的少量费用（如各种"1分钱门票""1元换购""10元换购"活动）即可兑换商品或服务的，则应当被认定为"财物"，若仅能用于折抵一定比例的商品或服务价款，必须与其他购物或消费行为搭配使用（如淘金币、招商银行信用卡积分、饿了么红包），则不属于刑法意义上的"财物"。至于具体案件中侵害电子权利凭证行为的刑事司法认定问题，将在下面几节中进行全面探讨。

第二节　涉物品电子凭证案件的刑事司法认定

在纸质票证时代，涉及物品电子凭证的犯罪主要包括两种类型：一是窃取物品权利凭证的案件，二是伪造、倒卖物品权利凭证的案件。互联网技术的发展改变了传统物品票证的存在形式，但是并未对此类犯罪的行为方式产生根本性变化，实践中，以物品电子凭证为对象的犯罪活动主要以如下方式实施。

一　窃取他人物品电子凭证的行为定性

实践中，盗窃他人物品权利凭证后倒卖、使用或者冒领财物的案件颇为常见，[①] 进入互联网时代，针对各种电子权利凭证的盗窃案件同样时有

---

① 例如在周某波盗窃案中，被告人周某波盗窃了中国电信集团某分公司购买的加油卡，被法院认定为盗窃罪，北京市顺义区人民法院一审刑事判决书（2007）顺刑初字第481号；在龚某盗窃案中，被告人龚某系上海市杏花楼公司员工，2001年9月4日凌晨，龚某潜入本单位库房，打开屋内装有月饼预约券的箱子，窃取面额为68元的杏花楼月饼兑换券共计3000张，总计面额20.4万元，随后被告人龚某将部分月饼券倒卖，得赃款8000余元，最高人民法院中国应用法研究所编：《人民法院案例选（2004年刑事专辑，总第47辑）》，人民法院出版社2005年版，第333—337页；在林某盗窃案中，海南省某槟榔厂为了促销，在每包槟榔中随机放入一张奖券，凭奖券可以兑换一包价值为15元的槟榔，林某潜入该厂，窃得槟榔奖券300余张，后该厂发现奖券数量不对，查看监控遂发现林某的盗窃行为，龙婧婧：《盗窃奖券未承兑是否构成犯罪》，《检察日报》2017年12月15日第5版。

发生，关于此类案件如何定性的问题，实践中存在如下三种意见：

（一）以盗窃罪认定

多数观点认为，电子权利凭证特别是不记名的电子权利凭证与货币、物品一样属于刑法意义上的财物，属于盗窃犯罪的对象，[①] 窃取了电子权利凭证在法律效果上即相当于对财物的现实窃取，对于盗窃物品电子凭证的行为应当以盗窃罪论处，行为人窃取物品电子凭证后是否将之兑现为财物并不影响盗窃罪的成立。[②] 在周小波盗窃案中，一审法院指出，当被害人将钱存到加油卡（物品电子凭证）之中时，卡内的余额实际上就已经转化为与现金价值相当数量的汽油，加油站实际上就已经成为这部分汽油的保管人而非所有人，使用加油卡加油的行为实际上只是将属于自己的财物提取出来而已，被告人周小波等窃取加油卡的行为等同于对卡内指向的汽油财物的窃取，依法应认定为盗窃罪。[③]

（二）以诈骗罪认定

持不同看法的意见认为，电子权利凭证仅仅是权利的载体，并非财物本身，[④] 不属于财产犯罪的对象。行为人窃取物品权利凭证本身的行为不能被认定为盗窃罪，使用窃得的物品权利凭证兑换财物的行为，实际上是冒用了受害人的身份，采取虚构事实、隐瞒真相的方式，从财物的保管人处骗取财物的诈骗行为，依法应以诈骗罪论处。在商某诈骗案中，司法机关认为，行为人窃取提单行为本身并不构成犯罪，其目的是为骗取货物做准备，对于窃取提单等物品权利凭证后采用欺瞒、伪造等手段骗取货物的行为应当以诈骗罪论处。[⑤]

（三）不构成犯罪的观点

另有意见认为，物品权利凭证并非财物本身，对于窃取物品电子凭证的行为，特别是窃取记名权利凭证的行为，受害人完全可以通过挂失、申诉等方式要求财物发放者停止兑现；即使是不记名的物品电子凭证，权利人也可以凭购买的发票、装箱单、物流单等材料证明自己的权利，不宜将

---

① 阳东辉、吴加明：《盗窃数字编码型凭证行为性质的认定》，《法学》2013 年第 5 期。

② 龙婧婧：《盗窃奖券未承兑是否构成犯罪》，《检察日报》2017 年 12 月 15 日第 5 版。

③ 北京市顺义区人民法院一审刑事判决书（2007）顺刑初字第 481 号。

④ 周旋：《中国刑法侵犯财产罪之财产概念研究》，上海三联书店 2013 年版，第 158 页。

⑤ 重庆市沙坪坝区人民法院一审刑事判决书（1991）沙刑公字第 112 号判决。

单纯窃取他人物品权利凭证的行为认定为犯罪。[①]

笔者认为，对于盗窃物品电子凭证行为的定性，取决于对电子物品凭证本身财产性的认识，若认为物品权利凭证与其所代表的财物具有同一性，则盗窃物品电子凭证的行为与直接窃取财物的行为在司法认定时应作相同的评价；若主张物品权利凭证不能等同于现实的财物，则不应将行为人窃取物品电子凭证的行为径行认定为盗窃罪。对于这一问题，《盗窃罪解释》第 5 条采取了同一性的立场，将"有价票证"直接认定为盗窃罪的对象。笔者认为，司法解释的立场值得肯定。物品电子凭证虽然在物理空间中不能等同于其所代表的财物，但是在法律上二者的地位是等同的。通常情况下，权利人对其财物的占有是一种现实的占有、物理的占有，而通过物品电子凭证，可以实现对财物的观念占有和法律占有，不应因占有形式的区别否认物品电子凭证的财产性。诚如董玉庭所言："在一个财产制度、法律制度稳定并且正常运行的社会中，财产权利凭证与货币在本质上是没有区别的，如果认为货币现金是财物，那么就没有理由否认财产权利凭证的财物属性。"[②] 有鉴于此，正如电子资金是现金的代表与存在形式一样，物品电子凭证与其所代表的财物具有法律上的同一性，盗窃物品电子凭证的行为应当直接以盗窃罪论处。至于行为人盗窃物品电子凭证之后的倒卖、兑换、使用等行为，则属于不可罚的事后行为，不应根据这些行为决定对行为人适用的罪名。

二　侵入系统生成物品电子凭证后倒卖行为的认定

伪造物品权利凭证的行为可谓由来已久，早在 20 世纪 60 年代，就有人因手绘 50 张假粮票兑换粮食而获刑的案件。[③] 改革开放以来，各类有价票证更是成为犯罪分子伪造、倒卖的对象。在互联网时代，依靠验证码、RFID 电子标签、防伪码技术的进步，极大地增强了各种电子化的物品权利凭证的安全性和保密性，伪造物品权利凭证的难度和门槛也大幅提升。但是，技术的进步并不能完全杜绝伪造物品电子凭证的可能性。据外媒报

① 倪建军、伍红梅、何斐明：《秘密窃取 COA 标签行为的定性》，《人民司法》2013 年第 8 期。

② 董玉庭：《论刑法中财物概念之解释——以诈骗罪为视角》，《当代法学》2012 年第 6 期。

③ 余渊、郭徽：《曾手绘假粮票假钞入狱 七旬老人 44 年为乡亲作画获尊重》，《楚天都市报》2014 年 5 月 21 日第 13 版。

道，臭名昭著的暗网"丝路"和"丝路2"近年来成为造假分子倒卖各类电子优惠券的黑市平台，这些制假分子伪造了面值为数千万美元的各类纸质和电子优惠券，涵盖了从玩具到酒吧入场券再到安全套的各种商品和服务，不一而足。除了制造和贩卖伪造优惠券之外，犯罪分子还在暗网上兜售制作优惠码的系统程序，使用者仅需使用公开的GS1条码算法进行编码就生成任意折扣的电子优惠券，轻易绕过超市、酒吧、商店的支付验证系统。仅仅在一起被FBI指控的此类案例中，造假者便给相关企业造成总额超过100万美元的损失。[①]

在中国的司法实践中，也已出现了以技术手段侵入厂商计算机信息系统、生成电子优惠券倒卖牟利的现实案例。例如，2017年11月至2018年1月间，在上海市某互联网公司上班的陈某伙同杨某多次侵入味多美公司网络电商部服务器，生成了价值超过36万元的蛋糕券的电子兑换码，并将这些兑换码通过"闲鱼"等二手平台出售，累计获利18万余元。[②] 这类案件与传统的窃取并倒卖物品权利凭证的案件存在明显区别：一方面，不同于传统的窃取物品权利凭证的案件，在此类案件中，并不存在由厂家事先印制好的、存放在库房中的纸质兑换券，行为人并没有直接将已经存在的电子兑换码"偷走"，而是利用技术手段生成一些本来不存在的兑换码；另一方面，行为人倒卖牟利的仅仅是一串由数字、英文字母构成的数字编码，这与传统倒卖案件中的纸质有价票证存在显著差异。那么，对于此类案件应当如何认定？对此有三种不同的立场。

（一）以伪造、倒卖伪造的有价票证罪认定

第一种意见认为，对于侵入系统后生成并倒卖物品电子凭证的行为，应当以伪造、倒卖伪造的有价票证罪论处。刑法第227条规定，伪造或者倒卖伪造的车票、船票、邮票以外的其他有价票证，数额较大的，构成伪造、倒卖有价票证罪。这里的"伪造"是指无制作权的人擅自制作对公共信用交易安全具有法律意义的物品的行为。[③] 申言之，只要行为人所伪造的有价票证能够足以使人信以为真，就可以认定为刑法意义上的"伪

---

① 汪天盈：《暗网又添新罪行：伪造超市优惠券》，网易科技：http://www.chinaz.com/news/2015/0530/410596.shtml。

② 黄晓宇：《"黑"进味多美 偷巨额兑换码受审》，《北京晨报》2018年9月18日。

③ 黄明儒：《论刑法中的伪造》，《法商研究》2002年第3期。

造"行为，至于行为人采用了何种手法、何种形式，以何种材料或工具伪造了有价票证；或者持票人使用该伪造的票证是否真的兑换了相应的商品或服务，并不影响"伪造"行为的成立。[①] 依照此立场，在前述案例中，陈某与杨某以技术手段伪造了大量的"味多美"蛋糕兑换券，已达到数额较大的标准，应当以伪造、倒卖有价票证罪论处。

（二）以盗窃罪认定

并不是所有的观点都认同物品电子凭证属于"有价票证"。例如，王作富认为，伪造、倒卖有价票证罪中的"其他有价票证"，是指车票、船票、邮票以外的，由有关主管部门统一发行和管理的有价票证，私营商事主体发行的各类打折券、优惠券、兑换券不在此类。[②] 还有的学者虽然认为机票、彩票、公交卡和电话卡、娱乐场所和旅游景点门票以及洗浴中心的澡票等服务权利凭证属于刑法意义上的"有价票证"，但是却主张将月饼票、水果票、超市购物卡、兑奖券等排除在"其他有价票证"的概念范畴之外。[③] 按照此类观点，诸如本案中的"味多美"兑换券的物品电子凭证不属于刑法意义上的"有价票证"，行为人以技术手段生成、销售物品电子凭证的行为不能被认定为刑法第 227 条规定的"伪造、倒卖其他有价票证"的行为，而是应当以盗窃罪追究其刑事责任。

（三）以计算机犯罪认定

另有意见认为，刑法中的"有价票证"是指由国家机关、企事业单位依法制作、发行的，具有一定票面价值或数额，持票人可以据此要求发票人或者受票人支付一定数额的金钱或者物品，或者提供特定服务的书面凭证。[④] 也就是说，刑法第 227 条规定的"其他有价票证"应当是和车票、船票、邮票相类似的纸质权利凭证，不包括储存在计算机信息系统中的电子数据编码。行为人以技术手段侵入厂商计算机信息系统，生成兑换码后倒卖获利，其行为已经触犯刑法第 285 条规定的非法获取计算机信息系统数据罪、第 286 条规定的破坏计算机信息系统罪的规定，应当按照计算机犯罪的相关罪名处理。

---

① 蒋小燕：《伪造、倒卖伪造的有价票证罪客观方面疑难问题探析》，《湖北经济学院学报》（人文社会科学版）2008 年第 11 期。

② 王作富主编：《刑法分则实务研究》，中国方正出版社 2009 年版，第 787 页。

③ 罗开卷：《伪造、倒卖伪造的有价票证罪的司法认定》，《时代法学》2009 年第 1 期。

④ 赵东航：《伪造贩卖月饼兑换券构成何罪？》，《人民之声》2010 年第 9 期。

对于以上观点争议，笔者认为，在当前电子化的权利凭证已经深度融入社会生活的各个角落的背景之下，仍然坚持"有价票证"必须具备纸质的物理外形颇显不合时宜。实际上，一方面随着时代的发展，各类权利凭证越来越多地依靠其记录的数字化信息而非传统的印章文字、图案外形来征表其承载的财物或服务。很多物品权利凭证虽然还具有某些物理外形（如塑料卡片、纸质卡券），但是真正起作用的还是保存在卡内的电磁记录或印制在卡片上的数字兑换码，即使是最常见的车票、船票也逐渐被电子化的权利凭证所取代（如购买实名制火车票后可以不取票直接刷身份证进站，公交卡、地铁票等也被电子化的乘车码、二维码所取代），在此情况下墨守"其他有价票证必须以纸质票证为限"的固有认识既无必要，亦不合理。另一方面，有价票证虽然是计划经济时代政府进行社会物资配给的产物，但是在市场经济中非但没有消亡，反而进一步发展和丰富，涌现出各种服务于商品经济和市场交易活动的商业有价票证，这些功能多样、形态各异的商业权利凭证在商品和服务的生产、销售、宣传、促销等各个环节中均发挥着巨大作用，极大地提升了社会主义市场经济的活力。无视私营主体发行的各类有价票证的巨大作用，固执地将"有价票证"的范围限定在政府和其他主管部门发行的票证之内，不仅与市场经济的发展需要背道而驰，更是严重背离了刑法对公私法益平等保护的基本立场。

有鉴于此，不应因发行主体和存在形式的原因将电子化的物品权利凭证排斥在伪造、倒卖伪造的有价票证罪的适用范围以外。若行为人以技术手段侵入受害厂商的计算机信息系统，通过修改数据代码的形式生成了大量本不存在的电子权利凭证并倒卖牟利，则同时触犯刑法第227条规定的伪造、倒卖伪造的有价票证罪，与刑法第286条规定的破坏计算机信息系统罪，[1] 鉴于行为人破坏计算机信息系统的技术侵入行为是为实施伪造、倒卖行为创造条件，按照刑法第287条之规定，[2] 对于此类案件应当以伪造、倒卖伪造的有价票证罪论处。

此外需要强调的是，在前述案例中，行为人是侵入系统后利用系统制

---

[1]　刑法第286条第2款规定，违反国家规定，对计算机信息系统中存储、处理或者传输的数据和应用程序进行删除、修改、增加的操作，后果严重的，构成破坏计算机信息系统罪。

[2]　刑法第287条规定："利用计算机实施金融诈骗、盗窃、贪污、挪用公款、窃取国家秘密或者其他犯罪的，依照本法有关规定定罪处罚。"

作、生成了新的电子兑换码继而倒卖牟利；如果受害单位的系统内部本来就已经存在了生成好的电子兑换码，行为人采用技术手段侵入系统后获取这些电子兑换码的，在行为本质上与传统的潜入厂商库房、窃取纸质兑换券的案件完全相同，[①] 此时同时成立盗窃罪与非法获取计算机信息系统数据罪，最终以盗窃罪一罪论处。

第三节　侵害服务电子凭证行为的刑事司法认定

上文就涉及物品电子凭证的犯罪问题进行了探讨，与物品电子凭证相比，涉及服务电子凭证犯罪的刑事司法认定显得相对复杂一些，这是因为物品电子凭证所征表的都是现实中的财物，即便某些物品电子凭证是免费获取，但由于其代表的财物本身具有一定的客观经济价值，故此其财产属性比较明晰，将物品电子凭证认定为刑法意义上的财物不存在法理上的障碍。而服务电子凭证的情况就要复杂得多，有些服务电子凭证是专属于人身的（如 VIP 权限、实名化火车票、绑定手机号的会员身份），有些则是不记名的（如团购券、电子门票、乘车码）；有些服务电子凭证能够兑换现实性的服务（如洗浴、乘车、参观、入场、观影），有些则只能兑换一些虚拟服务（如互联网游戏中的 VIP 权限）；有些服务电子凭证可以独立使用（如团购券、取票码），有些则只能与特定的商品或服务绑定使用（如优惠券、打折券、会员价等），在对侵害服务电子凭证的行为进行定性时，应当根据行为人的犯罪手法以及服务电子凭证的种类和属性作出综合判断，具体说来，应当注意区分如下情形。

一　记名的服务电子凭证

如前所述，刑法意义上的"财物"必须同时满足物质存在性、客观价值性、占有和转移的可能性等特征。单纯的服务因为依附于服务提供者的人身，无法被占有和转移，即使具有一定的经济价值，亦不能称其为

---

① 例如前述"龚某盗窃案"和"林某盗窃槟榔案"，最高人民法院中国应用法研究所编：《人民法院案例选（2004 年刑事专辑，总第 47 辑）》，人民法院出版社 2005 年版，第 333—337 页；龙婧婧：《盗窃奖券未承兑是否构成犯罪》，《检察日报》2017 年 12 月 15 日第 5 版。

"财物"，无法成为财产犯罪的对象。① 有价票证等服务权利凭证的出现虽然赋予了某些不记名的服务类型以物质化的存在外形，但是仍然不能彻底解决那些无法转移占有的服务活动的财产性问题。有鉴于此，对于侵害记名的服务权利凭证的行为，应当根据情况分别作出如下认定：

（一）记名且免费的服务电子凭证

首先，以盗窃、诈骗、抢夺等手段非法占有记名且免费的服务电子凭证的行为，不应以财产犯罪认定。所谓记名且免费的服务电子凭证，是指使用者无须支付对价，仅需某些个人身份信息或联系方式注册即可享受某些服务，并且专属于使用者个人的电子化服务权利凭证。实践中，这类记名且免费的服务电子凭证主要包括 QQ 号、微信号、电子邮箱、ID 域名、无须付费的互联网游戏账号与视频网站会员、论坛用户、电子化的商店会员卡，等等。与免费获取的物品电子凭证不同，免费获取的记名化服务电子凭证所对应的服务往往是无限供应的，使用者无须支付任何费用或对价即可获取，同时也不能将之兑换、变卖为金钱或者其他财物。② 申言之，记名且免费的服务电子凭证仅具有使用价值而无交换价值，不具备能够以金钱衡量的客观经济价值，无法被认定为刑法意义上的"财物"。《盗窃罪解释》第 5 条虽然将"记名的有价票证"规定为盗窃罪的对象，但是其计价依据是财物本身的价值或者盗窃行为给失主所造成的实际损失。③ 鉴于权利人在获取 QQ 号、电子邮箱、会员账号等并未支付相应的

---

① 董玉庭：《论刑法中财物概念之解释——以诈骗罪为视角》，《当代法学》2012 年第 6 期。

② 免费的物品权利凭证也应当被认定为刑法意义上的"财物"，因为它所兑换的物品是具有客观经济价值的财物。例如，某些珠宝商店为了促销，在顾客消费到一定金额时，会给予其一定的兑换券作为赠品，顾客可以凭借这些免费的赠券兑换转运珠、小珍珠、银饰等价值较低的小饰品。虽然价值较低，但这些赠券和小饰品本身具有一定的价值，拥有者可以将之卖掉换成其他商品。但免费获取的电子权利凭证通常情况下就不能拿来卖卖，因为 QQ 号、电子邮箱、游戏账号等任何人都可以免费注册，不具有交换价值，这些记名且免费的服务电子凭证所对应的服务是免费的。简言之，免费的服务不具有客观经济价值，不是财物，但是免费获得的物品仍然是财物。

③ 《最高人民法院、最高人民检察院关于办理盗窃刑事案件适用法律若干问题的解释》第 5 条规定："盗窃有价支付凭证、有价证券、有价票证的，按照下列方法认定盗窃数额：（一）盗窃不记名、不挂失的有价支付凭证、有价证券、有价票证的，应当按票面数额和盗窃时应得的孳息、奖金或者奖品等可得收益一并计算盗窃数额；（二）盗窃记名的有价支付凭证、有价证券、有价票证，已经兑现的，按照兑现部分的财物价值计算盗窃数额；没有兑现，但失主无法通过挂失、补领、补办手续等方式避免损失的，按照给失主造成的实际损失计算盗窃数额。"

对价，故此既不存在"财物价值"也不存在"实际损失"，对于窃取记名且免费的服务电子凭证的行为不应以盗窃罪论处；但是如果此类记名化的服务电子凭证中包含了可以识别公民个人身份的各种信息，犯罪情节严重的，则应依照刑法第 253 条之一侵犯公民个人信息罪的有关规定处理。此外，对于以技术手段非法获取他人电子邮箱信息数据、[①] QQ 号，[②] 或者微信号等具有通信功能的服务电子凭证的，应当认定为刑法第 252 条规定的侵犯通信自由罪。

（二）记名且收费的服务电子凭证

至于记名且收费的服务电子凭证，情况便有所不同。一方面，记名且收费的服务电子凭证是使用者支付相应的对价获取的，这种对价征表了其交换价值，赋予了其能够以金钱衡量的客观经济价值；另一方面，除了少数需要与个人身份信息严格绑定的服务电子凭证之外（如实名制火车票、带有个人照片或指纹信息的电子通行证等），绝大多数记名的电子权利凭证均可以通过账号与密码由其他使用者处分，在这个意义上，大部分记名且收费的服务电子凭证也具备了与不记名的有价票证相类似的客观价值性与占有、转移的可能性，具备了财产犯罪法益的要素特征。有鉴于此，对于窃取记名且收费的服务电子凭证的行为，应当依照《盗窃罪解释》第 5 条第（二）项的规定，将之认定为盗窃罪。同理，若行为人采用欺诈、暴力或者胁迫等手段将记名且收费的服务电子权利凭证非法据为己有，则应当以诈骗、抢劫等财产犯罪的罪名追究其刑事责任。

不过，电子化的权利凭证毕竟不能完全等同于传统的纸质票证，二者在存在形式、占有方式等方面存在某些现实性差异。在互联网背景下，有时候行为人非法获取某种服务电子凭证并不会必然导致原权利人丧失对该服务凭证的使用权，此时对行为人应当如何处理便成为一个颇具争议的话

---

① 全国人大常委会《全国人民代表大会常务委员会关于维护互联网安全的决定》第 4 条第（二）项规定，非法截获、篡改、删除他人电子邮件或者其他数据资料，侵犯公民通信自由和通信秘密的，依照刑法的有关规定追究刑事责任。

② 在"曾某峰、杨某男侵犯通信自由案"中，深圳市南山区人民法院指出："QQ 号码是一种即时通信服务代码，其本质上是一种网络服务，并且这种服务自申请 QQ 号码时起通常就是免费的……本案中，两名被告人篡改了 130 余个 QQ 号码密码，使原注册的 QQ 用户无法使用本人的 QQ 号与他人联系，造成侵犯他人通信自由的后果，构成侵犯通信自由罪。"广东省深圳市南山区人民法院一审刑事判决书（2006）深南法刑初字第 56 号。

题。例如，从"中国知网"（CNKI）数据库中下载电子文献需要支付一定的费用（普通文献 0.5 元/页，硕士论文 15 元/篇，博士论文 25 元/篇），某高校斥资购买了中国知网文献数据库的电子会员，该校师生可以通过该校的电子身份认证系统（Jaccount 账户）登录中国知网下载相应的文献资源。甲使用技术手段窃取了该校学生乙的 Jaccount 账户密码，并以较低的价格对外提供文献下载服务，并将文献批量下载、整理后对外出售期刊电子版。为了防止自己的行为被发现，甲虽然窃得乙的 Jaccount 账户、密码，但是一直没有修改密码。在这一案例中，乙的服务电子凭证（Jaccount 账户）虽然被甲窃取，但是由于甲使用该账户时候未对密码进行修改，故此该服务电子凭证实际上为甲、乙二人共同占有、共同使用，只不过乙对此并不知情；换言之，行为人的窃取行为并没有影响权利人对服务电子凭证的占有和使用，在此情形下应当如何评价？

笔者认为，对于此种新型案件的处断，取决于对"使用盗窃"能否被评价为犯罪的司法认识。所谓使用盗窃，是指以使用为目的而拿走他人财物的行为。前述案例中，甲获取他人服务电子凭证后擅自使用的行为实际上是一种使用盗窃行为。关于使用盗窃，国内有部分学者主张盗用和使用盗窃行为可以构成盗窃罪，其主要理由有二：一是从刑法第 265 条的规定入手，主张既然刑法第 265 条将"盗接他人通信线路、复制他人电信码号"以及"明知是盗接、复制的电信设备、设施而使用的"行为规定为盗窃罪，也就意味着中国刑法在实际上也承认了使用盗窃入罪的可能性；二是将某些使用盗窃活动解释为对"财产性利益"的窃取，故此可以按照刑法第 264 条的规定以盗窃罪追究。例如，黎宏认为，"盗用他人房屋或者汽车的，对于该房屋或者汽车的使用价值，可以构成（财产性利益）盗窃罪"。① 不过，更多的学者对此持否定态度，认为《刑法》第 265 条的规定并不能作为证明使用盗窃行为可以入罪的依据，仅仅是一种"明知不同而等视之"的法律拟制；并且盗用行为也不符合盗窃罪的客观构成要件，故此对于单纯的使用盗窃行为不应以盗窃罪论处。② 此外，还有较为折中的立场主张只有在使用盗窃造成的不法占有状态持续到一定时

---

① 黎宏：《论盗窃财产性利益》，《清华法学》2013 年第 6 期。
② 李强：《论使用盗窃与盗用》，《国家检察官学院学报》2018 年第 2 期。

间之后，才能将之认定为盗窃罪，单纯的、暂时的占有转移不能以盗窃罪论处。①

对于以上论争，笔者认为，基于刑法理论与相关司法解释的规定，应当支持否定说的立场。从《盗窃罪解释》第 10 条关于偷开机动车的规定中，可以一窥最高司法机关对"使用盗窃"行为的看法。《盗窃罪解释》第 10 条规定："偷开他人机动车的，按照下列规定处理：（一）偷开机动车，导致车辆丢失的，以盗窃罪定罪处罚；（二）为盗窃其他财物，偷开机动车作为犯罪工具使用后非法占有车辆，或者将车辆遗弃导致丢失的，被盗车辆的价值计入盗窃数额；（三）为实施其他犯罪，偷开机动车作为犯罪工具使用后非法占有车辆，或者将车辆遗弃导致丢失的，以盗窃罪和其他犯罪数罪并罚；将车辆送回未造成丢失的，按照其所实施的其他犯罪从重处罚。"也就是说，以使用为目的的盗用他人机动车的，只有在机动车遗弃或者丢失的情况下才能被认定为盗窃罪，如果盗用他人机动车后实施犯罪，之后将机动车归还的，仅依照其实施的其他犯罪认定，并不构成盗窃罪。"出罪则举重以明轻"，即使以犯罪为目的的使用盗窃行为也不能被单独评价为盗窃罪，那么在现实生活中单纯的使用盗窃、盗用行为，也不应被认定为犯罪。

此外，按照国内外理论的通说，财产犯罪的"非法占有目的"同时包括"排除意思"和"利用意思"两层意图，"非法占有目的"是指"排除权利人的占有，将他人的财物作为自己所有的财物，遵循其从经济上的用法而处分或利用的意思"。② 盗窃罪中的"窃取行为"是排除他人对财物的支配，建立起新的支配关系的过程，二者缺一不可。③ 可见刑法意义上的"盗窃"行为以排除他人对财物的占有为前提，如果行为人采取不正当手段获取了某种财物的占有，但是却并没有打破权利人对该财物的占有状态，不妨害权利人对财物的继续使用，则不能将该行为认定为盗窃罪。有鉴于此，在前述案例中，行为人甲虽然非法获取了应属于乙的记名的服务电子凭证（Jaccount 账户），但是并未排除乙对该权利凭证的合法占有，

---

① 王俊：《非法占有目的的不同意义：基于对盗窃、侵占、诈骗的比较研究》，《中外法学》2017 年第 5 期。

② ［日］大谷实：《刑法讲义各论》，成文堂 2013 年版，第 197—198 页。

③ 张明楷：《刑法学》，法律出版社 2021 年版，第 1235—1237 页。

即使此种服务电子凭证并不是免费的，甲的行为也不能被认定为盗窃罪。

当然，如果甲在获取乙的服务电子凭证后修改了账户、密码，打破了乙对该权利凭证的合法占有状态，并且此权利凭证是一种具有市场价格的、记名的服务权利凭证，则甲的行为可以构成盗窃罪。此外，需要重申的是，在现实生活中，某些记名的服务电子凭证虽然需要付费才能取得，但是该凭证并不能直接用来兑换某种现实或虚拟服务，仅具有一定的打折、优惠功能（如华住酒店的金卡、银卡，饿了么"超级会员"，能够享受"会员价"的电子会员等），那么此类记名的服务电子凭证既非《盗窃罪解释》第5条和刑法第227条规定的"其他有价票证"，也非刑法意义上的"财产"或"财物"，无法成为财产犯罪的对象。即使有人采用现实或技术手段非法获取了此种类型的服务电子凭证，"免费"享受到了相应的打折服务，也不能以盗窃罪追究行为人的刑事责任。

二　不记名的服务电子凭证

以上对以记名的服务电子凭证为犯罪对象的相关问题进行了探讨。就不记名的服务电子凭证而言，由于《盗窃罪解释》第5条第（一）项已经将之规定为盗窃犯罪的对象，故此将窃取他人不记名服务电子凭证的行为认定为盗窃不存在太多疑问。只不过，免费获取的服务电子凭证和只能用于打折、抵扣的优惠券、优惠码等由于不具有客观价值性与占有转移的可能性，应当被排除于"财物"的概念范畴之外，不能成为财产犯罪的对象。这里需要探讨的是以技术手段非法获取有价且不记名的服务电子凭证的司法认定问题，实践中曾出现过如下几个案例：

1. 倒卖电影票取票码案

犯罪嫌疑人潘某甲利用技术手段侵入深圳市某电影院的网站后台，采用修改影院售票系统数据的方式刷取电影票取票码，之后在网上售卖变现。后来潘某甲感觉此种方法工作效率太低，联系其堂兄潘某乙研制出一个自动化的刷票软件，可以批量刷取、生产电影取票码。两人以此种方法累计刷取取票码4120个，涉案金额22万余元。2016年7月11日，潘某甲、潘某乙被警方抓获。[①]

---

① 新浪财经：《深圳首起黑客盗刷电影票案告破 6 人盗刷四千余张票涉案 22 万》，载 https://finance.sina.com.cn/roll/2016-12-16/doc-ifxytkcf7856591.shtml。

2. 修改门票价格案

2015 年，上海迪士尼乐园与 30 家旅行社合作，允许该 30 家旅行社在自己的官方网站上代理出售迪士尼乐园的电子门票。2016 年 10 月初，被告人黄某武进入浙江省中国旅行社集团有限公司官方网站的售票页面，用"Fiddler"抓包软件将该网站代收的上海迪士尼乐园门票的价格修改成 0.01 元，并用支付宝支付后成功"购买"到电子门票。此后，被告人黄某武单独或伙同被告人李某月采用此种方式倒卖迪士尼乐园电子门票 3400 余张，获利 50 余万元，给旅行社造成了近 130 万元的损失。[1]

3. 修改门票人数案

被告人赵某盗取了横店影视城有限公司检售票系统源程序和服务器密码，后在自己电脑上编写程序，可以秘密侵入横店影视城有限公司检售票系统，修改梦幻谷景区电子门票的内部信息数据。然后以 195 元的价格购买一张一人次的梦幻谷原始电子门票卡，赵某侵入检售票系统，根据卡号将人数修改为 6—8 人，出售给游客。共改卡 20 余张，获利 4 万余元。[2]

以上三个案例在实践中均以盗窃罪认定。但是，深入分析后可以发现，这种以技术手段非法获取不记名服务电子凭证的行为，与传统意义上的"将他人占有的财物转移为自己占有"的盗窃行为是存在一定区别的。[3] 在第一个案例中，犯罪嫌疑人潘某甲、潘某乙并不是将系统中已经存在的电影票兑换码偷走，而是侵入了影院售票系统后自行生成并出售这些不记名的服务电子凭证；就第二个案例而言，行为人并不是采用不为人知的秘密手段将门票从旅行社手中"偷走"的，其行为更接近于采用技术手段"欺骗"旅行社网站的支付系统，以极低的价格将电子门票"买走"的；而在最后一个案例中，赵某实际上并没有窃取任何一张电子门票，仅仅是对电子门票内的数据信息进行了修改，将一张电子门票允许的入园人数由一人增加至数人，其行为更类似于一种伪造、变造的行为而非盗窃行为。可见，一律以盗窃罪对利用技术手段非法获取服务电子凭证的

---

[1]　浙江省杭州市中级人民法院一审刑事判决书（2017）浙 01 刑初 101 号。

[2]　聂昭伟：《赵宏铃等盗窃案——非法侵入景点检售票系统修改门票数据获取门票收益的行为如何定性》，《刑事审判参考》总第 110 集，第 1202 号指导案例。

[3]　张明楷：《刑法学》，法律出版社 2021 年版，第 1237 页。

案件定罪处刑是值得商榷的。那么，对于以上案件应当如何处理？笔者认为，对于以技术手段非法获取不记名的，并具有一定市场价格的服务电子凭证的刑事案件，在犯罪认定时应当把握以下几点。

（一）"侵入生成型"案件：以伪造、倒卖伪造的有价票证罪论处

首先，对于行为人以技术手段侵入系统后台后生成不记名且收费的服务电子凭证的案件，可以比照侵入并生成物品电子凭证的行为进行处理。以案例一为例，若行为人以技术手段侵入影院、景区管理部门以及其他服务场所的计算机系统的后台，制作、生成大量服务电子凭证后倒卖获利的，应当以伪造、倒卖伪造的有价票证罪论处；如果系统中本已存在了电子兑换码，或者行为人将储存在系统内部的已经为其他客户合法购买的服务电子凭证复制后倒卖的，同时成立盗窃罪与非法获取计算机信息系统数据罪，根据刑法第287条之规定，应以盗窃罪一罪论处。之所以作此种处理，是因为在实践中，不记名的服务权利凭证如团购券、电影票、船票、景区门票、演唱会门票等具有纸质或电子化的载体、固定的市场价格以及在不同主体之间自由流转的流通性，满足刑法关于"财物"的物质存在性、客观价值性、占有和转移的可能性等方面的要求，[①] 与物品权利凭证一样应当被归属于"财物"的概念范畴之内，同时也属于刑法第227条和《盗窃罪解释》第5条所规定的"有价票证"。对于通过技术手段将他人手中或者服务提供方系统中的服务电子凭证据为己有的行为，符合盗窃罪"秘密窃取公私财物"的行为构造，应当以盗窃罪论处；如果行为人采用技术手段侵入服务提供者的数据后台，自行生成、制作了不记名的服务电子凭证，则属于以技术手段伪造刑法规定的"有价票证"的行为，应当以伪造、倒卖伪造的有价票证罪论处。

（二）"篡改价格型"案件：构成盗窃罪

其次，对于通过侵入系统后修改价格的方式，免费获取或者以不正常的低价"购买"电子门票、入场券等服务电子凭证的行为，同时构成盗窃罪和破坏计算机信息系统罪，以盗窃罪论处。以前述第二个案件为例，被告人采用技术手段将迪士尼电子门票的价格修改为 0.01 元，并通过支付宝低价"购买"的行为，若按照支持"机器可以被骗"立场或者主张

---

① 郭利纱：《以积分、优惠券为对象的犯罪的认定——以犯罪对象的多元化为切入》，《西南政法大学学报》2018 年第 6 期。

"电子代理人"的观点，[①] 则应将此行为视为一种三角诈骗：旅行社的官方网站是一种"电子代理人"，被告人采取技术手段虚构事实、隐瞒真相，使"电子代理人"误以为自己收到了预设价款，基于错误认识将电子门票交付给被告人，其行为构成诈骗罪，实际上的受害人是旅行社，而受骗人则是作为"电子代理人"的官方网站。不过，根据本书一贯的立场，机器不能成为诈骗的对象，所谓的"电子代理人"说也应当被否定。[②] 对于以案例二为代表的"篡改价格型"案件，应当以盗窃罪认定。从表面上看，行为人是采取侵入系统、修改价格后以从旅行社网站上"低价购买"的方式骗得迪士尼乐园的电子门票，但是实际上将电子门票的价格修改为 0.01 元的行为与将门票的价格修改为 0 元之后的秘密窃取行为并无本质区别。即便将旅行社官方网站视为一个"电子代理人"，将之作为诈骗行为的对象，根据最高人民法院指导案例《臧某泉等盗窃、诈骗案》的认定思路，若诈骗者给受害人发送一条表面上金额极少、实际上却要求其支付巨额资金的支付链接，该行为也应当被认定为盗窃而非诈骗。[③] 同理可知，案例二中的被告人向旅行社的售票系统发送了一条金额极少的支付信息（通过支付宝支付了 0.01 元），却在实际上包含了要求旅行社网站将价值 375 元的电子门票交付给自己的程序请求，对其行为应当以盗窃罪而非诈骗罪予以追究。有鉴于此，对于采取侵入系统后修改价格的方式，免费获取或者以不正常的低价"购买"服务电子凭证的行为，应当以盗窃罪定罪量刑。

（三）"凭证修改型"案件：以伪造、倒卖伪造的有价票证罪论处

最后，如果是对服务电子凭证本身的修改，而非采用技术手段生成或者非法获取系统中已经存在的服务电子凭证，则行为人构成非法控制计算机信息系统罪和伪造、倒卖伪造的有价票证罪的牵连犯，以后者论处。在第三个案例中，被告人采用技术手段侵入横店影视城售票系统，依据卡号将其购买的一人次梦幻谷电子门票卡修改为可供 6—8 人次入园参观的电子门票，是对其已经持有的服务电子凭证本身的修改与伪造，而非将横店

---

① 许姣姣、晏阳、田鹏：《关于"窃用"支付宝账户行为性质的法律问题探讨》，《武汉金融》2015 年第 3 期。

② 本书第二章第三节关于电子资金犯罪罪名界分问题的论述。

③ 最高人民法院公报案例：《臧某泉等盗窃、诈骗案》（2011）浙杭刑初字第 91 号刑事判决。

影视城所占有的电子门票窃取后转卖，并不符合盗窃犯罪"将他人占有的财物转移为自己占有"的行为特征，[1] 故此一审法院将之认定为盗窃罪的做法是值得商榷的。[2] 笔者认为，对于此类"凭证修改型"的案件应当以伪造、倒卖伪造的有价票证罪论处。长期以来，学界关于刑法第 227 条所规定的"伪造"行为的争议焦点主要集中于此处的"伪造"是否包括"变造"行为上，[3] 受相关司法解释的影响，[4] 将此处的"伪造"片面的理解为一种有形的、发生在现实空间中的造假行为。例如，有学者认为，伪造是指没有有价票证制作发行权的人，擅自制作出具有车票、船票、邮票或者其他的有价票证的样式、图案、规格，并在外形上达到足以使一般人误认为是真的虚假车票、船票、邮票或者其他的有价票证的行为。[5] "所谓伪造，是指仿照真实有效的有价票证的形状、样式、图案、规格、色彩、面值等特征，用印刷、影印、手绘等手段，制作假的有价票证的行为。"[6]

应当指出，在对刑法中的相关用语进行解释时，既要恪守罪刑法定主义的要求，保证刑法的稳定性；与此同时也要符合社会发展的需要，顺应时代的潮流。[7] 在前互联网时代，将"伪造"理解为印刷、影印、手绘等方式对纸质票证的形式、图案、色彩、票纸等外在特征进行仿造和作伪并不存在太大问题，然而在当前电子资金正在迅速取代纸币现金、纸质票证日益被各种电子票券和数据编码所替代的时代背景之下，将"伪造"理解为现实世界中的有形伪造颇显不合时宜。实际上，很多学者之所以将

---

[1]　张明楷：《刑法学》，法律出版社 2021 年版，第 1237 页。

[2]　聂昭伟：《赵宏铃等盗窃案——非法侵入景点检售票系统修改门票数据获取门票收益的行为如何定性》，《刑事审判参考》总第 110 集，第 1202 号指导案例。

[3]　罗开卷：《伪造、倒卖伪造的有价票证罪的司法认定》，《时代法学》2009 年第 1 期；梁春程、徐雯雯：《伪造、倒卖伪造的有价票证罪若干问题研究》，《犯罪研究》2013 年第 5 期等。

[4]　《最高人民法院关于审理伪造货币等案件具体应用法律若干问题的解释（二）》（法释〔2010〕第 14 号）第 1 条第 1 款规定："仿造真货币的图案、形状、色彩等特征非法制造假币，冒充真币的行为，应当认定为刑法第一百七十条规定的'伪造货币'。"

[5]　蒋小燕：《伪造、倒卖伪造的有价票证罪客观方面疑难问题探析》，《湖北经济学院学报》（人文社会科学版）2008 年第 11 期。

[6]　彭之宇、刘勇：《伪造、倒卖伪造的有价票证罪疑难问题探究》，《人民检察》2009 年第 22 期。

[7]　张明楷：《刑法分则的解释原理》（第二版），中国人民大学出版社 2011 年版，第 31 页。

刑法第 227 条规定的"伪造"行为理解为物理空间的有形伪造，主要是受到刑法第 170 条伪造货币罪的影响。根据《最高人民法院关于审理伪造货币等案件具体应用法律若干问题的解释（二）》第 1 条第 1 款的规定："仿造真货币的图案、形状、色彩等特征非法制造假币，冒充真币的行为，应当认定为刑法第一百七十条规定的'伪造货币'。"很多学者便基于此将"伪造行为"片面地理解为针对"图案、形状、颜色"等特征的仿制和作伪，并自然而然地将之套用到刑法第 277 条所规定的"伪造有价票证罪"之中。实际上，司法解释的该条规定所指向的是"货币"而非刑法规定的所有财物，而"货币"特指"人民币（含金属纪念币、普通纪念币）、港元、澳元、新台币以及其他国家或地区的法定货币"，① 也就是说，伪造货币罪中的"伪造"行为因其犯罪对象的特定性（仅限于纸币、金属货币）而呈现出一定的物理性和有形性，但是这并不意味着所有的"伪造"行为都是发生在现实空间中的有形伪造。随着互联网技术的发展与虚拟空间的成型，越来越多的有形财产正在逐渐虚拟化，在此背景下更应当从目的和效果上对"伪造"行为进行界定，将之定义为"无制作权而擅自制作的对公共信用交易安全具有法律意义的财物的行为"，② 而不应当将之片面的刻画为印刷、影印、手绘等造假手段。

有鉴于此，在"凭证修改型"案件中，行为人采用技术手段对服务电子凭证本身所承载的数据信息进行修改，由此改变了该服务电子凭证的功能与效用，此种作案手段与传统的伪造、变造纸质票证的行为没有本质上的区别，应当被评价为刑法意义上的"伪造"，对于此类案件应当以伪造、倒卖伪造的有价票证罪论处。

第四节　电子积分犯罪的刑事司法认定

前文对涉及物品电子凭证和服务电子凭证的犯罪问题进行了解读，接下来将对以电子积分为对象的案件加以探讨。如前所述，电子积分是一种特殊形式的电子权利凭证，若能够独立兑换特定的商品或者服务（如现金

---

① 最高人民检察院、公安部：《关于公安机关管辖的刑事案件立案追诉标准的规定（二）》第 19 条第 2 款。

② 黄明儒：《论刑法中的伪造》，《法商研究》2002 年第 3 期。

红包、返现积分、电子礼券等），或者虽然不能独立兑换特定的商品或服务，但是仅需支付远低于商品成本价格的、象征性的少量费用（如各种"1分钱门票""1元换购""10元换购"活动）即可兑换商品或服务的，则应当视同物品电子凭证或者收费的服务电子凭证，将之纳入刑法中"财物"的概念范畴，作为财产犯罪的对象加以保护；若某种电子积分仅能用于折抵一定比例的商品或服务价款，必须与其他购物或消费行为搭配使用（如淘金币、招商银行信用卡积分、饿了么红包），则不属于刑法意义上的"财物"，窃取此类电子积分的行为通常情况下不宜以犯罪处理。实践中，对于盗用他人记名的电子化凭证后窃取他人电子积分的行为，可以参照以上规则进行认定，下文将对几种以特殊手段实施的虚增电子积分的司法认定问题进行讨论。

一　侵入系统后虚增电子积分行为的罪名适用

与前述侵入并生成物品或服务的电子权利凭证的案件相类似，实践中也曾出现过大量侵入商家系统后台虚增电子积分的案件。早在十余年前此类案件便初现端倪：2006年，中国移动上海有限责任公司（以下简称"上海移动"）推出"积分随心换"活动，凭借手机账户的用户积分可以兑换一定金额的联华超市购物卡。2006年2月16日至2007年2月6日期间，被告人童某媛、陈某、吴某等盗用上海移动数据信息管理系统的账户、密码，多次侵入上海移动的数据后台，为本人以及亲友的手机账户内虚增消费积分，之后凭虚增的积分到上海移动的各营业网点兑换联华超市购物卡并充值，累计兑换价值近50万元联华超市购物卡。[①] 随着互联网技术的发展，近年来行为人以技术手段侵入计算机信息系统后虚增电子积分案件更为常见：例如，2015年9月至10月期间，被告人赵某普等人通过社会渠道BOSS专线工号，违规进入中国移动河南公司的积分管理网站，利用软件，非法为多个移动手机号码增调积分，将增调的积分兑换成爱奇艺会员卡等物品变现获利；[②] 2017年8月，福建省福州市的犯罪人胡某伙同黑客李某侵入某企业经营的网站后大量刷取积分，继而用刷得的积分大

[①]　黄埔区人民法院一审刑事判决书（2007）黄刑初字第348号；上海市第二中级人民法院二审刑事判决书（2007）沪二中刑终字第531号。

[②]　河南省郑州市金水区人民法院一审刑事判决书（2018）豫刑初字第876号。

量兑换人民币，违法兑得人民币 228498 元。①

对于此类虚增电子积分的案件应当适用何种罪名的问题，实践中存在以诈骗罪认定、以盗窃罪认定和以计算机犯罪认定三种不同意见。② 笔者认为，首先，仅以计算机犯罪对侵入系统后大量刷取积分的行为进行认定，忽视了此类犯罪的侵财属性，难以对电子积分包含的财产法益进行有效保护，因而是应当被摒除的。如前所述，作为一种电子化的权利凭证，能够单独用于兑换商品或者服务的电子积分具有财产属性，应当被评价为刑法意义上的"财物"，③ 以技术手段非法获取电子积分的行为应当被评价为财产犯罪。其次，在财产犯罪中，诈骗罪的成立前提，是存在意思表示瑕疵（隐瞒、欺骗、错误认识等），而意思表示瑕疵的前提是发生人与人之间的交流。④ 在前述案例中，后两个案件中的行为人赵某普、胡某、李某等直接从网站系统中非法获取数据，并未与受害方发生过意思交流，如果按照"电子代理人"的立场，或许可以将其解释为诈骗，但如前所述，根据本书一贯的立场，机器不能成为诈骗的对象，故而在后两个案件中应当排除诈骗罪的适用；至于"童某媛、陈某、吴某虚增积分案"，虽然三名被告人在虚增积分后到上海移动的各营业网点兑换联华超市购物卡并充值，与工作人员发生了交流，然而此时的工作人员仅承担程序性的辅助功能，本质上与能自动兑换物品的兑换机和电子程序亦无本质区别。实际上，侵入系统后兑换虚增电子积分的行为与前述"味多美案"在行为模式上完全相同，只不过犯罪对象由电子化的物品权利凭证变成了功能更加多样的电子积分。既然"味多美案"遵循了盗窃罪的认定进路，⑤ 并且在司法实践中通常也将利用技术手段从受害单位非法获取财物的认定为盗窃罪，⑥ 那

---

① 福建省福州市中级人民法院二审刑事判决书（2019）闽 01 刑终字第 390 号。

② 何萍、刘继琨：《冒用他人互联网电子积分行为的刑法定性——以"冒用他人航空里程积分的行为"为例》，《青少年犯罪问题》2021 年第 4 期。

③ 郭纱：《以积分、优惠券为对象的犯罪的认定——以犯罪对象的多元化为切入》，《西南政法大学学报》2018 年第 6 期。

④ 周光权：《刑法各论》，中国人民大学出版社 2021 年版，第 148 页。

⑤ 黄晓宇：《"黑"进味多美 偷巨额兑换码受审》，《北京晨报》2018 年 9 月 18 日。

⑥ 聂昭伟：《赵宏铃等盗窃案——非法侵入景点检售票系统修改门票数据获取门票收益的行为如何定性》，《刑事审判参考》总第 110 集，第 1202 号指导案例；浙江省杭州市中级人民法院一审刑事判决书（2017）浙 01 刑初 101 号等。

么在电子积分可以兑换成金钱或商品的场合，行为人侵入系统后虚增电子积分，并借此骗兑财物的行为应当以盗窃罪论处。

二　利用系统漏洞刷取电子积分案件的定性

在电子积分犯罪中，还存在这样的一类案件：行为人并非主动侵入计算机信息系统对其账户中的电子积分进行修改，而是利用电子积分系统的自身漏洞刷取积分，此类案件如何认定是本节需要探讨的第二个问题。例如，江某在担任某商场专卖店店长时，偶然发现通过店内 POS 机买单可获得商场会员积分，退货时积分却不会扣减。根据该商场的会员卡积分规则，会员每消费 1 元积 1 分，积分可以兑换抵用券或者直接在消费中抵扣现金（100 分抵现金 1 元），遂开始以上述方式刷取积分。江某刷得的积分除自用外，还通过将积分兑换成积分抵用券出售给他人，以及直接往他们提供的商场会员卡中盗充积分的方式牟利。截至案发时共往八张会员卡中盗充积分 4713 余万分，折合人民币 47 万余元。① 又如，梁某在淘宝上开了一家网店。2012 年 1 月初，梁某在浏览网页时发现了浙江湖州的"农民巴巴"网站正在推广注册、登录送积分活动，用户注册后，系统会自动赠送一些"农民巴巴"网站积分，用户可以将之兑换为淘宝网的"淘积分"，当"淘积分"积累到一定数额就可以提现或兑换成支付宝余额。2012 年 1 月 12 日，梁某在将 100 个"农民巴巴"网站积分提现时发现自己的淘宝账户内凭空多了 100 个"淘积分"，而"农民巴巴"网站的积分却并没有减少，梁某大喜过望，以此方法反复刷分，最终兑得现金 31.8 万元。②

此类案件与前述"童某媛、陈某、吴某虚增积分案"等案件有一定的相似性，均是行为人利用受害单位的电子积分系统、非法获取大量电子积分后，兑得到巨额财物的案件。不过，在具体的行为方式上，两类案件存在显著区别，与"童某媛、陈某、吴某虚增积分案"中三名被告人主动侵入上海移动计算机信息系统、以修改数据的方式虚增电子积分不同，这两个案件中的被告人江某和梁某利用商场网站和"农民巴巴"的系统漏洞，源源不断地将平台网站中的电子积分据为己有，继而兑换提现，该行为实际上是将系统中业已存在的电子积分（物品电子凭证）非法占为

---

① 浙江省杭州市拱墅区人民法院一审刑事判决书（2016）浙 0105 刑初 562 号。

② 浙江省湖州市吴兴区人民法院一审刑事判决书（2013）湖吴刑一初字第 122 号。

已有，与传统的窃取商家存放在库房中的纸质返现券的行为并无本质区别。被告人江某、梁某以非法占有为目的，利用网站的系统漏洞反复刷取积分，符合"秘密窃取"的客观构成要件，数额巨大，依法应被认定为盗窃罪。① 同时，前述案件中的被告人盗刷积分的行为一经完成，其盗窃行为即已既遂。对盗刷取得的电子积分是否兑换、以何种方式兑现，并不影响盗窃罪的成立。②

综上，对于利用受害单位计算机信息系统的漏洞刷取具有提现、兑物功能的电子积分的行为，通常情况下仍应以盗窃罪认定。

三　利用规则漏洞刷取电子积分行为的认定

在电子积分系统运行正常的情况下，也可能出现行为人利用商家积分规则的漏洞恶意刷取大量电子积分的案件。例如，2015 年天猫商城推出"生日特权机制"，消费者可以在自己的生日前的一个月内凭登记的出生日期领取"生日双倍积分卡"，若在自己的生日或者生日后 6 日内使用该卡，则可获取双倍积分，最多获赠 5000 积分。赠送的积分会在用户确认收货之后打到用户账户中，用户如在下次购物时使用该积分，可以折抵一定商品价款，而商家则可以凭用户消费时所使用的积分按照 100 积分 = 1 元的兑换比例从天猫商城中获取相应的资金。2015 年 10 月，犯罪嫌疑人陆某华、颜某等 8 人利用大量"白号"（即未使用过的天猫账号）与其控制的 6 家天猫网店，采取虚构交易、大量刷单的方式非法获取天猫积分，累计刷取 7 亿多个天猫积分，获利 670 多万元。江苏省南通市崇川区人民法院以诈骗罪分别判处 8 名被告 8 年至 12 年 6 个月不等的有期徒刑。③ 在同年发生的"京豆诈骗案"中，"京豆"是京东商城推出的、可以用于折抵购物货款的一种电子积分，每当用户在进行购物、评价、晒单等操作时都可以获得一定数量的"京豆"。犯罪嫌疑人邓某以虚构交易、"自买自卖"并填写"好评"的方式，累计刷取了 8 亿多个"京豆"，最终被法院以诈骗罪判处有期徒刑 11 年。④

---

① 杨旭、黄婷玉：《利用网站漏洞虚增积分后兑现构成盗窃罪》，《人民司法》2013 年第 20 期。

② 郭利纱：《以积分、优惠券为对象的犯罪的认定——以犯罪对象的多元化为切入》，《西南政法大学学报》2018 年第 6 期。

③ 刘亚：《7 亿天猫积分背后的诈骗案》，《检察日报》2017 年 5 月 4 日。

④ 北京市第二中级人民法院一审刑事判决书（2016）京 02 刑初 128 号。

对于此类案件，笔者认为，在对行为性质的判断上，法院的认定思路是比较准确的。在"天猫积分诈骗案"中，根据天猫"生日特权机制"的规则，只有出生日期符合条件的用户才有权领取"生日双倍积分卡"，被告人陆某华、颜某等8人利用虚假的"白号"骗领十几万个"生日双倍积分卡"，借此刷取大量的天猫积分，实际上以虚构事实、隐瞒真相为手段，致使天猫商城陷于错误认识，误以为其具有领取资格而向其发放大量电子积分，符合诈骗罪的行为构造。而在"京豆诈骗案"中，京东商城已经明令禁止商户的"刷单"行为，也就是说，不存在真实交易的用户，即使进行了评价、晒图等操作，也是没有资格获取"京豆"奖励的。在此情形下，犯罪嫌疑人邓某通过"自买自卖"、虚假点评等手段，骗取了大量的"京豆"，其行为也符合诈骗罪"虚构事实、隐瞒真相"的行为特征。但是，必须指出的是，并非一切采取虚构事实、隐瞒真相的手段并使对方陷入错误认识的行为都构成诈骗罪。诈骗罪的对象，只能是刑法意义上的"财物"，而不能是服务或者其他什么东西，单纯骗取某种服务的行为，哪怕具有更大的社会危害性，给受害人造成再大的经济损失，也不能将之认定为诈骗罪。[①] 因此，对于行为人利用规则漏洞大量刷取电子积分的行为，在司法认定时既要考虑行为人的作案手段与行为性质，同时也要对电子积分本身的财产性进行考察，若某种电子积分不具有直接兑换商品或服务的功能，不属于刑法意义上的"财物"，即便行为人的作案手段符合某种财产犯罪的客观行为构造，也不能将之认定为犯罪。

那么，前述案例中的"天猫积分"和"京豆"是否属于刑法中的"财物"呢？笔者认为，对于电子积分财产属性的判断，要与刷分者的角色地位以及电子积分在案件中所起的作用结合起来。如前所述，通常情况下只有那些能够独立兑换特定的商品或者服务，或者虽然不能独立兑换特定的商品或服务，但是仅需支付少量费用即可兑换商品或服务的电子积分方属于刑法意义上的"财物"，[②] 若仅能用于折抵一定比例的商品或服务价款，必须与其他购物或消费行为搭配使用，则不属于刑法意义上的"财

---

① 董玉庭：《论刑法中财物概念之解释——以诈骗罪为视角》，《当代法学》2012年第6期。

② 此种情形下，利用规则漏洞刷取大量积分的行为与利用规则漏洞骗取付费的电子服务凭证的行为不具有本质区别，实践中通常认定为诈骗罪，如"滴滴快车优惠券案"：北京市海淀区人民法院一审刑事判决书（2016）京0108刑初字第521号；"黎某骗取大众点评优惠券案"：上海市浦东新区人民法院一审刑事判决书（2016）沪0115刑初4205号等。

物"。在这个意义上，上述案例中的"天猫积分"与京东"京豆"均不能被视为刑法意义上的"财物"。但是，需要特别指出的是，在第一个案例中，虽然从消费者的角度，"天猫积分"仅具有打折、抵扣功能，不能作为兑换商品或服务的凭证，但是在消费者使用"天猫积分"抵扣价款之后，天猫会根据消费者使用的积分数量将相应的货款打给卖家。故此从商家的角度，"天猫积分"是一种可以兑换资金的电子权利凭证，而不仅仅是一种单纯的打折工具。有鉴于此，法院以诈骗罪对陆某华、颜某等8人定罪处刑是恰当的。

而在"京豆诈骗案"中，虽然"京豆"可以用于折抵部分价款，但是其抵扣比例比较低，（购买电影票和游戏点卡等服务时，使用京豆支付的比例不得超过20%，购买实物时，京豆支付的比例不得超过50%）；不仅如此，"京豆"除了无法直接用于兑换"京豆商城"上的任何商品或服务，甚至也无法兑换具有物品电子凭证性质的"京券"。[1] 由此可见，所谓的"京豆"既非物品权利凭证也非能够兑换服务的有价票证，仅仅是一种商业营销工具。消费者并未支付任何价款购买"京豆"，京东商城向用户赠予"京豆"的目的也不是要让利于顾客、返现贴现，而是鼓励消费者继续使用"京豆"购物消费。在功能意义上，看似具有支付功能的"京豆"与在餐厅、KTV等娱乐场所消费之后由商家主动赠予的"半价折扣券"并无区别。"京豆"并不具有刑法所要求的客观价值性与占有转移之可能，既非"财产"亦非"财物"，在"京豆诈骗案"中，法院直接以犯罪嫌疑人邓某诈骗了"价值800万元"的京豆为由径行对其判处11年有期徒刑，这种做法是非常值得商榷的。诚如学者所言，根据京东商城的规则，对于每一笔成交的订单，不论该交易真实与否，京豆商城都要抽取商品售价6%的提成，虽然邓某以自我交易、评价晒单等方式刷取了巨量"京豆"，在其使用这些"京豆"之前并没有给京东商城带来任何实际损失，更不会影响京东商城从卖家手中所抽取固定的提成，在没有造成财产损失的情况下，不能仅因邓某采用不正当手段刷取巨额京豆就将其行为认

---

[1]　关于"京豆"的具体功能与使用方法见京东商城帮助中心，http：//help.jd.com/user/is-sue/list-150-167.html。

定为诈骗。① 而且，若承认"京豆"属于财物、具有客观经济价值，也就意味着京东商城一旦欠下巨额外债，则直接可以其生成的"京豆"作价偿还，这显然是违背常理的。

有鉴于此，在行为人利用商家规则的漏洞大量刷取电子积分的案件中，应当结合电子积分的功能与刷分者的地位和角色进行综合判断，只有在刷分者能够将刷取的电子积分兑换为资金、财物或者有价票证的情况下，才能将之认定为财产犯罪。

四 复制电子资金系统后伪卡盗刷案件的处理

最后需要探讨的是利用复制的电子资金系统刷取电子积分行为的认定。在传统的盗窃案件中，窃贼往往会选择商品、产品、生产原料、家庭财产作为偷盗的对象，而不会将厂房和生产设备偷走，但是在互联网时代，财产的产生和存在形式均发生巨大变化，由此催生了一些在前互联网时代不可能出现的特殊案件。在这些案件中，盗窃者并不是以"产品"为目标的，而是直接将生产产品的"厂房、设备"偷走，自行"生产"产品后使用，其中一类比较典型的案例就是所谓的"伪卡盗刷"案件：例如，犯罪嫌疑人游某系北京新影联电影公司的一名程序员。2013 年 8 月，游某从新影联公司辞职后，私自拷贝了该公司的电影卡充值系统（POSV5 系统）。2013 年 9 月 20 日，游某在北京的某酒店中使用其拷贝的POSV5 系统为刘某的 20 张新影联电影卡中各充入 2500 元，共计充值 5 万元；刘某支付了 1 万元作为充值费。之后，刘某将这些卡分发、售卖给多人使用，刚开始这些盗充的电影卡均可正常使用；后来因新影联公司系统升级，导致刘某等人持有的电影消费卡无法继续使用，此时刘某等人已持卡消费了 5000 元。本案的办案检察官认为，游某使用秘密窃取的手段从北京新影联公司盗走 POSV5 充值系统，使用 20 张已经作废的电影卡，非法为他人充值 5 万元，使新影联公司额外承担了 5 万元的债务，遭到了数额较大的财产损失，严重侵害了其财产权利，对于游某的行为应当以盗窃罪论处。②

---

① 何龙：《刷单骗取积分、优惠券并套现行为的刑法性质认定——以结果本位刑法观为视角》，《法律适用》2017 年第 10 期。

② 郭晓东：《将废旧电影卡充值后销售的行为定性》，《中国检察官》2015 年第 7 期。

对此，笔者认为，此类案件看似复杂，实则和侵入受害单位系统后台后篡改数据、刷取电子积分的案件没有本质区别，唯一不同的是前者同时构成破坏计算机信息系统罪与伪造、倒卖伪造的有价票证罪，最终以伪造、倒卖伪造的有价票证罪论；而在此类案件中，行为人并不存在非法侵入受害单位计算信息系统的行为，而是另行制作一套充值系统用以伪造服务电子凭证，故此而其仅构成伪造、倒卖伪造的有价票证罪一罪。如前所述，刑法意义上的"伪造"并不仅仅局限于为印刷、影印、手绘等有形伪造，而是指无制作权的人擅自制作对公共信用交易安全具有法律意义的物品的行为，[①] 利用复制、仿制的计算机信息系统制作虚假的服务电子凭证的行为，应当被认定为刑法第 227 条规定的"伪造"行为；此外，作为一种不记名的服务电子凭证，新影联公司的电影卡与公交卡、电子车票、电子门票等同属于互联网背景下的新型"有价票证"，行为人利用复制的电子积分系统实施的伪卡盗刷、非法充值行为，应当以伪造、倒卖伪造的有价票证罪论处。

五　小结

本章主要就互联网背景下"财产"概念流变的另一种重要表现形式——电子权利凭证的刑事司法认定问题进行了探讨。随着时代的发展，传统的纸质权利票证正在被电子化、数据化的电子票证与兑换码所取代，由此衍生出三种类型的电子权利凭证：物品电子凭证、服务电子凭证和电子积分。尽管在外在形式、使用方式等方面与传统的纸质有价票证存在一定的区别，但电子权利凭证在本质上仍然是用以征表特定财物或服务的权利载体，具有数字化的客观存在形式、能够以金钱衡量的客观价值性以及占有和转移的可能性，在多数情况下可以被认定为刑法意义上的"财物"，并且属于"有价票证"在互联网时代的新型表现形式。在对侵害电子权利凭证的案件进行认定时，应当根据电子权利凭证的种类、特征和功能做出综合判断（见表 3-1）。具体说来，应当把握以下几点：

其一，就物品电子凭证而言，若行为人将他人所有的物品电子凭证非法据为己有，通常情况下可以以盗窃罪认定；对于行为人采用技术手段侵入商家计算机信息系统后大量生成物品电子凭证并倒卖牟利的案件，应当

---

① 黄明儒：《论刑法中的伪造》，《法商研究》2002 年第 3 期。

以伪造、倒卖伪造的有价票证罪论处，不过，若行为人将系统中已经存在的电子兑换码等物品电子凭证复制后倒卖的，仍应以盗窃罪认定。

其二，服务电子凭证可以区分为记名的服务电子凭证与不记名的服务电子凭两种。就前者而言，记名且免费的服务电子凭证如 QQ 号、电子邮箱等不属于刑法意义上的"财物"，对于非法获取此类服务电子凭证的行为不构成财产犯罪，在特定情形下可能成立侵犯通信自由罪或侵犯公民个人信息罪；对于窃取记名且收费的服务电子凭证的案件，若行为人窃取该服务凭证后修改了账户或密码，打破了原权利人对该服务电子凭证的占有，则应以盗窃罪论处；若行为人只是单纯的盗用，没有以修改密码或者其他方式打破权利人对服务电子凭证的占有和使用，对该行为不宜认定为犯罪。对于不记名的服务电子凭证而言，若该服务电子凭证是免费获取，或者仅能起到打折、抵扣作用，无法单独使用，则该凭证不属于刑法意义上的"财物"；只有那些能够单独兑换商品或者服务、或者仅需支付少量象征性的费用即可兑换商品或服务的不记名电子权利凭证才属于刑法中的"财物"。对于窃取此类不记名且收费的服务电子凭证的行为，通常情况下以盗窃罪论处；而行为人若采用技术手段侵入服务提供者的数据系统后生成或复制服务电子凭证的，则可比照侵害物品电子凭证的认定规则处理。此外，若采用技术手段修改价格后以极低的价格或者免费"购买"某些服务电子凭证的，应以盗窃而非诈骗罪论处。对于服务电子凭证本身功能或数据信息的篡改则构成伪造、倒卖伪造的有价票证罪。

其三，对于以电子积分为对象的犯罪活动，应当根据电子积分本身的功能进行判断，若该电子积分能够用以兑换商品或现金，则可以适用物品电子凭证的判断规则；若该电子积分可以兑换服务，则应援引服务电子凭证的认定方法；若其仅具有打折优惠功能，无法单独兑换商品或服务，则不属于刑法意义上的"财物"，不能作为财产犯罪的对象。此外，对于行为人侵入系统后虚增电子积分并兑换商品或现金的行为，应以盗窃罪论处；对于行为人利用系统本身的漏洞刷分后兑换商品或现金的行为同样成立盗窃罪。若行为人利用商家电子积分规则本身的漏洞大量刷取电子积分的，只有在该电子积分能够直接转化成现金、商品的情况下才能证成行为人诈骗罪的成立，否则应当作无罪处理。最后，若行为人采用复制的电子积分系统从事"伪卡盗刷""伪卡盗充"活动的，应以伪造、倒卖伪造的有价票证罪认定（见表 3-1）。

表 3-1　　　　　　　　涉电子权利凭证案件的罪名认定

分类	对象及案情				罪名适用
物品电子凭证	盗窃他人所有的物品电子凭证				盗窃罪
	侵入系统后生成物品电子凭证并倒卖				伪造、倒卖伪造的有价票证罪
	侵入系统后盗窃或复制系统中已经存在的兑换码				盗窃罪
服务电子凭证	记名	免费	或者仅具有打折优惠功能		特殊情况下可构成侵犯公民个人信息罪或侵犯通信自由罪
		收费	窃取后修改密码、打破占有的		盗窃罪
		免费	不修改密码、不影响失主使用		不构成犯罪
	不记名	收费	或者仅具有打折优惠功能		不构成犯罪
			盗窃他人的记名服务电子凭证		盗窃罪
			侵入系统后台	生成服务电子凭证	伪造、倒卖伪造的有价票证罪
				复制或盗窃	盗窃罪
				修改价格后购买	盗窃罪
			对服务电子凭证本身的修改		伪造、倒卖伪造的有价票证罪
电子积分	侵入系统虚增电子积分后兑换现金或商品的				盗窃罪
	利用系统本身的漏洞刷取电子积分后兑换的				盗窃罪
	利用商家规则的漏洞刷分的	电子积分可以兑换现金、商品			诈骗罪
		不能独立使用、只能打折抵扣的			不构成犯罪
	复制系统后虚增积分的伪卡盗刷行为				伪造、倒卖伪造的有价票证罪

第四章

大数据财产侵权的刑事司法认定

2013 年，英国牛津大学网络学院教授维克托·迈尔-舍恩伯格（Viktor Mayer-Schönberger）和《经济学人》杂志数据主编肯尼思·库克耶（Kenneth Cukier）共同著成《大数据时代：生活、工作与思维的大变革》一书，宣告了"大数据时代"的来临，引发了全球范围内关于"大数据"问题的探讨和热议，2013 年也被称作"大数据元年"。① 大数据被广泛应用于市场分析、商业咨询、广告传媒、政府公共服务、刑事司法与科学研究等各个领域，深刻地改变了市场运作的基本机制，重塑了社会经济的运营模式，其重要性堪比新时代的工业革命。同时，大数据本身所蕴含的巨大经济利益与商业价值亦引起了广泛关注，"大数据财产"（big data asset）、② "数据资产"（data assets）等概念纷纷破茧而出，③ 理论和实务界围绕数据权利的确证、④ 大数据财产化问题、⑤ 大数据与公民个人

---

① 熊建、黄碧梅等：《2013 大数据元年》，《人民日报》2013 年 12 月 25 日第 10 版。

② 张弛：《大数据财产——概念析正、权利归属与保护路径》，《杭州师范大学学报》（社会科学版）2021 年第 1 期；Jing Zeng, Keith W Glaister, "Value Creation from Big Data: Looking Inside the Black Box", *Strategic Organization*, 2017（2）.

③ 2014 年 5 月，美国发布了《大数据：抓住机遇，保存价值》，即《美国大数据白皮书》。白皮书指出："政府机构根据开放程度已将数据资产（data assets）划分为三个种类：开放性、半开放性、非开放性，并且只能出版发行开放性密级的信息"；2013 年 10 月 31 日，英国商务、创新和技能部发布《英国数据能力发展战略规划》，同《美国大数据白皮书》一样，《英国数据能力发展战略规划》中也使用了"data assets"一词。"大数据财产"或曰"数据资产"（data asset）一词正式被英美等国家的政府官方文件所承认。

④ 钱子瑜：《论数据财产权的构建》，《法学家》2021 年第 6 期；齐爱民、盘佳：《数据权、数据主权的确立与大数据保护的基本原则》，《苏州大学学报》（哲学社会科学版）2015 年第 1 期。

⑤ 胡宗金：《论大数据的财产性质及法律保护》，《现代管理科学》2019 年第 7 期；王厚冬：《个人数据财产权化的进路研究》，《行政法学研究》2021 年第 6 期。

隐私保护、[①] 数据权利保护路径[②]等议题展开争鸣。2015 年 4 月 14 日，贵阳大数据交易所正式挂牌运营并完成首批大数据交易，标志着大数据正式作为一种商品在现实的市场平台上进行交易。但是，"大数据财产"的概念尚处于成形过程中，现行法律法规和司法解释并没有对"大数据"或"大数据财产"的法律性质作出明确规定，学界也很少从财产犯罪的角度对侵犯"大数据财产"的行为进行审视，给"大数据财产"的确权与保护造成了不小障碍。有鉴于此，本章主要就互联网背景下"大数据财产"的刑法保护问题进行探讨。

第一节　大数据的概念界定与本质析正

一　大数据的定义与本质

"大数据财产"是一个正在成形的概念，远不如知识产权、电力能源等已经获得社会普遍认可的财产形式，关于"大数据"是否属于一种财产以及"大数据"本身是什么的问题，国内外各界人士均存在严重分歧。有鉴于此，在对大数据财产的刑法保护问题展开探讨之前，首先需要对"大数据是什么""大数据是否是财产（财物）"以及"大数据财产的界定"等基础性问题进行厘清，由此框定本章的研究对象和研究范围。关于"大数据是什么"的问题，目前国内外学界存在如下几种见解：

（一）动态技术说

动态技术说将大数据视为一种以海量的数据信息为对象的动态应用技术或进程。持此立场的学者认为，"'大数据'应当被用于描述一种关于数据是如何被捕捉、存储和加工的技术或趋势，而不是被定义为一种特定的产品。"[③] 当前语境下的"大数据"是指使用一系列技术（包括但不限于：NoSQL、MapReduce 和机器学习）对大型或复杂数据集进行的存储和

---

① 陈冉：《论大数据背景下隐私权的刑法保护》，《中国刑事法杂志》2017 年第 3 期。

② 石丹：《大数据时代数据权属及其保护路径研究》，《西安交通大学学报》（社会科学版）2018 年第 3 期。

③ Janet Chan，Lyria Bennett Moses，"Is Big Data Challenging Criminology？" *Theoretical Criminology*，2016，Vol. 20（1）.

分析的过程，区别于"个人数据"与"个人信息"的静态属性，大数据更多的是一种获取信息价值的分析行为。① 中国贵阳大数据交易所将"大数据"界定为"对数量巨大、来源分散、格式多样的数据进行采集、存储和关联分析，发现新知识、创造新价值、提升新能力的新一代信息技术和服务业态"，这一定义将大数据界定为一种全新的信息技术。

（二）数据流说

国内的一些学者将大数据界定为"大量""海量"的信息或者数据流：大数据是指数据量巨大、通常认为数据量在 10TB－1PB 以上的，数量级是"太字节"（2^{40}）的，并且是高速、实时的数据流。② "大数据是依确定目的而挖掘、处理的大量不特定主体的数字信息"。③ 大数据是指规模和格式前所未有而又相互关联的大量数据，搜集自企业的各个部分，技术人员可以对他们进行高速分析。④

（三）数据集合说

与前述两种观点不同，数据集合说倾向于将大数据界定为一种静态的数据集合（Data sets）。所谓大数据是指"由来源于异构数据源的结构化的、非结构化的与半结构化数据所构成的数据集"；⑤ 或者"用先进的数据储存、管理、分析和可视化技术进行处理的数据集合"。⑥ Kitchin 认为，大数据应当是在尽可能详尽的宏大范围内（通常是涉及某一问题的全部相关领域）进行数据捕捉的、与研究对象具有本质性相关性的、得出精细决

---

① Max N. Helveston, "Consumer Protection in the Age of Big Data", *Washington University Law Review*, 2016, Vol. 93.

② 于志刚、李源粒：《大数据时代数据犯罪的制裁思路》，《中国社会科学》2014 年第 10 期。

③ 周林彬、马恩斯：《大数据确权的法律经济学分析》，《东北师大学报》（哲学社会科学版）2018 年第 2 期。

④ 王倩、朱宏峰、刘天华：《大数据的安全现状与发展》，《计算机与网络》2013 年第 16 期。

⑤ Yaqoob Ibrar, Chang Victor, Gani Abdullah, et al., "Information Fusion in Social Big Data: Foundations, State－of－the－art, Applications, Challenges, and Future Research Directions", *International Journal of Information Management*, 2016.

⑥ Chen H., Chiang R., Storey V.: "Business Intelligence and Analytics: from Big Data to Big Impact", *Mis Quarterly*, 2012, 36 (4), pp. 1165-1188.

策的、索引式的同时兼具灵活性的数据集合;① 齐爱民、盘佳则认为，大数据是指无法在合理时间内用传统 IT 技术和软硬件工具对其进行收集、处理和分析的数据集合。②

（四）商业智能说

还有学者将大数据视为一种商业智能（BI，Business Intelligence）。③ 根据这一观点，大数据是传统商业智能技术在互联网时代的进化与演变。大数据分析扩大了 BI 的范围，传统的 BI 分析主要依靠驻留在公司内部数据库的集成和报告结构化数据，而在大数据时代，BI 可以通过寻求从来源于互联网或客户移动设备等来自公司外部的半结构化和非结构化数据中提取价值，来拓展 BI 范围。④ 麻省理工学院商学院教授埃里克·布伦乔尔森（Erik Brynjolfsson）和技术专家安德鲁·麦凯菲（Andrew McAfee）指出，大数据的本质是从海量数据中收集情报并将之转化为商业优势："与之前的商业分析一样，大数据分析试图从数据中收集情报，并将其转化为商业优势，但大数据比以前使用的分析工具更为强大。"⑤

（五）数据财产说/数据资产说

动态技术说、数据流说和数据集合说更倾向于从技术层面对大数据进行界定，并未突出大数据的经济价值与财产属性。随着大数据所蕴含的巨

---

① Kitchin R., *The Data Revolution: Big Data, Open Data, Data Infrastructures and Their Consequences*, London: SAGE, 2014.

② 齐爱民、盘佳:《数据权、数据主权的确立与大数据保护的基本原则》,《苏州大学学报》（哲学社会科学版）2015 年第 1 期。

③ 商业智能的概念在 1996 年由加特纳公司（Gartner Group）率先提出，加特纳将商业智能（BI）定义为:商业智能描述了一系列的概念和方法，通过应用基于事实的支持系统来辅助商业决策的制定。商业智能技术提供使企业迅速分析数据的技术和方法，包括收集、管理和分析数据，将这些数据转化为有用的信息，然后分发到企业各处。实用意义上的 BI 系统最早出现于宝洁这样的大型消费品制造商和像沃尔玛这样的零售商系统，其目的是分析历史销售数据以服务于下一步的商业决策，回答诸如"我们在某个地区卖出了多少钱?"和"上个季度我们赚了多少利润?"之类的问题。

④ Chen H., Chiang R., Storey V.: "Business Intelligence and Analytics: from Big Data to Big Impact", *Mis Quarterly*, 2012, 36 (4), pp. 1165–1188.

⑤ McAfee A. and Brynjolfsson E., "Big Data: The Management Revolution", *Harvard Business Review*, 2012, 90 (10), pp. 60–68.

大商业价值日益凸显，越来越多的观点开始从经济角度对大数据进行定义，将大数据作为一种资产或者财产看待。[①] "大数据是以云计算的数据处理与应用模式为基础，通过数据的集成共享和交叉复用形成的信息资产。"[②] 阿里巴巴集团的大数据平台"阿里云"的创设宗旨之一即在于"将数据变成生产资料和企业资产"。"大数据具有财产性应该是最没争议的问题，因为从学理研究、大数据开发利用和数据交易实践，以及政策性文件规定中都能得出这个结论。"[③] 相比于从技术层面对"大数据"进行概念界定的其他学说，数据资产说侧重于强调大数据的财产属性和商业价值：数据是一种新的生产资料，大数据是新财富，价值堪比"石油"，[④] 甚至提出"数据资源不仅被视作新时代的'新石油'，更应当被视为'现代数字经济的基础设施'[⑤]。在"数据资产说""数据财产说"等观点思潮的催动下，"大数据财产"的概念正在日渐成形。[⑥]

不过，并不是所有人都认可大数据是一种新型财产类型的说法。数据财产化的学说往往受到来自公民个人信息与隐私权保护方面的质疑与否定，[⑦] 与此同时大数据的共享性与分散性使之难以作为传统的财产、财物类型而被加以保护。[⑧] 有研究者认为，在目前各国立法尚未将大数据作为一种财产加以保护、进行激励的情况下，大数据产业就已经并持续发展且

---

① Bertot, John Carlo, et al. , "Big data, Open Government and E-government: Issues, Policies and Recommendations", *Information Polity: The International Journal of Government & Democracy in the Information Age*, 2014, 19 (1), pp. 5–16; Tambe, Prasanna, "Big Data Investment, Skills, and Firm Value", *Management Science*, 2014, 60 (6), pp. 1452–1469; Robert K. Perrons, Jesse W. Jensen, "Data as an Asset: What the Oil and Gas Sector can Learn from other Industries about 'Big Data'", *Energy Policy*, 2015 (31), pp. 117–121.

② 吕廷君：《数据权体系及其法治意义》，《中共中央党校学报》2017 年第 5 期。

③ 王玉林、高富平：《大数据的财产属性研究》，《图书与情报》2016 年第 1 期。

④ Robert K. Perrons, Jesse W. Jensen, "Data as an Asset: What the Oil and Gas Sector can Learn from other Industries about 'Big Data'", *Energy Policy*, 2015 (31), pp. 117–121.

⑤ Organisation for Economic Co-operation and Development: *Data-driven Innovation: Big Data for Growth and Well-being*, OECD Publishers, 2015, pp. 403–438.

⑥ 张弛：《大数据财产——概念析正、权利归属与保护路径》，《杭州师范大学学报》（社会科学版）2021 年第 1 期。

⑦ Acquisti, A. & Varian, H. , "Conditioning Prices on Purchase History", *Marketing Science*, 2005, 24 (3), pp. 367–381.

⑧ 劳东燕：《个人数据的刑法保护模式》，《比较法研究》2020 年第 5 期。

以指数级速度增长，企业也在竞相搜集、开发、生产更多的数据与大数据产品，完全没有必要以财产化或者资产化的形式对企业的数据利用、开发活动进行额外保护。① 此外，大数据财产的估值困境亦成为数据财产化进程中的一个重大障碍。② 在不同的行业领域内，关于大数据经济价值与数据资产化的认识亦莫衷一是。相比较而言，对于那些在大数据行业处于领导地位的公司如 Facebook、Amazon、Netflix 和 Google，大数据被认为是一种宝贵的财产，但是在传统的石油和天然气行业，大数据仅仅被认为是一个描述物理资产的信息而不是本身就有价值的东西。③

通过梳理与"大数据是什么"有关的理论争议，可以发现国内外学界在大数据本质的认识上存在较大分歧，产生了包括动态技术说、数据集合说、数据流说、数据资产说与商业智能说在内的多种见解的争讼。之所以形成这种百家争鸣的格局，并不是由于某一种观点或见解存在偏差，而是在于不同的论者在不同的学科语境下、从不同的研究视角出发对"大数据"这一内涵包罗极广的概念进行定义。正如澳洲学者珍妮特（Janet Chan）所指出的那样："对'大数据'进行定义并不是一个直截了当的过程；大数据可能被描述为一种容量和类型、一种存储数据的能力和进程或者一种分析系统，也可以被描述成市场环节的一环或者某种社会和文化现象，定义取决于不同的技术应用方向和平台而呈现出多样性。"④ 实际上，"大数据"应当被理解为一类概念而非一个概念，是动态技术与海量数据的结合，兼具技术属性与社会经济属性；大数据具有技术、资源、应用等多个层次的含义，是新资源、新工具和新应用的结合体。⑤ "大数据"恰如一个变幻无方的多面骰子，从不同的研究视角出发，可以对"大数据"的定义作出各种不同的解释，用任何一个侧面来指代整个"大数据"的

---

① Lothar Determan, "No One Owns Data", *Hastings Law Journal*, Vol. 70, 2018.

② Berthold, S. & Böhme, R., "Valuating Privacy with Option Pricing Theory", In T. Moore, D. Pym & C. Ioannidis（Eds.）, *Economics of Information Security and Privacy*, New York：Springer, 2009, pp. 187-209.

③ Robert K. Perrons, Jesse W. Jensen, "Data as an Asset：What the Oil and Gas Sector can Learn from other Industries about 'Big Data'", *Energy Policy*, 2015（31）, pp. 117-121.

④ Janet Chan, Lyria Bennett Moses, "Is Big Data Challenging Criminology？" *Theoretical Criminology*, 2016, Vol. 20（1）, pp. 21-39.

⑤ 工业和信息化部电信研究院：《大数据白皮书（2014 年）》，2014 年 5 月，第 1—2 页。

概念都是有失偏颇的，势必陷入管窥蠡测、盲人摸象的认知困境。

为了更好地厘清大数据的属性与本质，深入分析大数据的财产性问题，下文中将对大数据挖掘过程的各个环节依次进行剖析，在此基础上框定"大数据财产"的内涵、外延和范围，并对侵害"大数据财产"行为的刑法适用问题作进一步解答。

二　大数据挖掘

大数据的价值是通过数据挖掘实现的，只有通过大数据挖掘，才能在海量数据中发现那些隐藏的、有价值的信息，数据资产的经济价值与商业价值才能得以体现。[①] 大数据挖掘（Big Data Mining），又称大数据分析（Big Data Analytics），是指从大数据中发现具有可操作性的知识模型的过程。[②] 综合国内外相关学者的研究情况，本书将大数据挖掘的过程划分为如下几个步骤：

（一）数据收集

进行大数据挖掘的前提是海量的数据收集工作。数据收集的来源主要包括企业、用户与第三方数据提供商。被收集的数据来源极为广泛，既包括静态的数据库，也包括动态的数据流；既包括文本、图表、静态数据库等结构化数据（structured data），也包括浏览痕迹、位置信息、健康数据等非结构化数据（unstructured data）。[③] 从这个意义上说，所谓的"数据流说"和"数据集合说"均是对"大数据来源"所下的定义。在数据采集阶段，"大数据"表现为体量巨大、来源多样的动态数据流与静态数据，既包括大量组织化、结构化的静态数据库，也包括海量的非结构化数据。这一阶段的"大数据"可以被称为"来源意义上的大数据"，也即大

---

① Michael L. Gargano, Bel G. Raggad., "Data Mining – a Powerful Information Creating Tool", *OCLC Systems & Services*, 1999, 15 (2), pp. 81–90.

② Muhammad Habib ur Rehman, Victor Chang, Aisha Batool, Teh Ying Wah, "Big Data Reduction Framework for Value Creation in Sustainable Enterprises", *International Journal of Information Management*, 2016, 36, pp. 917–928.

③ Laney D (2001) 3D data management, "Controlling Data Volume, Velocity, and Variety", In: META Gr. See at: Stefan Debortoli, Oliver Müller, Jan vom Brocke, Comparing Business Intelligence and Big Data Skills A Text Mining Study Using Job Advertisements, Business & information Systems Engineering, 2015 (5), pp. 290–300.

数据处理的对象，实践中通常将那些已经被数据采集者收集完成但是尚未进行处理的数据称作"底层数据"。① 具体说来，作为大数据收集和挖掘对象的底层数据，主要包括如下几类：

1. 公民个人信息

在各类数据信息中，最受大数据收集者青睐的是手机号码、生日年龄、身份证号码等直接体现公民个人信息的各类数据。获取了用户的手机号码、电子邮箱就可以对其发送大量的广告推送；得知对方的年龄、性别、职业、爱好，就可以有针对性地向其推销包括教育、医疗、商务、美容在内的各类服务；那些包含了个人财务状况的消费记录、经济收入等方面的信息对于经营信贷业务的金融行业而言更是极具吸引力。包含公民个人信息的可识别性数据是数据收集阶段最具价值的数据，很多数据甚至无须经过挖掘处理即可直接使用，因此也成为各类合法或者非法的数据收集者最为垂涎的资源。

2. 不具有可识别性的结构化数据

除了能够直接用于商业目的的手机号码、身份信息、财务数据等可识别性数据，与个人信息无关的结构化数据也具有收集和挖掘的价值。对生产设备维护的记录数据有利于提升机器和其他设备的使用寿命；从企业管理系统获取的出货量和进货量大数据有助于提升产品和服务的流动周期；而对员工管理系统中长期积累的各类数据进行分析挖掘，有利于制定更好的、更具竞争力的考评标准与薪酬方案，由此留住更多有能力的员工。② 通过智能电表收集用户的用电量等数据虽然并不涉及个人信息，但是不同的电子设备都有自己独特的特征，例如热水器、电脑和 LED 等的耗电量完全不同，所以能源的使用情况能够暴露出诸如一个人日常习惯、医疗条件，由此可以有针对性地制定销售方案，推销产品或服务。③ 对于有需求的企业和数据利用者来说，几乎所有储存在静态数据库中的结构化数据都是有收集的价值的，这些数据的总量极为庞大，依照现有的技术手

① 王玉林、高富平：《大数据的财产属性研究》，《图书与情报》2016 年第 1 期。

② Richard Vidgen, "Creating Business Value from Big Data and Business Analytics: Organizational, Managerial and Human Resource Implications", *Big Data and Value Creation*, Hull University Business School, July 2014, pp. 1-34.

③ ［英］维克托·迈尔-舍恩伯格、肯尼思·库克耶：《大数据时代：工作、生活与思维的大变革》，盛杨燕、周涛译，浙江人民出版社 2013 年版，第 196—197 页。

段无法完全对其进行分析和处理，以至于部分学者将"大数据"理解为传统的储存方法和分析技术无法处理的过于庞大和复杂的数据集，[①] 这便是"数据流说""数据集合说"等观点由来。

3. 行为痕迹

在前互联网时代，数据收集的主要对象是储存在计算机系统中的各类结构化静态数据；而到了大数据时代，非结构化数据取代结构化的静态数据成为互联网数据的主体，[②] 大量的非结构化数据、半结构化数据成为大数据挖掘者们争相收集的主要目标。其中，最受关注的是以 Cookies 为代表的用户行为痕迹数据。Cookies 是让网站服务器把少量数据储存到客户端的硬盘或内存，或是从客户端的硬盘读取数据的一种技术，包含相当的用户信息，相当于确定网站中用户的身份证，其存在形式与一般意义上理解的"电脑缓存"近似。[③] 通过对 Cookies 等用户行为痕迹的分析可以获取用户访问网站、作息时间等信息，为精准广告的投放提供参照；[④] 在现实生活中，Cookies 还会被一些游走于灰色地带的企业倒卖交易，[⑤] 由此成为各类合法的或者非法的数据利用者重点收集的对象。除了 Cookies 以外，其他类型的用户行为痕迹也被各类数据收集者所收集，并且带来了一系列热点案件：在 2016 年的"大众点评诉百度案"中，百度公司未经大众点评网运营方上海汉涛信息咨询有限公司的允许，擅自在本公司旗下的"百度地图"上大量显示部分来自于大众点评网的用户点评信息，虽然百度明确标注了信息来自于大众点评网，但是大众点评网认为百度侵害了自己对这些用户点评数据的专有使用权，以"搭便车"的方式减少了用户对自

① Stefan Debortoli, Oliver Müller, Jan vom Brocke, "Comparing Business Intelligence and Big Data Skills A Text Mining Study Using Job Advertisements", *Business & information Systems Engineering*, 2015（5）, pp. 290-300.

② 马微：《理念转向与规范调整：网络有组织犯罪之数据犯罪的刑法规制路径》，《学术探索》2016 年第 11 期。

③ 周林彬、马恩斯：《大数据确权的法律经济学分析》，《东北师大学报》（哲学社会科学版）2018 年第 2 期。

④ 于志刚、李源粒：《大数据时代数据犯罪的类型化与制裁思路》，《政治与法律》2016 年第 9 期。

⑤ 肖冬梅、文禹衡：《数据权谱系论纲》，《湘潭大学学报》（哲学社会科学版）2015 年第 6 期。

己网站的访问，构成不正当竞争的行为。① 而在 2017 年的"顺丰菜鸟数据之争"中，快递物流数据的所有权和获取权成为国内快递行业两大巨头的争夺焦点。② 有学者指出，在大数据时代，信息源自于数据，而数据则来源于用户的行为留痕，③ 以 Cookies、评论、消费物流数据等为代表的互联网行为痕迹正在成为数据利用者重点收集的对象。

4. 位置信息

除了用户在互联网上形成的行为痕迹，人们在现实空间中的地理位置数据也成为大数据收集的重要目标。地理位置信息等非结构化数据能够带来巨额的经济效益，UPS 通过地理信息定位给自己的货车合理规划路线，让驾驶员们少跑了 4828 万公里，节省了大约 300 万加仑的燃料。数据化的实时位置信息在人身上的运用最为显著，很多第三方软件也开始利用这些数据来提供新的服务、开拓新的业务。地理位置数据蕴含着巨大的挖掘价值，已成为各方竭力收集、抢夺的对象。实践中已经出现了以地理位置数据作为犯罪对象的刑事案件：2016 年 7 月，实时公交查询 APP "车来了"以非法手段侵入深圳谷米科技公司后台，窃取了该公司安装在 4 万余辆公交车上的 GPS 定位数据，深圳市南山区人民法院一审判决"车来了"创始人兼 CEO 邵凌霜犯非法窃取计算机信息系统数据罪，罚金 10 万元，判处有期徒刑三年、缓期四年执行。④ 地理位置信息是一种被广泛收集和使用的非结构化数据。

5. 健康数据

包含个人身体健康情况的各类数据是另一种被广泛收集的非结构化数据。国外的 Asthmapolis 公司将一个传感器绑定到哮喘病人的呼吸器上，通过 GPS 定位搜集这些信息，由此判断环境因素（如附近的农作物）对哮喘的影响。Basis 公司用腕带测量佩戴者的心率和皮肤导电率，依次来测试他们所承受的压力。佐治亚理工学院的罗伯特·德拉诺（Robert Delano）和布莱恩·派尔思（Brain Parise）开发了一款名为 iTrem 的应用

① 上海知识产权法院民事终审判决书（2016）沪 73 民终 242 号。

② 孟涛：《基于"丰鸟数据之争"的数据财产的法律属性与保护路径》，《大连理工大学学报》（社会科学版）2019 年第 2 期。

③ 武长海、常铮：《论我国数据权法律制度的构建与完善》，《河北法学》2018 年第 2 期。

④ 搜狐网：《出行大数据第一案一审宣判，"车来了"创始人被判有期三年》，http://www.sohu.com/a/158957455_796544。

程序，用手机内置的测振仪来检测人体的震颤情况，以期实现对帕金森与其他神经性系统疾病的预防。① 在国内，互联网巨头们也纷纷通过各类可穿戴设备（如小米手环、华为手表等）与应用程序（"阿里体育""微信运动"等）收集用户的各类健康、运动数据。以健康数据为窃取对象的刑事案件在实践中也有出现。②

6. 其他非结构化数据

数据收集者对非结构化数据的收集并不仅限于 Cookies、地理位置和身体健康数据等几种普遍类型，一些更为生僻的非结构化数据也会成为数据收集的目标。IBM 基于其"触感技术先导"专利创造了一种触感灵敏的智能地板，可以对其承载物品的压强、面积、着力点等进行记录，通过长期的记录分析，可以准确地分辨出放置其上的物品，甚至可以通过一个人的体重、站姿和步态来确定其身份和年龄。有了这些数据，零售商就可以知道商店的人流量与经营情况；③ 在 2015 年的大众点评诉百度不正当竞争案中，百度收集了大众点评用户的点评数据，将之直接标注至百度地图上。④ 从诸如此类的案例中可以得知，不仅储存在数据库中的结构化数据可以成为大数据收集的对象，形态多样的海量非结构化数据也会成为数据收集的目标，是为"数据流说""数据集合说"等观点的实践根基。

综上所述，在数据收集阶段，作为大数据挖掘来源的海量数据既包括个人信息等结构化数据，同时也包括种类繁多的非结构化数据。在来源意义上，"大数据"一词应当被理解为"来源于异构数据源的结构化的、非结构化的与半结构化数据所构成的数据集合与数据流"。⑤

---

① ［英］维克托·迈尔-舍恩伯格、肯尼思·库克耶：《大数据时代：工作、生活与思维的大变革》，盛杨燕、周涛译，浙江人民出版社 2013 年版，第 123—124 页。

② "乐某某、王某非法获取计算机信息系统数据案"，上海市黄浦区人民法院（2014）黄浦刑初字第 106 号判决书；上海市第二中级人民法院（2014）沪二中刑终字第 229 号判决书。

③ ［英］维克托·迈尔-舍恩伯格、肯尼思·库克耶：《大数据时代：工作、生活与思维的大变革》，盛杨燕、周涛译，浙江人民出版社 2013 年版，第 123 页。

④ 上海市高级人民法院民事终审判决书（2016）沪 73 民终 242 号；上海市浦东新区人民法院一审民事判决书（2015）浦民三（知）初字第 528 号。

⑤ Yaqoob Ibrar, Chang Victor, Gani Abdullah, et al., "Information Fusion in Social Big Data: Foundations, State‑of‑the‑art, Applications, Challenges, and Future Research Directions", *International Journal of Information Management*, 2016.

（二）数据准备

1. 数据清洗（匿名化）

在中国司法实践中，企业对未经匿名化处理的个人信息数据的权利是不被承认的。[①] 有鉴于此，对于包含用户个人信息的可识别化数据，必须经过匿名化处理之后才能使用，这一过程被称作"数据清洗"或者"数据脱敏"。在采用匿名化等脱敏技术后，基于用户个人信息而产生的数据的人身性即被消除，而基于记录、采集等技术而获取数据的数据控制者则应有权对数据进行使用和处分。[②] 实践中，在大数据市场进行交易的数据往往是经过清洗后的数据，贵阳大数据交易中心中交易的"大数据资产"便是经过匿名化清洗后的数据，不直接交易底层数据。日本富士通公司建立的大数据交易平台"Data plaza"所交易的数据也是清洗后的非底层数据，包括购物网站的购物记录、智能手机的位置信息等个人数据和其他类型数据。[③]

2. 数据预处理

对于包含用户个人信息的可识别性数据应当先通过数据清洗进行脱敏处理；但是这并不意味着那些不涉及个人信息和隐私的结构化、非结构化数据就可以直接使用。多数情况下，初步收集完毕的数据是非常杂乱的，需要经过一定的预处理方可使用。具体说来，数据预处理包括如下几步：

（1）降噪：大数据从互联网应用的感官数据源和网络社交媒体流引入了大量的非结构化和嘈杂的信息，降噪的方法用于消除噪声和无关的数据。[④]

（2）检测异常值：大数据中的异常值（即不需要的属性值）会降低知识模型的质量，继而影响企业的业务模型，许多方法用于检测和删除大数据中的异常值，以生产高质量的数据集以供挖掘。

（3）消除异常：大数据集中出现不规则的、异常和不需要的数据值对知识质量有显著的影响。利用异常值检测和去除的方法可以提升大数据

---

① 石丹：《大数据时代数据权属及其保护路径研究》，《西安交通大学学报》（社会科学版）2018 年第 3 期。

② 武长海、常铮：《论我国数据权法律制度的构建与完善》，《河北法学》2018 年第 2 期。

③ 王玉林、高富平：《大数据的财产属性研究》，《图书与情报》2016 年第 1 期。

④ Salmon, J., Harmany, Z., Deledalle, C.-A. & Willett, R., "Poisson Noise Reduction with Non-local PCA", *Journal of Mathematical Imaging and Vision*, 2014, 48（2）, pp. 279-294.

集的质量。①

数据预处理的目的是为了提升数据质量,增加大数据预测的准确性。② 经过降噪、消除异常值等预处理,大数据所蕴含的价值得到了进一步的提升。

(三)数据处理

在经过数据预处理之后,便正式进入数据分析/数据挖掘阶段。长期以来,人们将大数据分析视为一个"黑盒子"(Black Box),人们能看到数据不断被收集的过程以及大数据所作出的精准的预测结果,并不知此类预测是如何进行的。③ 实际上,从原理上来说,"黑盒子"内的运作机理还是相对简单的:大数据挖掘是一个基于海量数据构建学习模型,再将学习模型部署后反复学习的过程,大致由如下步骤组成:

1. 数据集成

(1)提取特征:大数据系统中大量的非结构化和连续数据流需要相当大的精力来处理,因此需要使用特征提取的方法来从大数据中分离出有用的数据;根据数据的性质和类型,采用各种统计方法来确定大数据的时域(Time-domain feature)和频域特征(Frequency-domain feature),以确定大数据挖掘的范围。

(2)数据转化:大数据系统从多个数据源收集同时包含结构化数据、半结构化数据与非结构化数据的异构数据流,在此基础上,通过数据处理操作,将原始的、非结构的、半结构化的数据流转换成为可供挖掘的结构化数据格式。

(3)减少维度:大数据集通常包含了成千上万的维度(即数据表中的属性/列属性)。因此,分析如此庞大的数据集将会非常困难。因此,需

---

① Moshtaghi, M., Bezdek, J. C., Leckie, C., Karunasekera, S. & Palaniswami, M., "Evolving Fuzzy Rules for Anomaly Detection in Data Streams", *IEEE Transactions on Fuzzy Systems*, 2015, 23(3), pp. 688-700.

② Muhammad Habib ur Rehman, Victor Chang, Aisha Batool, Teh Ying Wah, "Big Data Reduction Framework for Value Creation in Sustainable Enterprises", *International Journal of Information Management*, 2016, 36, pp. 917-928.

③ [英]维克托·迈尔-舍恩伯格、肯尼思·库克耶:《大数据时代:工作、生活与思维的大变革》,盛杨燕、周涛译,浙江人民出版社2013年版,第226—227页。

要采用维度减少的方法来限制数据集，以产生大数据分析的高相关数据集。[①]

2. 形成知识模型

在对数据进行集成处理并进行格式化之后，接下来最为关键的一步就是形成知识模型（knowledge patterns），而知识模型是通过学习模型的不断重复计算、学习获取的。所谓学习模型（Learning models），是指基于机器学习理论和统计理论，研究现有的数据性质，并且识别和预测未知数据和行为的模型。学习模型是通过训练数据集生产的，这些数据集包含与未来数据相似的特征。学习模型本身的质量与学习过程的训练量决定了大数据系统所产生的知识模型的质量与准确性。一旦生成并经过评估，学习模型就会被部署在企业应用程序中，通过学习逐渐生成可以用于大数据预测的知识模型。

3. 部署和监控

经过长期的学习与海量的计算，学习模型就会被转化为具有实际应用价值的知识模型，可以自行对今后的某些事件作出大数据预测并对相关事务作出处理。至此，大数据挖掘的工作即告完成；大数据也由分析、处理阶段转向实际应用阶段（见图4-1）。

在数据处理阶段，"大数据"更多地表现为一种短时间内迅速进行海量计算、处理巨量数据的动态技术，这便是"动态技术说"的主要依据；此外，在大数据挖掘过程中起到关键作用的学习模型与知识模型显然是一种非常典型的商业智能（BI）工具，故此也可以将"大数据"理解为一种新兴的商业智能（BI）工具。正如埃里克·布伦乔尔森（Erik Brynjolfsson）和安德鲁·麦凯菲（Andrew McAfee）所言，"与之前的商业分析一样，大数据分析试图从数据中收集情报，并将其转化为商业优势，但大数据比以前使用的分析工具更为强大。"[②]

（四）数据应用

经过数据收集、数据清洗、数据处理等步骤，数据利用者可以通过大

---

① Zhai, Y., Ong, Y.-S. & Tsang, I. W., "The Emerging Big Dimensionality", *Computational Intelligence Magazine*, IEEE, 2014, 9（3）, pp. 14-26.

② McAfee A. & Brynjolfsson E., "Big Data: The Management Revolution", *Harvard Business Review*, 2012, 90（10）, pp. 60-68.

图 4-1　大数据挖掘的流程

数据挖掘得到最终的应用阶段的大数据产品。鉴于行业性质、商业目的、数据规模等诸多方面的差异，最终的数据挖掘结果与应用方式也千差万别，无法以列举的方式穷尽所有的大数据应用形式。不过，以下三类大数据产品的应用在实践中颇具普遍性：

1. CCM 应用

通信媒介应用（CCM，Communication Media）主要是将大数据分析后得出的商业智能模型实际应用于信息发送、通讯交流等业务，是一种应用最为广泛的大数据产品。最典型的 CCM 即精准营销与个性化广告推送。"当前，大多数公司自行或通过第三方公司来收集并分析消费者信息，其目的已然由模糊营销向精准推销转变，甚至借助数据分析制定营销策略，继而改变消费者的消费习惯。"① 例如，在百度搜索育儿知识之后右下角会经常弹出推销婴幼儿用品的广告，在视频网站观看视频后手机会收到视频周边的推送，诸如此类均属 CCM 的范畴。CCM 在降低广告成本的同时大幅提升了营销效果，给广告主和营销者带来巨额商业利益。②

---

① Morgan Hochheiser, "The Truth Behind Data Collection and Analysis", *Marshall J. Info. Tech. & Privacy L.*, 2016, Vol. 32, p. 33.

② 倪宁、金韶：《大数据时代的精准广告及其传播策略——基于场域理论视角》，《现代传播》2014 年第 2 期。

2. CRM 应用

CRM（Customer Relationship Management）应用，即客户关系管理。企业为提高核心竞争力，利用相应的信息技术以及互联网技术协调企业与顾客间在销售、营销和服务上的交互，从而提升其管理方式，向客户提供创新式的个性化的客户交互和服务，从而吸引新客户、保留老客户以及将已有客户转为忠实客户，增加市场与效益。传统上的会员卡、VIP 等服务模式都属于 CRM 工具的范畴。在大数据时代，商家会在交易过程中获取大量的客户身份信息与行为痕迹数据，通过对客户的"数字画像"，可以准确地根据 CRM 数据对特定用户进行差别化处理，借此追求利润的最大化。CRM 应用的正面案例包括常见的"生日祝福"邮件，生日、年龄、星座、折扣、积分奖励系统等；而商家不当运用 CRM 数据的负面案例则更为著名，在实践中通常被称作"大数据杀熟"。这些合法或非法的营销现象的出现，均得益于 CRM 数据的应用。

3. LBS 应用

另外一类被广泛使用的大数据应用即地理位置服务数据（LBS，Location Based Services）如滴滴打车、百度地图、微信位置分享、附近的人、摇一摇等。在数据收集阶段所采集的地理位置是一种非结构化数据，并不能直接使用，通过大数据挖掘，可以将这些地理位置数据转化为结构化的 LBS 数据，并与用户的地理定位需求结合起来，提供多样化的位置信息服务。[1]

除了前述三种应用层面的大数据，还有其他多种形式的大数据产品，例如淘宝网推出的电商数据分析产品"生意参谋""Farecast""飞常准""车来了"等航班、大巴预测 APP 所使用的班次时间数据等均属此类。在这个层面上，大数据可以通过商业应用产生巨大效益，大数据的经济价值得以凸显，将"大数据"定义为一种财产或资产的主张便由此而来。[2]

---

[1] 周林彬、马恩斯：《大数据确权的法律经济学分析》，《东北师大学报》（哲学社会科学版）2018 年第 2 期。

[2] 钱子瑜：《论数据财产权的构建》，《法学家》2021 年第 6 期；胡宗金：《论大数据的财产性质及法律保护》，《现代管理科学》2019 年第 7 期；杨永凯：《企业大数据财产权利的归属及交易规制》，《石河子大学学报》（哲学社会科学版）2019 年第 1 期等。

三　"大数据"与"大数据财产"之概念勘正

通过对大数据挖掘流程的梳理可以得知，"大数据"应当被理解为一组综合性的概念集合而不是某一种单独的技术、数据或财产：在数据收集阶段，"大数据"表现为海量的结构化或非机构化数据，可以称之为"大数据来源"；在数据挖掘阶段，"大数据"则表现为通过数据集成、学习模型与知识模型等商业智能技术，将海量的非结构化、半结构化数据快速地转化为可供应用的结构化数据集合，这些进行大数据分析和大数据挖掘的智能技术模型构成大数据挖掘的工具即"大数据模型"；而在数据应用阶段，"大数据"则表现为 CCM 数据、CRM 数据和 LBS 数据等数据挖掘的产品，通过商业应用转化为经济利益，使大数据的价值得以实现，这些"大数据产品"也是大数据价值链上不可或缺的重要一环。

基于以上认识，可以对"大数据"的内涵和外延进行界定：作为本章研究对象的"大数据"，是指大数据收集、挖掘过程中的对象、工具与结果的统称，包括大数据来源、大数据模型和大数据产品。[①] 围绕"大数据是什么"的诸多争议学说，无非是"大数据"这一综合性概念在数据挖掘不同阶段的具体表现形式："数据流说"和"数据集合说"是对数据收集阶段的大数据来源的描述，"动态技术说"和"商业智能说"代指学习模型和知识模型等大数据挖掘工具，而"数据资产说"/"数据财产说"则强调了经过收集、清洗的底层数据以及经过挖掘之后形成的大数据产品中所蕴含的巨大经济价值（见表 4-1）。

表 4-1　　　　　　　　大数据在不同阶段的表现形式

数据挖掘阶段	大数据的表现形式	对应学说
数据收集	海量结构化数据和非结构化数据与动态数据流	数据流说 数据集合说
数据准备	经过清洗后的匿名化数据	
数据处理	数据处理技术、学习模型、知识模型等	动态技术说 商业智能说
数据应用	CCM、CRM、LBS 等大数据产品	数据资产说

---

① 张弛：《大数据财产——概念析正、权利归属与保护路径》，《杭州师范大学学报》（社会科学版）2021 年第 1 期。

有鉴于此，关于大数据是否属于刑法意义上的"财产"或"财物"、侵害大数据的行为应当如何定性等问题，并不是一个能够作出统一解答的单一论题，而应被具解为若干个子问题，对大数据来源、大数据模型和大数据产品的财产性问题分别进行探讨，只有那些经过刑法的检视、能够被纳入"财物"范畴的大数据表现形式，才能够被称为真正意义上的"大数据财产"，成为财产犯罪的保护对象。下文中，将对这些具体性问题进行逐一判别，在此基础上对大数据财产的刑法保护问题作出系统而全面的回应。

第二节　大数据的财产性分析与大数据财产的权利归属

一　大数据的财产性分析

刑法意义上的"财物"必须同时满足具有客观的物质存在形式、具有能够以金钱衡量的客观经济价值以及具有占有和转移的可能性三个认定标准，下文将依据这三条认定标准对大数据来源、大数据模型和大数据产品是否属于刑法意义上的"财物"，借此划定"大数据财产"的范围。

（一）大数据来源

鉴于数据的收集者可以通过网络爬虫工具、旁路采集数据和数据监听工具从数据生产者和其他数据源收集数据，[1] 作为大数据搜集对象的各类大数据来源显然具有占有和转移的可能性。[2] 同时，无论是结构化的静态数据集合，还是非结构化和半结构化的数据流，都具有一定的文件格式和数据承载形式，并且最终能转化成互联网信息系统中的数据代码，在此意义上，作为大数据来源的各类数据是切实存在的，并不是仅仅存在于人的思想意识中的东西，大数据来源具有客观的物质存在形式，并且可以在互联网和计算机信息系统中储存、转移、发挥作用。因此，对大数据来源是否属于财物的判断，主要是对其是否具有客观经济价值的考察。那么，大数据来源是否具有能够以金钱衡量的客观经济价值呢？

对该问题的解答涉及大数据的价值来源问题。对此，有学者认为，大

---

①　周林彬、马恩斯：《大数据确权的法律经济学分析》，《东北师大学报》（哲学社会科学版）2018 年第 2 期。

②　郑佳宁：《数据信息财产法律属性探究》，《东方法学》2021 年第 5 期。

数据的经济价值来源于海量的单个数据，虽然"大数据"具有极高的价值，但是这是通过其巨大的容量性（Volume）特征实现的，单个数据的价值密度极低。[①] 作为数据收集对象的大数据来源本身就是具有经济价值的，数据收集者只不过是通过数据的收集活动将这些零散的经济价值富集在一起而已。

应当指出，上述观点在大数据的价值来源问题上出现了一定的认识偏差。大数据的价值并不是通过大量单个数据价值的简单相加获取的，而是通过数据的集群累积效应产生的，单一、零散的数据信息不具有财产属性，不能被视为"财产"。[②] 这就好比单独的一只鞋子、一根筷子或者一粒盐、一粒沙、一枚石子是无法作为商品出售的，鞋子和筷子必须成双出售，而盐、沙子和石子的使用价值和交换价值必须通过集群效应方能产生。与此同理，大数据最为核心的特征也是"以量取胜"，组成大数据的每一个零散数据的价值，必须经过数据收集达到一定的数量层级并且依托合理的数据分析方得体现。[③] 这种原理用公式表示则体现为：大数据的价值（V），并不是由一些微量价值的零散数据简单叠加而成 V'（见图 4-2），而是必须借诸海量数据的集群效应与累积效应方可实现（见图 4-3），$V \neq V'$。

$$1+1+1+\cdots+1+1+1+1 = V'$$

图 4-2　假想的大数据价值产生公式

$$0+0+0+\cdots+0+0+0+0 \rightarrow V$$

图 4-3　大数据价值产生公式

大数据的价值必须借助海量数据的集群效应方得体现，单一、零散的数据不具有财产属性，这一原理意味着当我们对大数据是否属于"财物"或"财产"的问题进行分析时，应当注意区分作为大数据收集对象的零散数据与经过大数据收集者收集集成之后的数据。前者不具有财产属性与经济价值，更多地体现出被收集者的人格利益与隐私权，而后者可以用于

---

① 黄晓亮：《从虚拟回归真实：大数据时代刑法的挑战与应对》，《中国政法大学学报》2015 年第 4 期。

② 刁胜先、杨巧：《互联网平台企业的数据生成者权之构建》，《重庆邮电大学学报》（社会科学版）2021 年第 6 期。

③ 田刚：《大数据安全视角下计算机数据刑法保护之反思》，《重庆邮电大学学报》（社会科学版）2015 年第 3 期。

大数据的商业开发，体现出巨大的财产利益与商业价值。① 前者可以是结构化数据，也可以是非结构化数据，而经过收集的大数据必须以结构化数据的形式存在。前者是基于数据生产者的自身行为（如提交资料、登记信息、点赞、评论、浏览网页等）而自发产生的；而后者则是由数据收集者有意记录、收集而形成的数据产品。②

用户自身产生的零散数据无序且杂乱，并不具有为社会所认可的客观价值性，③ 虽然实践中偶有出现用户个人将自己的数据打包出售的案例，④ 但是毕竟这仅仅是个案，个人收集的数据价值含量因人而异，并无一个统一的价值衡量标准；相比之下，目前国内已经形成了比较固定的大数据交易平台，数据收集者与数据利用者之间的大数据交易活动已初具规模，⑤ 对于经过收集的数据，其价格也已形成较为固定的标准，所具有的客观价值也得到了社会的普遍认可，没有太大争议。⑥ 由此可见，就大数据来源而言，由数据生产者的行为而自发形成的零散数据并不具备被普遍认可的、能够以金钱衡量的客观价值性，不能被视作刑法意义上的"财产"或"财物"；只有经过数据收集者的收集、储存活动，将这些零散的结构化和非结构化数据转化为储存在数据收集者数据处理系统中的结构化数据文件方始具备转移、交易之可能，大数据的财产属性亦通过数据收集所带来的集聚效应方得以体现。⑦ 这正是维克托·迈尔-舍恩伯格、肯尼思·库克耶

---

① 田刚：《大数据安全视角下计算机数据刑法保护之反思》，《重庆邮电大学学报》（社会科学版）2015 年第 3 期。

② 陈小红：《数据权利初探》，《法制日报》2015 年 7 月 11 日第 6 版。

③ 郭如愿：《个人数据的经济利益论与财产权利构建》，《电子知识产权》2020 年第 5 期。

④ 谢楚鹏、温孚江：《大数据背景下个人数据权与数据的商品化》，《电子商务》2015 年第 10 期。

⑤ 目前国内的大数据交易平台主要包括三类：一是以贵阳大数据交易所为代表的交易所平台；二是以中关村数海大数据交易平台为代表的产业联盟性质交易平台；三是以数据堂为代表的专注于互联网综合数据交易和服务平台。其中贵阳大数据所中心交易的是经过清洗后的数据，中关村数海数据交易平台交易的是底层数据和清洗后的数据，而数据堂等数据商出售的是自己搜集的结构化数据。以上三者交易的均是经数据收集者收集的结构化数据，并不是用户直接产生的数据。高完成：《数据确权与交易规则研究》，《西安交通大学学报》（社会科学版）2018 年第 3 期。

⑥ 李爱君：《论数据权利归属与取得》，《西北工业大学学报》（社会科学版）2020 年第 1 期；王玉林、高富平：《大数据的财产属性研究》，《图书与情报》2016 年第 1 期。

⑦ 石丹：《企业数据财产权利的法律保护与制度构建》，《电子知识产权》2019 年第 6 期。

之所以坚称"只有当数据中间商诞生并且开始运营，而使用者也可开始使用这些数据的时候，消费者才能变成大数据财产的真正掌握者"[①] 的原因所在。一言以蔽之，作为大数据来源的海量数据只有经过数据收集后才有可能成为"财物"，特定用户产生的零散数据不具有财产属性，既非"财产"也非"财物"。

（二）大数据模型

上文就大数据来源是否属于"财物"的问题进行了阐释，接下来需要解决的是数据处理阶段"大数据财产"的认定，也即作为大数据挖掘工具的各类知识模型和学习模型能否被视为"财物"的问题。对于这一问题，根据本书的解释立场，仍应根据"财物"的三个判断标准来认。如前所述，占有和转移的可能性是"财物"的必备特征之一，专属于特定主体、无法被转移占有的客体（如劳务、服务等）即便具备一定的经济价值也不能被视为"财物"。从这个意义上讲，在大数据挖掘中发挥关键性作用的学习模型（Learning models）以及经过学习模型反复的机器学习所形成的智能化知识模型（Knowledge patterns），本质上是一种专属于特定大数据挖掘者的数据处理工具，是一种包含着数据挖掘者智慧的程序架构，无法脱离数据挖掘者的大数据处理系统而单独存在，因而不具有转移可能性，不能被认定为刑法中的"财物"。

（三）大数据产品

最后需要探讨的是 CCM、CRM、LBS 具有直接商业应用价值的大数据产品的财产性问题。国务院《促进大数据发展行动纲要》中明确提出，要围绕数据采集、整理、分析、发掘、展现、应用等环节形成大数据产品体系，形成一批满足大数据重大应用需求的产品、系统和解决方案，建立安全可信的大数据技术体系，使大数据产品和服务达到国际先进水平，国内市场占有率显著提高。该规定确证了"大数据产品"的法律地位，为大数据产品的应用和开发提供了坚实的合法性根据。2020 年，工业和信息化部办公厅发布《关于公布支撑疫情防控和复工复产复课大数据产品和解决方案的通知》，公布了 94 个疫情防控和复工复产复课大数据产品，"大数据产品"实现了从学理概念到规范概念，再到国家推动的实践应用

---

① ［英］维克托·迈尔−舍恩伯格、肯尼思·库克耶：《大数据时代：工作、生活与思维的大变革》，盛杨燕、周涛译，浙江人民出版社 2013 年版，第 187—188 页。

的飞跃。不仅如此，国内日渐繁荣的大数据产品交易市场证明，大数据产品同时具有占有、转移的可能性以及为市场所普遍认可的客观经济价值，完全可以被认定为刑法意义上的"财物"。自 2015 年贵阳大数据交易所正式挂牌交易以来，全国各地的大数据交易中心和数据交易所如雨后春笋般快速涌现，截至 2020 年，中国地方共建立了 57 家数据交易所（数据交易中心），出台了大量的数据交易规则，大数据产品交易颇具规模。①2021 年 11 月 25 日，国内首部由省级立法机关制定的大数据地方性法规《上海市数据条例》公布，自 2022 年 1 月 1 日起施行。《条例》的出台对于推进大数据产品的确权、完善大数据交易规则、促进大数据开发具有重要意义，亦是将大数据产品财产化的重要支撑。

此外，《刑法》第 92 条第（一）项将"生产资料"明确纳入"财产"的概念范畴之中，而国务院在《促进大数据发展行动纲要》中指出"大数据推动社会生产要素的网络化共享、集约化整合、协作化开发和高效化利用，改变了传统的生产方式和经济运行机制，可显著提升经济运行水平和效率，大数据持续激发商业模式创新，不断催生新业态，已成为互联网等新兴领域促进业务创新增值、提升企业核心价值的重要驱动力"，并且明确要求要"大力培育互联网金融、数据服务、数据探矿、数据化学、数据材料、数据制药等新业态，提升相关产业大数据资源的采集获取和分析利用能力，充分发掘数据资源支撑创新的潜力"；2020 年 3 月出台的《中共中央、国务院关于构建更加完善的要素市场化配置体制机制的意见》则直接把大数据资源界定为一种与土地、技术相并列的生产要素，要求"引导培育大数据交易市场，依法合规开展数据交易，支持各类所有制企业参与要素交易平台建设。"可见，在新的时代背景下，大数据业已成为一种重要的生产资料，不仅催生了包括数据探矿、数据服务等在内的一系列以数据为生产原料的全新产业，甚至对现有的生产关系与经济运作模式产生了革命性的影响。② 大数据产品作为一种生产资料，自应被纳入刑法中"财产"和"财物"的概念范畴之内。诚如学者所言，大数据产品

---

① 李爱君：《论数据权利归属与取得》，《西北工业大学学报》（社会科学版）2020 年第 1 期。

② ［英］维克托·迈尔-舍格伯格、［德］托马斯·拉姆什：《数据资本时代》，李晓霞、周涛译，中信出版集团 2018 年版，第 4—15 页。

的财产性应该是不存在争议的，从学理研究、大数据开发利用和数据交易实践，以及政策性文件规定中都能得出这个结论。[1]

二 "大数据财产"的认定标准与范围界定

通过对大数据来源、大数据模型和大数据产品的财产性分析，可以得知并不是所有的"大数据"都可以被认定为"财产"或"财物"。只有那些同时具备客观经济价值和占有、转移可能性的大数据表现形式才能被称作真正意义上的"大数据财产"。具言之，能够被称为"财物"的大数据财产必须同时满足两个基本条件：

（1）必须是经过合法途径收集的底层数据、清洗后的匿名化数据或者经过挖掘之后形成的大数据产品；

（2）必须能够在大数据交易平台或者其他市场上进行交易。

未经收集、转化的零散化数据，作为数据收集、挖掘工具的大数据模型，以及那些虽然经过数据收集或者数据挖掘，但是不能够在市场上自由交易的大数据产品不属于刑法意义上"财物"，亦被排除于"大数据财产"的概念范畴之外（见表4-2）。

表4-2   "大数据财产"的概念范畴

数据挖掘阶段	大数据的表现形式		是否属于"大数据财产"
数据收集	大数据来源		×
	收集后的数据（底层数据）	可以在市场上交易	√
		无法交易或拒绝交易	×
数据准备	清洗后的数据（匿名数据）	可以在市场上交易	√
		无法交易或拒绝交易	×
数据处理	大数据模型		×
数据应用	大数据产品	可以在市场上交易	√
		无法交易或拒绝交易	×

三 大数据财产的权利归属

上文就大数据的财产性与大数据财产的范围等问题进行了阐释，经过

---

[1] 王玉林、高富平：《大数据的财产属性研究》，《图书与情报》2016年第1期。

分析可以得知，某些类型的大数据表现形式在满足特定条件时，可以被认定为刑法意义上的"财物"。不过，鉴于大数据财产的特殊性，大数据财产权利与传统的单主体权益存在显著差异，大数据挖掘活动导致数据权益在自然人与数据企业双主体之间分配，大数据开发企业与生产大数据的用户个人均对大数据财产产生权利主张，[①] 由此引发了大数据财产权利归属的聚讼。对于这一问题，理论界存在如下几种立场。

（一）归属于数据生产者的立场

一些学者倾向于将大数据的财产权利归属于数据的产生者，即生产个人数据的互联网用户。数据财产化理论的创始人劳伦斯·雷席格（Lawrence Lessig）认为，如果将财产权赋予作为数据收集者或经营者的企业，那么用户需要花费大量的成本才能监督自己的个人数据是否被收集以及如何被使用，不利于其维护自身的权益。因此，只有承认用户对数据的财产权，才能够借助既有的法律应对新时代的数据权利纠纷，预防大规模损害个人数据现象的发生。[②] 将大数据财产权利赋予企业的做法与数字经济运行的逻辑特征相悖，不仅无法达到创设这一权利的目的，还将带来权利分配难题、威胁个人隐私、数据垄断等诸多困境。[③] 迈尔-舍恩伯格亦持类似观点，主张将数据财产权利赋予消费者，由消费者自行决定将自己的个人数据授权给哪些公司使用，以及其个人数据的售价。[④] 肖冬梅、文禹衡运用法经济学方法对将数据法益分别授予政府、数据控制者（数据商主体）与数据生产者之后的价值效果进行分析，认为只有将数据法益授予数据的生产者才是数据权利归属的最优路径选择。[⑤]

（二）归属于数据控制者的立场

与此截然对立的是将大数据财产权归属于数据控制者（数据的收集

---

①　许娟：《企业衍生数据的法律保护路径》，《法学家》2022年第3期。

②　Lawrence Lessig: *Code and Other Laws of Cyberspace*, New York: Basic Books, 2006, p. 226.

③　付新华：《企业数据财产权保护论批判——从数据财产权到数据使用权》，《东方法学》2022年第2期。

④　[英] 维克托·迈尔-舍恩伯格、肯尼思·库克耶：《大数据时代：工作、生活与思维的大变革》，盛杨燕、周涛译，浙江人民出版社2013年版，第187页。

⑤　肖冬梅、文禹衡：《数据权谱系论纲》，《湘潭大学学报》（哲学社会科学版）2015年第6期。

者、处理者、挖掘者）的立场。① 该立场认为将数据财产权归属于数据生产者（用户）的主张忽视了数据控制者在数据处理、利用过程中的正当权利，导致数据控制者在每次获取、收集个人数据时，均需要与用户进行议价，由此产生了巨大的交易成本，不利于数字经济的发展。② 大数据应当是数据控制人的财产，是信息资产的重要类型。反之，如果将大数据财产归属于数据主体，或者作为数据主体和大数据控制人的共有财产，势必导致权利主体的混乱，大数据交易法律关系无法建立，大数据财产的价值也将无法实现。③ 因此，无论是基于大数据财产的财产属性分析，还是从产权经济学与劳动赋权理论的视角出发，均应当将大数据财产的所有权归属于数据经营者，即掌握大数据的企业。④

（三）归属于公共财产的立场

除了作为数据生产者或数据控制者的私人财产，还有观点主张将大数据财产归属为一种公共法益，由政府负责管理。⑤ 该观点侧重对大数据财产的最大化利用，并避免形成个别企业的数据垄断。⑥ 持此立场的观点认为，将大数据财产权利归属于数据生产者、坚持绝对化的个人数据主体一概知情同意会造成数据资源的严重浪费，忽视了大数据交易语境下个人数据的经济性和社会性，不能满足大数据产业的发展要求；而在大数据开发利用的过程中，平台企业的强势地位则会带来数据侵权与公民隐私保护方面的隐忧，故此，应当摒弃唯所有权的定性及保护模式，将经过搜集的个人数据定性为公共资源，将个人数据所有权定位为公共所有权。这样不仅能够有效化解企业数据开发与个人信息保护之间的矛盾，还为大数据企业从事公益性活动提供了制度支撑。⑦ 有研究者认为应将数据挖掘、处理阶

---

① 祝艳艳：《大数据时代企业数据保护的困境及路径建构》，《征信》2020 年第 12 期。

② 王忠：《大数据时代个人数据交易许可机制研究》，《理论月刊》2015 年第 6 期。

③ 王玉林、高富平：《大数据的财产属性研究》，《图书与情报》2016 年第 1 期。

④ 冯晓青：《大数据时代企业数据的财产权保护与制度构建》，《当代法学》2022 年第 6 期。

⑤ 梅夏英：《在分享和控制之间：数据保护的私法局限和公共秩序构建》，《中外法学》2019 年第 4 期。

⑥ 锁福涛、潘政皓：《数据权益的法律保护路径研究》，《南京理工大学学报》（社会科学版）2022 年第 1 期。

⑦ 姜晓婧：《个人数据公共财产保护模式的证成》，《重庆广播电视大学学报》2019 年第 5 期。

段的数据权利归属于数据控制者，而将经过挖掘的、处于应用阶段的大数据财产界定为公共财物，主张参照土地所有权制度将这一公产交由政府管理，由此防范大数据市场的各类市场失灵现象。[①] 例如，浙江省经济信息中心副主任、信用中心主任王宁江认为，可以由使用大数据从事营利活动的企业和平台按照固定的金额或者比例，把使用费用划拨到政府指定部门或者公共事业基金名下，这部分基金将用于公共服务事业。[②]

（四）分阶段所有的立场

不同于将大数据财产归属于数据主体或数据控制者的单一立场，越来越多的学者主张依据不同的标准和阶段对大数据财产进行划分，分别归属于不同的权利主体。[③] 武长海认为，含有个人隐私的底层数据应当归属于数据主体，而经过匿名化处理之后的数据，以及经过数据清洗、可视化加工之后得到的各类衍生数据，其使用、交易的权利应当完全归属于数据的控制者。[④] 阿里巴巴法务部的人士则主张，原生数据中用户提交的数据专属于用户所有，但是用户可以通过授权的形式将其让渡给数据的使用者；原生数据中记录用户行为的痕迹数据，由用户和数据控制者共同所有；而不包含用户个人数据权的衍生数据则应当归属于数据记录者专有。[⑤] 另有学者提出，对于基于政府大数据的数据开发、利用活动，可以参照物权法中的用益物权制度建构新型的共有权利制度，由政府开放的公共数据，政府享有所有权和处分权，企业享有收益权和使用权，而不是像之前观点主张的那样将大数据财产权利作为一个整体赋予任何一方。[⑥]

对于以上几种立场的争论，笔者认为，为了解决大数据财产的归属问题，首先需要厘清大数据财产的财产性根源问题，也即所谓的"大数据财

① 周林彬、马恩斯：《大数据确权的法律经济学分析》，《东北师大学报》（哲学社会科学版）2018 年第 2 期。

② 王宁江：《大数据的产权界定》，《浙江经济》2015 年第 17 期。

③ 权保：《大数据时代数据财产权利分配研究》，《合作经济与科技》2022 年第 2 期；锁福涛、潘政皓：《数据权益的法律保护路径研究》，《南京理工大学学报》（社会科学版）2022 年第 1 期；周澎：《数据交易下权益边界的实践探索与调适》，《电子知识产权》2020 年第 2 期等。

④ 武长海、常铮：《论我国数据权法律制度的构建与完善》，《河北法学》2018 年第 2 期。

⑤ 陈小红：《数据权利初探》，《法制日报》2015 年 7 月 11 日第 6 版。

⑥ 商希雪：《政府数据开放中数据收益权制度的建构》，《华东政法大学学报》2021 年第 4 期。

产"之所以能够被称为"财产"的根本原因是什么，究竟是什么人、什么因素使"大数据"产生价值的。

为了更好地解释大数据的财产性来源问题，首先需要厘清"数据"和"信息"这两个概念之间的区别。在与大数据主题相关的理论探讨中，"信息""数据""资料"等概念的界限往往并不明晰，① 杂糅混用的情况比较常见。有学者指出，社会一般语境下的"数据"主要有两种词义：其一，数据即为信息，特别是以事实、数字或统计方式呈现的信息，这种信息可被人类分析并用以辅助决策。其二，数据是计算机领域的专业词汇，专门指代可以被计算机程序储存、处理和使用的电子形式信息。② 也就是说，"信息"和"数据"主要体现出一种主体语境之间的区别，信息是人与人之间交流沟通的语言，而"数据"则更像是电脑能"听得懂"的语言。③ 在前大数据时代，数据仅仅是信息的一种载体，故此将"数据"与"信息"的概念相互通用似无不妥；但是在大数据时代，大数据的收集、挖掘与应用使"数据"和"大数据"的独立意义得以凸显，成为区别于"信息"的概念范畴。如果不能准确把握"数据"和"信息"之间的关系，就无法从根本上理解大数据挖掘的价值所在。下文将以知识管理理论为基础，通过剖析"数据"与"信息"的区别与关系，对大数据的财产性根源问题作出解答。

知识管理思想的创始人、美国福特汉姆大学商学院教授 Milan Zeleny 提出了 DIKW 理论模型，对于我们理解大数据背景下的"数据"和"信息"的关系颇具指引意义。根据 DIKW 理论模型，数据、信息、知识和智慧的关系是一个四层结构，数据在底层，智慧在顶层。通过观察和度量可以获取数据，经过处理、建立相互关系后可以形成信息，对信息进行归纳演绎和提炼后可以得到知识，而智慧又是源于超越知识之后形成的一个创新性的思维和行动。前者是后者的基础与前提，后者对前者的超越和发展。④（见表4-3）

---

① 刘建刚：《数据权的证成》，《北京政法职业学院学报》2016 年第 4 期。

② 郑佳宁：《数据信息财产法律属性探究》，《东方法学》2021 年第 5 期。

③ 郭瑜：《个人数据保护法研究》，北京大学出版社 2012 年版，第 127—128 页。

④ Milan Zeleny, "From Knowledge to Wisdom: On Being Informed and Knowledgeable, Becoming Wise and Ethical", *International Journal of Information Technology & Decision Making*, 2006, 5（04），pp. 751-762.

表 4-3　　　　　　　　　　　DIKW 理论模型

↑	智慧 Wisdom	Know Why	↑
	知识 Knowledge	Know How	
	信息 Information	Know What	
	数据 Data	Know Nothing	

　　根据 DIKW 体系对数据和信息的划分，数据（Data）是基于观察、记录以及其他人的行为而自发产生的事实。"数据是原始的数字和事实"①，"数据是没有回答特定问题的文本"②，"数据是一组分散的事实"③ 等均是在描述"数据"的自发性、事实性特征。而"信息"（Information）则经过了人们的加工和处理，并非自发形成的客观存在。"信息是经过处理可以利用的数据"，④"信息是依照一定形式组织起来的数据，是能够被储存、分析、展示，可以通过语言、图表或者数字交流的一种数据"。⑤ 可见，"信息"和"数据"之间的区别在于人们的加工、处理行为，数据经由人们的收集、整理、挖掘、提炼之后形成具有经济价值的信息。在知识管理理论的视域下，作为大数据来源的海量数据便是体现用户行为和基本情况事实的数据（Data），而经过大数据挖掘者的收集、清洗、处理、挖掘等行为后得到的大数据产品，则属于具有商业应用价值的信息（Information），大数据挖掘就是将作为自在事实的数据（Data）转化为经数据利用者人为处理过的信息（Information）的过程。在这一过程中，大数据的价值究竟是如何产生的呢？申言之，大数据之所以成为"财产"，是因为数据本身的价值，还是因数据收集者的收集、挖掘、应用等行为产生的

---

　　① ［新西兰］斯图尔特·巴恩斯：《知识管理系统：理论与实务》，阎达五、徐鹿等译，机械工业出版社 2003 年版，第 1 页。

　　② Edward J. Quigley, Anthony Debons："Interrogative Theory of Information and Knowledge", *Conference on Computer Personnel Resarch*, *New Orleans*, *Louisiana*, *USA*, April 8-10, 1999.

　　③ ［法］查尔斯·德普雷、丹尼尔·肖维尔：《知识管理的现在与未来》，刘庆林译，人民邮电出版社 2004 年版，第 1—2 页。

　　④ ［新西兰］斯图尔特·巴恩斯：《知识管理系统：理论与实务》，阎达五、徐鹿等译，机械工业出版社 2003 年版，第 1 页。

　　⑤ Nancy M. Dixon, *Common Knowledge*：*How Companies Thrive by Sharing What They Know*, Harvard Business School Press, March 2000, p. 16.

价值呢？

对此，前文中已经指出，大数据财产并非大量公开数据的简单堆积，而是经过算法分析与深度筛选之后形成的企业数据产品。[①] 作为大数据来源的海量零散数据本身是不具有经济价值的，大数据的财产价值来源于大数据挖掘者的收集、挖掘活动。[②] 迈尔-舍恩伯格指出，在前大数据时代，一旦数据的基本用途得以实现，该数据便已经达到其利用目的，数据的价值便已经被提取完毕；而在大数据时代，数据就像是一个神奇的钻石矿，在其首要价值被挖掘之后仍然能够源源不断的产生价值。大数据的主要价值，就体现在对数据的收集、重组与二次利用上。[③] 例如，消费者在搜索引擎中输入的关键词信息，其首要价值体现在满足消费者的搜索需求上，搜索行为一经完成，消费者对该条数据的使用价值便已提取完毕，对于消费者而言该关键词便不再具有价值。但是，搜索引擎的运营商通过对全网用户的海量搜索信息的大数据挖掘，能够从中提炼出大量有价值的信息，并最终通过 CCM、CRM 与 LBS 等大数据产品应用于消费者或者直接出售，将大数据产品转化为商业利益。

在这一过程中，数据挖掘者对已被用户提取过首要价值的数据（即所谓的"数据废气"）所进行的收集、挖掘与再利用，是价值创造的关键环节，也是大数据财产性的根源之所在。用户虽然是数据的产生者，是数据的主要来源，但是并不是"大数据财产"的创造者。用户对于数据所享有的利益，早在数据被首次利用时便已被其提取完毕，一旦数据满足了用户的需求（如检索关键词、提交资料、关注微信号、登录游戏等），其价值便被用户所提取，从而形成"数据废气"，除涉及隐私或公民个人信息等人身利益外，数据的生产者不再对其产生数据享有任何财产利益。与此同时，数据收集与数据开发行为使企业的大数据权利得以形成。[④]（见图 4-4）"从数据收集加工产生价值的过程来看，处于公共领域的个人数

---

① 冯晓青：《大数据时代企业数据的财产权保护与制度构建》，《当代法学》2022 年第 6 期。

② 张弛：《大数据财产——概念析正、权利归属与保护路径》，《杭州师范大学学报》（社会科学版）2021 年第 1 期。

③ ［英］维克托·迈尔-舍恩伯格、肯尼思·库克耶：《大数据时代：工作、生活与思维的大变革》，盛杨燕、周涛译，浙江人民出版社 2013 年版，第 135—136 页。

④ 袁文全、程海玲：《企业数据财产权益规则研究》，《社会科学》2021 年第 10 期；赵磊：《数据产权类型化的法律意义》，《中国政法大学学报》2021 年第 3 期。

据往往是无序且无规律的存在，产品制作人的投资和劳动使个人数据形成产品信息或者可靠信息。这一过程实现了个人数据由不完全向完全、由杂乱向有序、由不可靠向可靠的转变，也使信息具有了商品的属性。"[①] "创造价值的并不是数据本身，也不是个人，更确切地说，价值的创造是通过对数据的收集、处理和管理获得的。"[②]

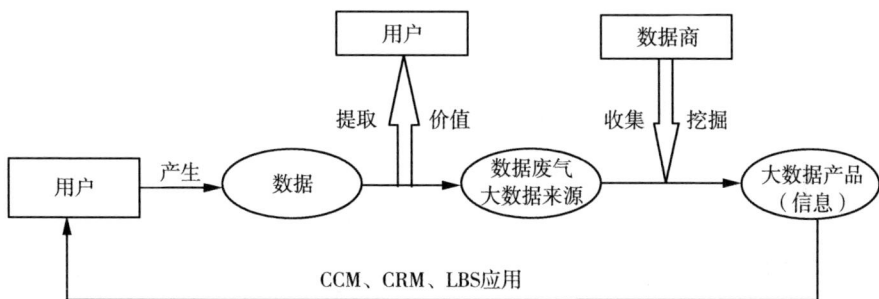

图4-4　大数据价值创造的流程

综上，笔者认为"大数据财产"应当归属于它的创造者，即作为数据收集者和开发者的平台企业或数据商。这就好比用石头制作的雕像其财产权应当归属于雕刻家，而非石头的所有人；用黏土烧制的陶器属于烧陶者所有，而非土地的所有人；价值连城的油画当然是画家拥有的财产，并不属于画布厂、颜料厂和制笔厂中的任何一方。数据本身并不具有财产权利赋权的正当性，数据之所以成为财产主要是基于数据控制者通过大数据挖掘等技术手段将数据"关系化"为信息，在这一过程中数据的价值得到了添附，使"数据"变成"大数据"，据此成为数据赋权的基础。劳动赋权理论是将大数据财产归属于数据控制者的理论基础。"在促进数据开放的同时，对能够提升数据价值的市场主体赋予一定的财产性补偿是大数据时代平衡公私利益的唯一途径。"[③]

一言以蔽之，财富应当属于其创造者。大数据的收集者、挖掘者和控制者，才是大数据财产的真正所有者。

[①]　郭如愿：《个人数据的经济利益论与财产权利构建》，《电子知识产权》2020年第5期。

[②]　Jing Zeng, Keith W. Glaister: "Value Creation from Big Data: Looking Inside the Black Box", *Strategic Organization*, 2017（2）.

[③]　苏今：《大数据时代信息集合上的财产性权利之赋权基础——以数据和信息在大数据生命周期中的"关系化"为出发点》，《清华知识产权评论》2017年第1辑，法律出版社2017年版。

第三节　大数据财产的刑法保护路径

以上两节的探讨初步厘清了作为本章研究对象的"大数据财产"的概念范围、财产性与权利归属等基础性问题。接下来需要探讨的是如何对大数据财产及其权利人进行保护的问题，具体说来，包括民法层面的权利路径选择与刑事司法层面的罪名适用两个方面。

一　大数据财产的保护路径之争

民法层面的大数据保护路径问题，所讨论的主要是大数据财产的权利性质，以及应当采取何种路径对其加以保护的问题。对此，学界存在如下几种不同主张：

（一）物权保护路径

鉴于大数据的财产属性正在获得社会的普遍认可，主张依照物权制度对大数据财产加以保护的呼声也随之高涨。有学者指出，对大数据财产采取债权保护路径将会带来显著的负外部性后果，形成数据壁垒，导致数据垄断和不正当竞争的产生；而知识产权制度的登记与公示程序势必大大降低数据流通的速度，对大数据交易和开发形成阻碍。[1] 相比之下，若将大数据财产解释为一种无体物，则直接可以融入现有的物权法律体系，从而更容易被立法者接受，需要克服的制度阻碍最小。物权的占有、使用、收益、处分四大权能恰巧对应大数据的收集、储存、挖掘、利用和交易等流程，将大数据财产作为一种"物"进行保护并不存在任何法律或者事实上的障碍。[2] 依照物权化的保护路径，虽然以互联网数据与传统现实物理社会的财产存在形式差异，却具备传统财产的实质内容，[3] 故此对于侵犯大数据财产的行为可以依照财产犯罪的有关规定处理。另有研究者比照物权的基本权能构筑了"新型大数据物权"的蓝本，认为大数据财产权应该类似于所有权，大数据财产的所有人对其数据成果享有独占且排他的权

---

① 刘宇：《〈民法典〉视野下的大数据交易：过程控制、性质认定与法律适用》，《甘肃政法大学学报》2022年第3期。

② 周林彬、马恩斯：《大数据确权的法律经济学分析》，《东北师大学报》（哲学社会科学版）2018年第2期。

③ 张智辉：《网络犯罪：传统刑法面临的挑战》，《法学杂志》2014年第12期。

利，具体内容包括数据存储权、数据使用权、数据收益权和数据处分权等
四项权能以及与数据权利行使相关的各种请求权。[1]

（二）债权保护路径

若依照物权保护路径将"大数据财产"视为一种"物"，则大数据交
易合同便属买卖合同，买卖双方就大数据财产这一标的交易其所有权。对
此持不同见解的观点认为，大数据财产的共性在于不能与网络服务相分
离，都是互联网用户接受网络服务的产物，因此其实质是网络服务合同债
权。[2] 权利人对大数据的请求权并非物权而是一种债权，大数据交易合同
应当是一种数据服务合同而非买卖合同。买方通过支付对价，获得要求大
数据服务商提供大数据服务的请求权，大数据交易应当被视为一种服务提
供行为继而适用服务合同而非买卖合同的相关规定。[3] "在数据财产利益
尚未能上升为法定权利之前，力促市场主体通过合同机制协调可商品化数
据的利益分配具有其独特优势。合同进路的优势在于其既是以市场为导向
的制度路径，又是灵活的、可以兼顾可商品化数据主体多元需求的保护模
式，同时亦具有更大的变通性以适应数据产业的不断变化发展。在没有设
立数据专有权的情况下，以合同为基础的数据利益交易机制已经成为现今
商业实践选择的结果，并为实现可商品化数据市场主体的正当利益提供了
可行的运转方案。"[4] 在罪名适用方面，根据债权保护路径的立场，鉴于
所谓"大数据财产"归根结底是一种服务而非财物，侵害大数据财产的
行为不应以财产犯罪论处。

（三）知识产权路径

虽然说大数据具有财产性，可以被视为一种"财产"，但是大数据财
产毕竟不同于传统的物理财产。传统的物理性财产一般是排他的、独占性
的，并且在使用之后其价值会发生贬损，无法被更新；[5] 而大数据财产具

---

[1]　周秀娟、陈斐：《数据新型财产权的构建路径研究》，《电子科技大学学报》（社会科
学版）2020 年第 3 期。

[2]　任丹丽：《民法典框架下个人数据财产法益的体系构建》，《法学论坛》2021 年第 2 期。

[3]　高完成：《数据确权与交易规则研究》，《西安交通大学学报》（社会科学版）2018 年第 3 期。

[4]　谢宜璋：《可商品化数据的进一步厘清：概念、保护诉求及具体路径》，《知识产权》
2021 年第 8 期。

[5]　Glazer R.，"Marketing in an Information - Intensive Environment：Strategic Implications of
Knowledge as an Asset"，*Journal of Marketing 55*，1991，pp. 1-19.

有共享性，并不会因使用消耗而减少其本身的价值，不管大数据财产被如何重复使用，该大数据财产仍然能够保持原状。① 这一特征使部分学者对大数据财产的物权保护路径产生质疑，并主张引入知识产权制度的许可使用与限制使用规则，以更好地契合大数据财产的非独占性、非损耗特征，从而推动大数据共享和交易资源流动。② "就数据垄断性利益而言，即保护电子数据不受非法复制或窃取，在保护方式上与无形财产的保护较为类似，因此可通过解释或修改知识产权法相关条文的基础上构建出相关的保护性规范。"③ 龙卫球认为，在大数据法律关系中，对于数据经营者（企业）应分别配置大数据资产权与大数据经营权，其中大数据资产权也与工业知识产权有一定的相似性。④ 另有学者指出，虽然大数据财产与传统的著作权保护客体在形式上存在较大差异，但在财产性利益等方面保持了高度的相同性。因而，对于该类作品的知识产权保护在刑事法领域理应有所评价。⑤ 至于具体的保护路径，不同主张之间则存在些许差异：有观点主张，应当以大数据财产是否具有排他性和不可复制性作为判断标准，对于大部分不具有排他性支配的可能性的共享性数据资源，以知识产权路径予以保护；对于少量具有独占性的、不可复制的大数据财产以物权路径进行保护。⑥ 与此不同的观点则以是独创性作为区分标准，将独创性的大数据信息纳入著作权法进行保护，不具有独创性的则适用反不正当竞争法进行保护；⑦ 而一些实务界人士则认为，对于有独创性的大数据财产和数据集合产生著作权，不具有独创性的数据库可以产生邻接权，二者均应纳入知

---

① 劳东燕：《个人数据的刑法保护模式》，《比较法研究》2020 年第 5 期。

② 石丹：《企业数据财产权利的法律保护与制度构建》，《电子知识产权》2019 年第 6 期；杨永凯：《企业大数据财产权利的归属及交易规制》，《石河子大学学报》（哲学社会科学版）2019 年第 1 期。

③ 王镭：《电子数据财产利益的侵权法保护——以侵害数据完整性为视角》，《法律科学》2019 年第 1 期。

④ 龙卫球：《数据新型财产权构建及其体系研究》，《政法论坛》2017 年第 4 期。

⑤ 于志强：《我国网络知识产权犯罪制裁体系检视与未来建构》，《中国法学》2014 年第 3 期。

⑥ 郭旨龙：《非法获取计算机信息系统数据罪的规范结构与罪名功能——基于案例与比较法的反思》，《政治与法律》2021 年第 1 期。

⑦ 权保：《大数据时代数据财产权利分配研究》，《合作经济与科技》2022 年第 2 期。

识产权法的保护范围;① 另有观点则主张不论是否具有独创性，均应以邻接权来对大数据财产进行保护。②

（四）新型权利路径

物权、债权与知识产权的保护路径均立足于当前的法律规定，试图将"大数据财产"纳入已有的权利保护体系之中，借此减少这一新的财产类型对现有制度体系的冲击，降低新设立法的成本。当然，也有不少学者认为大数据财产作为一种全新类型的财产，与现有的权利制度难以兼容，故此需要通过创设的新的立法对大数据财产予以专门化的保护。③ "大数据作为一种财产客体，应当在财产权体系中进行定位。但通过其与物权客体、债权客体以及知识产权客体的辨析，在理论上很难将大数据栖身于传统财产权的体系之中。那么就必须针对这种新类型的客体重新进行定位，应当确立新的大数据权利类型。"④ 大数据财产权是权利人对特定数据享有的直接支配和相对排他的权利，性质为一种财产权，但是既非传统的物权也非知识产权。⑤ 持新型权利路径主张的学者认为，与大数据财产有关的权利具有被列入法律权利清单的资格，主张先分别在民法和行政法中将其明确为一项区别于其他权利的新兴权利，在经过民法和行政法的实践检验和立法修正后，可以进一步将此种权利确立为宪法上的一项基本权利。⑥ 国外已经开始了将大数据财产确定为新型权利的尝试：为增强机器生成数据的流动性与可交易性，欧盟在 2017 年 10 月的《构建欧洲数据经济（Building a European Data Economy）》提案中，首次提出创设新型大数据权利——"数据生产者权"（data producer's right）的构想。⑦ 基于此构想，"数据生产者权"是一种归属于大数据机器设备所有者和机器设备

---

① 朱文玉、李想：《大数据知识产权保护路径探析》，《湖北经济学院学报》（人文社会科学版）2022 年第 9 期。

② 秦珂：《大数据法律保护摭谈》，《图书馆学研究》2015 年第 12 期。

③ 张浩：《由传统数据库保护反思新型"数据财产权"》，《法学杂志》2022 年第 6 期。

④ 高完成：《数据确权与交易规则研究》，《西安交通大学学报》（社会科学版）2018 年第 3 期。

⑤ 钱子瑜：《论数据财产权的构建》，《法学家》2021 年第 6 期。

⑥ 刘建刚：《数据权的证成》，《北京政法职业学院学报》2016 年第 4 期。

⑦ Stepanov Ivan, "Introducing a Property Right over Data in the EU: the Data Producer's Right'an Evaluation", *International Review of Law*, *Computers &Technology*, 2020, Vol. 34, pp. 65-86.

的长期用户的综合性权利体系，权利的对象包括由机器生成的非个人数据或匿名数据、基于数据权利主体认识的语法信息层等，具体到权利行使方式上，"数据生产者权"包括积极行使与消极行使两种方式，前者类似于传统物权，而后者则是一种全新的数据生产者防御权。此外，"数据生产者权"的实现还必须依托必要的商业限制措施和技术措施予以保障。①（见表4-4）

表4-4　　　　　　　　　欧盟"数据生产者权"构想内容②

欧盟数据生产者权初步体系构想	欧盟态度以及利益攸关方咨询会议的建议记录	
权利主体	机器设备的所有者 机器设备的长期用户	
权利客体	机器生成的非个人数据或匿名数据 基于数据权利主体认识的语法信息层	
权利内容	权利行使范围	传统物权行使范围 新型防御权行使范围
	例外情形	基于数据共享义务的例外 基于公共利益目的的例外 基于国家公共行为的例外 基于科学研究目的的例外
	辅助措施	商业限制措施 技术措施

在刑法领域，新型权利路径认为，为实现对大数据财产的保护，应当对现有的网络法益进行扩容，对互联网犯罪的行为内容进行重组并对定罪量刑体系进行重构，尽快在刑法中确立"大数据法益"，③ 在此基础上增设"非法获取网络数据罪""非法获取数据罪""妨害数据信用罪"等罪

---

① European Commission, *Commission Staff Working Document on the Free Flow of Data and Emerging Issues of the European Data Economy*, https://eur-lex.europa.eu/legal-content/EN/TXT/PDF/?uri=CELEX：52017SC0002&from=EN. html, 2017-1-10.

② 蒋林君：《欧盟数据生产者权及其对我国的启示》，《湖南科技大学学报》（社会科学版）2021年第3期。

③ 孙道萃：《大数据法益刑法保护的检视与展望》，《中南大学学报》（社会科学版）2017年第1期。

名，最终形成完整的大数据罪名体系。[①]

对于以上几种观点，笔者认为，首先，新型权利路径是值得商榷的。鉴于新设立法的周期长、成本高，且会对法律本身的稳定性与权威性造成负面影响，故此每当出现新问题时，主流观点往往倾向于通过法律解释来实现刑法对社会发展的回应，尽量避免对立法的修改与创设。陈兴良指出，"既然信仰法律，就不要随意批评法律，不要随意主张修改法律，而应当对法律进行合理的解释，将'不理想'的法律条文解释为'理想'的法律规定。"[②] 张明楷亦指出，修改、增设立法的成本太高，远不及解释法律简便，批判法律本身的做法不利于维护法律的权威性，即使通过批判提出了新的立法建议，也未必能够及时解决司法实践中的现实性问题。[③] 实际上，在世界范围，是否需要创设专门的新型权利类型对大数据财产进行保护的问题也是存在巨大争议的。在德国，尽管近年来很多学者希望确立新型的数据权利或者数据财产权，呼吁通过司法判决的方法将"数据权利"作为《德国民法典》第823条第1款"其他权利"的一种予以承认，以期个人或者企业对其电子数据中的财产性利益能被纳入侵权法的保护范畴。然而，德国联邦法院只在相关判决中认可了电子数据用户的数据库具有独立的财产价值，受到侵害应当获得损害赔偿，但尚未出现一起直接承认数据财产权或类似权利的判决。[④] 而欧盟提出的关于确立"数据生产者权"的新型权利构想也遭到否决，欧盟委员会的研究报告《数据所有权等新兴问题研究》认为，通过立法创设数据所有权不应成为决策者的优先选项。欧盟立法者也认识到此项权利方案的诸多局限性而未采纳该提议。[⑤] 可见，创设新型权利制度对大数据财产予以专门保护的条件远未成熟，国内外学界的多数观点认为，当前大数据法益的保护需求尚未达到必须通过创设专门立法进行保护的程度，在穷尽现有的民事、行政和刑事救济途径之前，不宜频繁地改动或增设相关的立法规定，新型权利说所

---

① 高艳东、李莹：《数据信用的刑法保护——以"流量黑灰产"为例》，《浙江大学学报》（人文社会科学版）2020年第3期。

② 陈兴良：《教义刑法学》，中国人民大学出版社2010年版，第7页。

③ 张明楷：《刑法分则的解释原理》（第二版），中国人民大学出版社2011年版，第24页。

④ 王镭：《电子数据财产利益的侵权法保护——以侵害数据完整性为视角》，《法律科学》2019年第1期。

⑤ 袁文全、程海玲：《企业数据财产权益规则研究》，《社会科学》2021年第10期。

倡导的专门化立法的保护路径实无必要。

其次，债权保护路径的主张混淆了大数据服务与大数据财产之间的区别。诚然，当前有很多企业通过签订协议的方式向咨询机构或者专业的大数据服务公司购买包括数据挖掘、商业咨询、可视化展示在内的各类数据服务，但是，单纯的数据服务模式并不能概括大数据财产的全部利用方式。"从大数据资产运作的角度分析，大数据资产所涉价值的选择，并非由相关互联网企业单方控制的数据服务合同或数据资产契约，应由立法者充分权衡经济、政治和社会价值后确定，加之数据资产中的财产利益本身就能够被传统财产法理论所证成。大数据资产的运作类似于财产，这也决定了大数据资产理应受传统财产法规范体系的保护。"[1] 在大数据时代，数据越来越多地被当作一种独立的商品参与交易，而不仅仅是提供数据服务的工具。例如，美国四大机票预订系统之一的 ITASoftware 为 Farecast 公司进行预测提供其所需要的原始数据，而它自己并不提供航班和票价预测服务；西班牙电话公司 Telefonica of Spain 创立了独立的公司 Telefonica Digital Insights 专门向零售商和其他买家出售其所收集到的匿名用户位置信息。[2] 在世界各地，从事大数据财产交易的平台和企业如雨后春笋般涌现，美国的 Hitwise 公司通过与一些互联网公司合作，将其掌握的大数据财产转卖给其他有需要的公司，从中赚取差价，而 Hitwise 本身并不提供数据挖掘与分析服务；2008 年冰岛成立的 DataMarket 向人们提供其他机构（联合国、世界银行、欧盟统计局）的免费数据集，靠倒卖商业供应商（如市场研究公司）的大数据来获利；2013 年 4 月，日本建立了自己的大数据交易市场 "Data Plaza"，Data Plaza 交易的数据为清洗后的非底层数据，包括购物网站的购物记录、智能手机的位置信息等个人数据和其他类型数据。[3] 有学者指出，债权保护路径存在适用上的局限性，仅凭合同债权制度不仅无法适用于不具有契约关系的当事人之间的大数据财产权益纠纷，而且无法为个人数据的收集、开发、使用提供解释力。[4] 如果将

---

① Natalie M. Banta, "Property Interests in Digital Assets: The Rise of Digital Feudalism", *Cardozo Law Review*, 2017, Vol. 38 (3), pp. 1130-1131.

② ［英］维克托·迈尔-舍恩伯格、肯尼思·库克耶：《大数据时代：工作、生活与思维的大变革》，盛杨燕、周涛译，浙江人民出版社 2013 年版，第 162—163 页。

③ 王玉林、高富平：《大数据的财产属性研究》，《图书与情报》2016 年第 1 期。

④ 王厚冬：《个人数据财产权化的进路研究》，《行政法学研究》2021 年第 6 期。

大数据财产的利用与开发仅仅视为一种单纯的服务形式，就会忽略大数据财产所具有的独立商业价值，不利于保护大数据财产的持有者、销售者和独占者的权利，无法对围绕大数据产业形成的多种类型的法律关系形成周延的保护。有鉴于此，债权的保护路径应当被否定。

最后，根据现行立法的相关规定，大数据财产并不能被纳入知识产权概念范畴之中。作为一种数据集合，大数据财产显然不属于商业标识，故此无法作为商标权对其进行保护，而根据《专利法》第2条的规定，专利法保护的对象仅限于发明、实用新型和外观设计，大数据财产也难列其中，故此多数学者主张将大数据上附着的财产权利作为一种著作权或者邻接权加以保护。[①] 根据《著作权法》第3条以及刑法第217条的规定，著作权的权利对象必须是"作品"，而在《著作权法》第3条列举的九种"作品"类型中，与大数据财产最为接近的概念是"计算机软件"；若能将大数据财产解释为"计算机软件"，则可以将侵犯大数据财产的行为认定为侵犯著作权罪；反之则不能。

那么，"大数据财产"是否属于著作权法意义上的"计算机软件"呢？答案是否定的。根据国务院《计算机软件保护条例》的定义，计算机软件是指计算机程序及其有关文档。[②] 计算机程序，"是指为了得到某种结果而可以由计算机等具有信息处理能力的装置执行的代码化指令序列，或者可以被自动转换成代码化指令序列的符号化指令序列或者符号化语句序列"。文档，"是指用来描述程序的内容、组成、设计、功能规格、开发情况、测试结果及使用方法的文字资料和图表等，如程序设计说明书、流程图、用户手册等"。[③] 由此可见，著作权法中规定的"计算机软件"作品专指计算机程序以及程序附属文档，并不包括作为程序处理对象的数据。具体到大数据挖掘流程中，学习模型以及基于学习模型而形成的

---

① 石丹：《企业数据财产权利的法律保护与制度构建》，《电子知识产权》2019年第6期；王镭：《电子数据财产利益的侵权法保护——以侵害数据完整性为视角》，《法律科学》2019年第1期；杨永凯：《企业大数据财产权利的归属及交易规制》，《石河子大学学报》（哲学社会科学版）2019年第1期；龙卫球：《数据新型财产权构建及其体系研究》，《政法论坛》2017年第4期；王渊、黄道丽、杨松儒：《数据权的权利性质及其归属研究》，《科技管理研究》2017年第5期等。

② 《计算机软件保护条例》第2条。

③ 《计算机软件保护条例》第3条第（一）、（二）项。

知识模型应属于计算机程序，而收集后的底层数据、清洗后的匿名化数据以及挖掘后的大数据产品均不属于"计算机程序"之范畴。申言之，以数据为载体的大数据财产并不属于"计算机软件"，亦不属于刑法与著作权法意义上的"作品"，故此对大数据财产不能适用知识产权路径加以保护。

因此，将大数据财产视为一种"物"纳入现行法律体系的物权保护路径更为可取。具体说来，物权的保护路径至少存在如下三个方面的优势：其一，物权的保护路径突出了大数据作为一种财产的独立意义，更有利于维护大数据收集者和大数据挖掘者的权利。若将大数据财产仅仅视为一种服务合同约定的债权来加以保护，也就意味着那些没有数据服务合同基础的大数据财产将被排斥于法律保护的范围之外，由大数据挖掘者自行收集、挖掘的大数据财产将处于巨大的风险之中;[①] 相比之下，物权和知识产权的保护路径能够对大数据财产给予更加有力的保护。其二，从交易与流转方式来看，大数据财产能与现有的物权制度进行有效的衔接，需要克服的支付成本较小，不仅物权的占有、使用、收益和处分等权能能够与大数据财产的存储、挖掘、应用、交易等活动一一对应,[②] 并且大数据财产往往通过大数据交易中心或者平台进行交易，可以比照物权的登记公示制度提升交易的安全性与可信度，从而强化对大数据财产权利人的保护。其三，鉴于大数据财产具备能够以金钱衡量的客观经济价值以及占有与转移可能性，能够被认定为刑法意义上的"财物"，故此将之认定为民法意义上的"物"并且适用物权保护路径，符合法秩序统一原则的要求。中国刑法中"财物"的概念与民法和物权法中的财产概念具有一定的渊源关系，民法体系中的相关概念对于刑法中"财产""财物"等概念的构建颇具参考意义。[③] 虽然大数据财产与物理空间中的财产存在形式上的差异，却具备传统财产的实质内容,[④] 依照物权路径对于大数据财产进行规制和保护是当前背景下的最优选择。

---

①　王厚冬：《个人数据财产权化的进路研究》，《行政法学研究》2021年第6期。

②　周林彬、马恩斯：《大数据确权的法律经济学分析》，《东北师大学报》（哲学社会科学版）2018年第2期。

③　周旋：《中国刑法侵犯财产罪之财产概念研究》，上海三联书店2013年版，第79—88页。

④　张智辉：《网络犯罪：传统刑法面临的挑战》，《法学杂志》2014年第12期。

二　大数据财产的刑事司法保护

本章通过对大数据挖掘流程的分析，梳理了"大数据"在数据收集、数据清洗、数据挖掘和数据应用等不同阶段的表现形式，并对大数据来源、大数据模型和大数据产品的财产性进行了逐一分析，从中提取出能够被认定为"财物"的大数据财产，并主张在民法上依照物权的路径对其进行保护。而在刑法领域，因大数据在数据挖掘不同阶段的表现形式和财产属性各不相同，故此在具体的罪名适用与司法认定方面，根据犯罪对象的不同而有所区分。针对那些属于"财物"范围内的大数据财产而实施的犯罪，应当适用财产犯罪有关的罪名定罪处刑，对于无法被认定为"财物"的其他大数据形态，则应当适用计算机犯罪的相关规定。具体说来，能够被认定为"财物"的大数据财产包括那些具有一定的交易价格，能够在大数据平台与其他数据市场上进行交易的收集后数据和清洗后的匿名化数据，包括经过匿名化处理的个人信息、地理位置数据和个人信息、身体健康数据以及其他能够交易的结构化数据集合；此外，在数据应用阶段的 CCM 数据、CRM 数据和 LBS 数据如果被大数据权利人置于大数据平台上出售、交易，也应当被认定为刑法意义上的"财物"。对于上述大数据财产实施的侵害行为，一般涉及如下几个罪名。

（一）盗窃罪

将大数据财产解释为"财物"的第一个结论就是大数据财产可以成为盗窃、诈骗等财产犯罪的对象。对于那些能够在大数据平台上进行交易、能给大数据的权利人带来直接的经济利益的大数据财产而言，若行为人以秘密手段将之非法据为己有，达到盗窃罪的入罪标准的，应以盗窃罪论处。对此持反对意见的观点认为，所谓"窃取大数据"只是一般的日常用语，并不具备盗窃罪所要求的"转移占有"，不符合盗窃罪的构成要件，只能按侵犯商业秘密罪等其他犯罪甚至民事侵权来处理。[①] 应当指出，这种见解对于"占有"的理解过于狭隘了。如前所述，在互联网背景下，对刑法中"占有"的理解不应仅仅局限于有形的事实性支配，更加强调"社会的/规范的占有概念"，只要行为人从社会规范意义上侵入他人的占有区域，便视为对合法占有状态的打破。具有这一意义上的占有

---

① 欧阳本祺：《论网络时代刑法解释的限度》，《中国法学》2017 年第 3 期。

或转移的可能性，某种物或权利便具备了成为刑法意义上"财物"的可能性。① 鉴于大数据财产的权利人可以通过网络爬虫工具、旁路采集数据和数据监听工具从数据生产者和其他数据源收集数据，将之转化为结构化的数据集合储存于权利人的计算机信息系统之中，② 行为人也可以通过技术入侵或者窃取管理权限等手段获取对大数据财产的控制权，故此大数据财产显然是具有占有和转移的可能性的。③ 在这个意义上，能够在市场上交易、转手的大数据财产完全可以成为盗窃罪的行为对象。

当然，在具体的犯罪表现形式上，窃取大数据财产的行为表现出与传统盗窃犯罪截然不同的客观特征：大数据财产不同于传统的财物，传统的财物一般是独占且稀缺的，盗窃行为必然使他人失去对财物的占有和控制，④ 而大数据财产则是共享的、非独占性的，⑤ 通常情况下，以大数据财产为对象的盗窃活动并不会必然消灭权利人对大数据财产的占有，亦不会对大数据财产本身造成损害。在实践中，盗窃大数据财产的行为往往以"复制"而非"拿走"的形式实施。例如，在乐某某、王某非法获取计算机信息系统数据案中，被告人乐某某及其同伙药剂师王某受某医药公司指使，侵入其所在医院的医疗数据管理系统，非法下载数据库中储存的本院用药数量等大数据统计信息；⑥ 而在"酷米客"诉"车来了"窃取后台数据一案中，公交班次预测软件"车来了"采用不法手段侵入同类软件"酷米客"的数据后台，复制、抓取"酷米客"投入巨资收集的 LBS 数据，而"酷米客"并未将这些数据出售或者授权给任何个人使用。⑦ 在以上两个案例中，医院的用药量数据、"酷米客"的 LBS 数据并没有因盗窃

---

① 参见本书第一章第二节中"（三）互联网背景下'财物'（财产）的认定标准"有关部分的论述。

② 周林彬、马恩斯：《大数据确权的法律经济学分析》，《东北师大学报》（哲学社会科学版）2018 年第 2 期。

③ 郑佳宁：《数据信息财产法律属性探究》，《东方法学》2021 年第 5 期。

④ Jing Zeng, Keith W Glaister, "Value Creation from Big Data: Looking Inside the Black Box", *Strategic Organization*, 2017（2）.

⑤ 劳东燕：《个人数据的刑法保护模式》，《比较法研究》2020 年第 5 期。

⑥ 上海市黄浦区人民法院一审刑事判决书（2014）黄浦刑初字第 106 号；上海市第二中级人民法院终审刑事判决书（2014）沪二中刑终字第 229 号。

⑦ 蔡辉：《出行大数据第一案宣判，"车来了"创始人获刑三年》，《南方都市报》2017 年 7 月 20 日。

者的行为而消失，医院和"酷米客"也没有丧失对这些大数据来源和大数据产品的占有，盗窃者是通过下载、抓取等手段复制了这些数据信息的，这就带来一个问题，即"复制"能否被认定为"窃取"的一种手段？采用秘密手段非法复制他人大数据财产的行为，能否以盗窃罪论处？

答案是肯定的。根据刑法第 265 条的规定，以牟利为目的，盗接他人通信线路、复制他人电信码号或者明知是盗接、复制的电信设备、设施而使用的，依照盗窃罪的规定定罪处罚。可见对于某些特殊的财物类型（如通信资源、电信码号等），刑法将"复制"规定为盗窃罪的一种行为手段，复制行为在特定场合下是可以归入"盗窃"的概念范畴之中的。有鉴于此，如果某种大数据财产能够被认定为"财物"，那么行为人以秘密手段非法复制此类大数据财产的行为应当以盗窃罪认定。

值得注意的是，并不是所有能带来经济效益的大数据来源和大数据产品都可以被视为财产犯罪的对象。能够被称为"财物"的大数据财产必须同时满足两个基本条件：一是必须是经过合法途径收集的底层数据、清洗后的匿名化数据或者经过挖掘之后形成的大数据产品；二是必须能够在大数据交易平台或者其他市场上进行交易。前一个条件意味着大数据财产所具有的客观的物质形态和占有、转移的可能性，而后一个条件则彰显了财物最为本质的属性和特征即客观价值性。如果某种底层数据虽然可以直接带来商业利益，但是没有经过收集和整理，仅仅是一堆杂乱的非结构化数据，那么此类大数据来源不能成为财产犯罪的对象。同理，经过收集或者清洗、被转化为结构化数据的大数据财产，如果大数据收集者没有将之放到大数据市场上进行交易，而是由自己进行挖掘或者用于商业分析，那么此类大数据财产也不属于刑法意义上的"财物"。在前述乐某某、王某非法获取计算机信息系统数据案中，虽然医院的用药量统计数据是经过收集、整理的结构化数据，但是医院并没有将这些数据放在大数据平台上进行交易，[①] 故此这些用药量数据不具有交换价值与市场价格，不能被认定为财物，乐某某与王某构成非法获取计算机信息系统罪而非盗窃罪；而在后一个案例中，如果"酷米客"将自己收集到的 LBS 大数据置于市场上出售、交易，而不是自行开发，那么"车来了"以技术手段非法复制其

---

① 上海市黄浦区人民法院一审刑事判决书（2014）黄浦刑初字第 106 号；上海市第二中级人民法院终审刑事判决书（2014）沪二中刑终字第 229 号。

大数据财产的行为便应当被认定为盗窃而非计算机犯罪。[①]

（二）合同诈骗罪

经过收集、清洗或者挖掘之后，能够在大数据平台或者其他市场上进行交易的大数据财产属于刑法意义上的"财物"，这也就意味着在理论上大数据财产也可以成为诈骗、抢劫、敲诈勒索等财产犯罪的对象。不过，在现实中，诈骗大数据财产的行为通常以合同诈骗的形式实施，故此在罪名认定时应当遵循特别法条优于一般法条的规则，将之认定为合同诈骗罪而非普通诈骗罪。例如，甲公司与乙公司签订协议，以二十万元的价格向乙公司出售本公司收集的一批匿名化的大数据，乙公司获取该大数据财产，无正当理由而拒绝向甲公司支付购买大数据的价款。[②] 根据刑法第224条规定，以非法占有为目的，在签订、履行合同过程中，骗取对方当事人财物，数额较大的，构成合同诈骗罪。若当事人采用签订合同的方式骗取对方所掌握的大数据财产；或者委托他人收集、挖掘大数据财产而拒绝按照合同约定支付对价的，数额较大的，应当将之认定为合同诈骗罪。

（三）故意毁坏财物罪

大数据财产也可以构成毁坏财物罪的对象。刑法第275条规定了故意毁坏财物罪：故意毁坏公私财物，数额较大或者有其他严重情节的，处三年以下有期徒刑、拘役或者罚金。能够在市场上进行交易的大数据财产是属于大数据权利人的财物，那么大数据财产是否可以成为故意毁坏财物罪的犯罪对象呢？

对这一问题的解答涉及对刑法中"毁坏"概念的理解。对此，有三种不同的见解：物质的毁坏说认为，所谓毁坏，是指通过对财物的全部或者部分进行物质性破坏、毁损，以致全部不能或者部分不能遵从该财物的本来用法进行使用的行为。根据这一立场，将他人鱼塘的鱼放走、将他人豢养的鸟放飞、将他人的金戒指丢进海里的行为，由于没有对鱼、鸟、戒指造成物质性的破坏、毁损，因此不属于毁坏，不构成故意毁坏财物

---

① 在此情形下，虽然"车来了"的行为也符合刑法第285条规定的非法获取计算机信息系统数据罪的构成要件，但是根据第287条的规定，利用计算机实施金融诈骗、盗窃、贪污、挪用公款、窃取国家秘密或者其他犯罪的，依照本法有关规定定罪处罚，故此对于此类行为应当以盗窃罪而非计算机犯罪追究。

② 武长海、常铮：《论我国数据权法律制度的构建与完善》，《河北法学》2018年第2期。

罪。① 有形的毁坏说认为，所谓毁坏，是指针对动产和不动产实施的损坏其外形或效用的行为。② 效用的毁坏说认为，毁坏是指损害财物的全部或者一部分，使之不能按照本来用途使用的行为。损害财物的效用的一切行为都是毁坏，即便不从物理上变更或者消灭财物的形体，只要能够造成财物的效用丧失或者减少的行为均可以称为"毁坏"。③ 应当指出，有形的毁坏说是与财物的有体物说一脉相承的理论观点，根据有形的毁坏说的立场，毁损必须是对财物施加有形的作用力，从而使财物的无形价值、效用受损，或者损害物体的完整性的情形；明显没有施加有形力的场合，不可能成立故意毁坏财物罪，④ 这实际上是将"财物"仅仅局限在有体物的范畴之内，不当限缩了刑法中"财物"的概念范围，故此其立场并不可取。而物质的毁坏说没有抓住财物的价值本质，将"毁坏"理解为对财物本身的物质性破坏，在实践中也将面临质疑和尴尬：例如，按照物质的毁坏说的立场，将煤炭砸成小块、将小麦磨成面粉、将废铁融成铁水等正常的生产活动都会被界定为"毁坏"，这显然是不合常理的。

有鉴于此，在对刑法中"毁坏"的理解上，应当采行效用的毁坏说，将之解释为损害财物的交换价值或使用价值的行为。在最高人民法院公报案例"朱某勇故意毁坏财物案"中，主审法官指出："使财物的价值降低或者丧失是故意毁坏财物罪的本质特征。""毁坏行为的本质，就是使其侵害的对象全部或部分丧失其价值或使用价值。"⑤ 在互联网时代，有形、固态的物理性财物正在被日趋多样的数字化、虚拟化财产所取代，毁坏也越来越多地体现为通过技术手段损害财物效用的无形性损害，在此背景下更应当强调效用的毁坏说。具体到毁坏大数据财产的案件中，若行为人采用增加、删减、修改等方式破坏原有的数据内容，使其商业价值发生严重贬损，乃至彻底丧失挖掘、利用价值的，应当被认定为故意毁坏财物罪。

---

① 罗猛、王波峰：《故意毁坏财物罪疑难问题研究》，《中国刑事法杂志》2011 年第 6 期。

② 高铭暄、马克昌主编：《刑法学》，北京大学出版社、高等教育出版社 2019 年版，第516 页。

③ 张明楷：《刑法学》，法律出版社 2021 年版，第 1343—1344 页。

④ 陈兴良：《故意毁坏财物行为之定性研究——以朱建勇案和孙静案为线索的分析》，《国家检察官学院学报》2009 年第 1 期。

⑤ 卢方：《经济、财产犯罪案例精选》，上海人民出版社 2008 年版，第 413—418 页。

三　其他大数据侵害行为的刑事司法认定

前文就侵害大数据财产的罪名认定问题进行了论述，具有一定的市场价格、能够在大数据平台上进行交易的底层数据、清洗后数据以及挖掘后得到的大数据产品，属于刑法中的"财物"，对其本身可以援引财产犯罪的有关规定予以保护。但是，仅仅对作为"财物"的大数据财产给予刑事保护并不足以杜绝大数据财产所面临的犯罪风险。为了更好地保护大数据财产权利人的合法权益，促进大数据产业的健康发展，对于那些虽不属于"财物"但在大数据收集、挖掘、应用过程发挥重要作用的大数据表现形式，刑法也应当给予其相应的保护。这些大数据表现形式包括：

（1）涉及公民个人信息的大数据来源；

（2）虽然经过收集但是不能在大数据市场上进行交易的底层数据以及大数据收集者拒绝共享或授权他人使用的底层数据；

（3）虽然经过数据清洗但权利人拒绝共享或授权他人使用的匿名化数据；

（4）作为大数据挖掘工具的大数据模型，包括学习模型及其生成的知识模型；

（5）其他无法在市场上交易或者数据挖掘者拒绝交易或出售的大数据产品。

这些大数据来源、模型和产品虽然缺乏能够以金钱衡量的经济价值而不属于刑法中"财物"的范畴，但是对其实施的不法侵害行为仍然有可能触及如下罪名。

（一）非法获取计算机信息系统数据罪

在大数据收集、挖掘和应用的过程中，只有部分经过收集和挖掘的底层数据、清洗后数据以及大数据产品被置于大数据市场或者其他大数据交易平台上出售和交易，此种大数据财产才能被认定为刑法意义上的"财物"，① 适用财产犯罪的有关罪名进行认定。对于那些无法在大数据市场上交易，或者虽然具备交易条件，但是大数据财产的权利人拒绝共享或出

---

① 刁胜先、杨巧：《互联网平台企业的数据生成者权之构建》，《重庆邮电大学学报》（社会科学版）2021 年第 6 期。

售的大数据财产，则应当援引非法获取计算机信息系统数据罪对其进行保护。① 根据最高人民法院、最高人民检察院《关于办理危害计算机信息系统安全刑事责任案件应用法律若干问题的解释》第1条的规定，非法获取计算机信息系统数据或者非法控制计算机信息系统，违法所得5000元以上或者造成经济损失1万元以上的，应当以非法获取计算机信息系统数据罪追诉。行为人若将窃取到的不属于"财物"范围内的底层数据、清洗后数据或大数据产品转售牟利，违法所得超过5000元的，则应以本罪论处。

（二）破坏计算机信息系统罪

如前所述，对于刑法中"毁坏"一词的理解应采行效用的毁坏说之立场，具有客观价值性的大数据财产可以成为故意毁坏财物罪的犯罪对象；而前述几种无法在大数据市场上交易或者权利人拒绝出售的大数据表现形式，则无法适用故意毁坏财物罪，对此，除非法获取计算机信息系统数据罪之外，还可以援引破坏计算机信息系统罪对其进行保护。根据刑法第286条的规定，违反国家规定，对计算机信息系统中存储、处理或者传输的数据和应用程序进行删除、修改、增加的操作，后果严重的；或者故意制作、传播计算机病毒等破坏性程序，影响计算机系统正常运行，后果严重的，构成破坏计算机信息系统罪。本罪保护的是"计算机信息系统中存储、处理或者传输的数据和应用程序"，可以将不属于"财物"的底层数据、清洗后数据与应用阶段的大数据产品囊括在内，行为人出于不法目的，故意删改或增加前述对象，均可以本罪追究其刑事责任。此外，若行为人为获取这些非财物性的大数据财产而制作、传播计算机病毒的，给权利人的大数据处理系统造成破坏的，构成非法获取计算机信息系统数据罪和破坏计算机信息系统罪的想象竞合犯，应择一重罪论处。在通常情况下，破坏计算机信息系统罪的量刑要重于前者，② 故此一般以该罪论处。

---

① 张弛：《大数据财产——概念析正、权利归属与保护路径》，《杭州师范大学学报》（社会科学版）2021年第1期。

② 根据《刑法》第285条规定，非法获取计算机信息系统数据，情节严重的，处三年以下有期徒刑或者拘役，并处或者单处罚金，情节特别严重的，处三年以上七年以下有期徒刑，并处罚金；而根据第286条的规定，犯破坏计算机信息系统罪，后果严重的，处五年以下有期徒刑或者拘役，后果特别严重的，处五年以上有期徒刑。可见，破坏计算机信息系统罪的法定刑要高于非法获取计算机信息系统数据罪。

（三）侵犯公民个人信息罪

窃取大数据财产的案件有时也可能会触及与公民个人信息保护有关的罪名。如前所述，在大数据收集阶段的大数据来源既包括各种与个人身份信息无关的数据，也包括征得被收集者同意而采集的各类可识别性数据，如姓名、性别、身份证号、手机号码等。若这些储存在收集者数据库中、尚未经过清洗或者依照其用途不会被清洗（如银行、保险公司、房产中介保留的客户个人信息）的数据被行为人以技术手段非法获取，则会同时触及非法获取计算信息系统数据罪和侵犯公民个人信息罪，构成法条竞合。① 依照特别法优于一般法的处断原则，对于窃取包含公民个人信息的大数据来源的行为，应以侵犯公民个人信息罪论处。

（四）侵犯商业秘密罪

非公开型企业大数据的秘密状态可以比照商业秘密进行保护。商业秘密的法定要件是"秘密性、价值性、保密性"，非公开型企业大数据具有价值性自不待言，若企业采取了保密措施，则该数据符合商业秘密构成要件并可获得相应的法律保护。② 若大数据财产的权利人将其收集或者挖掘得到的大数据财产进行了保密化处理，那么窃取大数据财产的行为也可能成立侵犯商业秘密罪。③ 根据《反不正当竞争法》第 9 条的规定，商业秘密是指"不为公众所知悉、具有商业价值并经权利人采取相应保密措施的技术信息、经营信息等商业信息。"依照此定义对大数据财产进行考察，可以发现，采取保密化措施的大数据财产符合"商业秘密"的全部构成要件：首先，大数据财产的秘密性得到了立法与司法解释的确认，根据2020 年《最高人民法院关于审理侵犯商业秘密民事案件适用法律若干问

---

① 《刑法》第 253 条之一规定，"违反国家有关规定，向他人出售或者提供公民个人信息，情节严重的，处三年以下有期徒刑或者拘役，并处或者单处罚金；情节特别严重的，处三年以上七年以下有期徒刑，并处罚金。……窃取或者以其他方法非法获取公民个人信息的，依照第一款的规定处罚。"这里的"窃取"或者"以其他非法获取公民个人信息"自然包括以技术手段非法侵入合法的大数据收集者的计算机信息系统中，窃取包含公民个人信息的数据的情形。

② 袁文全、程海玲：《企业数据财产权益规则研究》，《社会科学》2021 年第 10 期；胡宗金：《论大数据的财产性质及法律保护》，《现代管理科学》2019 年第 7 期；李爱君：《数据权利属性与法律特征》，《东方法学》2018 年第 3 期。

③ 若大数据财产的权利人对其掌握的大数据财产进行保密化处理，也就意味着其拒绝向他人提供该大数据财产，此时的大数据财产不具有可交易性与相应的市场价格，不属于刑法意义上的"财物"，故此不能援引财产犯罪的有关规定对其进行保护。

题的规定》的规定，将为公众所知悉的信息进行整理、改进、加工后形成的新信息，如果不为所属领域的相关人员普遍知悉和容易获得的，应当认定该信息不为公众所知悉。[①] 其次，大数据能够为权利人带来经济利益这一点是毋庸置疑的。[②] 最后，大数据收集和挖掘的过程正是将零散、来源异构化的海量数据转化为可以商业应用的技术化信息的过程，作为大数据挖掘工具的大数据模型和大数据挖掘方案可以被归属于"技术信息"之范畴。[③] 有鉴于此，若大数据财产的权利人对其掌握的底层数据、清洗后数据或者大数据产品采取了保密措施，则这些大数据财产就可以成为侵犯商业秘密罪的保护对象。但是需要特别指出的是，即使大数据财产的权利人对某些大数据财产进行了保密化处理，将之转化为商业秘密，但若其他数据利用者通过公开渠道或其他合法方法获取了与之内容完全相同的大数据财产，不能视为对大数据财产的侵犯。[④] 例如，大数据企业 A 将自己对某市全部停车位置挖掘后得到的 LBS 数据进行了保密化处理，在此基础上开发出了一款实时停车指引 APP "停车宝"，但在进行案例展示时将自己的数据挖掘方法进行了公开；与 A 企业具有竞争关系的 B 公司根据 A 企业案例提供的思路编写了与开发"停车宝"程序高度类似的大数据模型，并自行对本市的全部停车位置进行了收集与处理，最终开发出与"停车宝"功能类似的 APP "停哪儿"，彻底将 A 企业挤出市场。在这一案例中，鉴于 A 企业并未对自己的大数据挖掘工具作保密化处理，因此 B 公司根据其数据挖掘方案自行收集数据、编写大数据模型并最终获取 A 企业之前掌握的 LBS 数据的行为不能被认定为侵犯商业秘密罪。

此外，鉴于刑法第 219 条也将违法披露、擅自允许第三人使用以及明知是他人的商业秘密而使用等行为规定为侵犯商业秘密罪，故此对于被采

---

① 2020 年《最高人民法院关于审理侵犯商业秘密民事案件适用法律若干问题的规定》第 3 条、第 4 条。

② 袁文全、程海玲：《企业数据财产权益规则研究》，《社会科学》2021 年第 10 期。

③ 2020 年《最高人民法院关于审理侵犯商业秘密民事案件适用法律若干问题的规定》第 1 条规定："与技术有关的结构、原料、组分、配方、材料、样品、样式、植物新品种繁殖材料、工艺、方法或其步骤、算法、数据、计算机程序及其有关文档等信息，人民法院可以认定构成反不正当竞争法第九条第四款所称的技术信息。"这里的"步骤、算法"意味着作为大数据挖掘工具的学习模型、知识模型以及相关的算法编程方案都可以成为商业秘密的表现形式。

④ 郎胜：《中华人民共和国刑法释义（第 6 版）》，法律出版社 2015 年版，第 358 页。

取保密措施的大数据财产而言，以下行为均会构成犯罪：

1. 采用暴力、胁迫或者其他不正当手段获取具有商业秘密性质的大数据财产的。如前所述，对于非法获取大数据财产的行为，虽然可以以刑法第285条非法获取计算机信息系统数据罪认定，但此处的"非法获取"行为必须以技术性手段为限，采取暴力、胁迫、利诱等现实性手段获取大数据财产的行为均不能以本罪论；[①] 而若对大数据财产采取保密措施，则可以援引刑法第219条的规定，将通过暴力、胁迫、利诱等现实性手段获取大数据财产的行为直接认定为侵犯商业秘密罪。

2. 违反约定或保密要求，擅自将从原权利人处获得的带有商业秘密性质的大数据财产授予他人使用或者公之于众的。例如，某大数据收集企业 X 公司将自己收集、清洗后的匿名化数据交由 Y 公司进行挖掘，Y 公司未经 X 公司同意便将这部分数据复制后售与 Z 公司牟利；此时，若 X 公司并未对这些匿名化数据作保密化处理，也未在合同中与 Y 公司约定保密条款，则 Y 公司的行为不受刑事追究；若 X 公司已经对数据采取了保密措施，则 Y 公司成立侵犯商业秘密罪。

3. 明知是某种大数据财产系商业秘密且来源不合法而获取、使用或者进行披露的。对于普通类型的窃取大数据财产后转售牟利案件，刑法仅追究数据窃取者的刑事责任，而并不追究买受人的责任：例如，在前述乐某某、王某非法获取计算机信息系统数据案中，法院仅认定窃取医院用药量数据的乐某某及同伙王某构成犯罪，对于向乐某某和王某购买这些数据的医药公司，法院并未追究其刑事责任。[②] 但倘若医院将这些用药数量的数据作了保密化处理，使之成为一种商业秘密，则乐某某、王某以及购买这些数据医药公司均构成侵犯商业秘密罪。又如，在前述 Y 公司擅自出售大数据一案中，若 X 公司对自己收集的数据采取了保密措施且 Z 公司对此知情，则不仅 Y 公司复制、出售的行为构成犯罪，Z 公司购买、使用 X 公司大数据财产的行为也触及了刑法关于侵犯商业秘密罪的规定。

（五）侵犯著作权罪

最后，非法获取他人大数据模型的行为可能涉及侵犯著作权罪。根据

---

① 郎胜：《中华人民共和国刑法释义（第6版）》，法律出版社2015年版，第491页。

② 上海市黄浦区人民法院一审刑事判决书（2014）黄浦刑初字第106号；上海市第二中级人民法院终审刑事判决书（2014）沪二中刑终字第229号。

《著作权法》第 3 条以及刑法第 217 条的规定，计算机软件是侵犯著作权罪的对象之一；而"计算机软件"则是指计算机程序及其有关文档。[①] 根据国务院《计算机软件保护条例》第 3 条所作的定义，[②] 作为大数据挖掘工具的学习模型以及由其生成的知识模型可以被归入"计算机程序"的范围之内，成为侵犯著作权罪的犯罪对象。刑法第 217 条规定，以营利为目的，未经著作权人许可，复制发行计算机软件，违法所得数额较大或者有其他严重情节的，构成侵犯著作权罪。这里的"复制发行"，依据 2007 年最高人民法院、最高人民检察院《关于办理侵犯知识产权刑事案件具体应用法律若干问题的解释（二）》的规定，包括复制行为、发行行为以及既复制又发行的行为；另外，根据 2004 年最高人民法院、最高人民检察院《关于办理侵犯知识产权刑事案件具体应用法律若干问题的解释》第 5 条，以营利为目的，实施刑法第 217 条规定的侵犯著作权的行为之一，违法所得在 3 万元以上的，应当以侵犯著作权罪认定。综合刑法与司法解释的相关规定，若行为人以牟利为目的，复制他人的大数据模型并且销售牟利，违法所得在 3 万元以上的，构成侵犯著作权罪。在大数据挖掘者对知识模型和学习模型等大数据挖掘工具采取保密措施的情况下，行为人非法获取大数据模型的行为构成侵犯著作权罪与侵犯商业秘密罪的想象竞合犯，鉴于前者的量刑要重于后者，对于行为人仍应以侵犯著作权罪定罪处刑。[③]

四　小结

本章主要就大数据财产的财产性与刑法司法保护问题进行了阐述。经过分析可以得知，"大数据"并不是描述某种单一的技术、财产或数据集

[①]　《计算机软件保护条例》第 2 条。

[②]　根据《计算机软件保护条例》第 3 条第（一）项的规定，"计算机程序是指为了得到某种结果而可以由计算机等具有信息处理能力的装置执行的代码化指令序列，或者可以被自动转换成代码化指令序列的符号化指令序列或者符号化语句序列"。

[③]　根据 2010 年最高人民检察院、公安部《关于公安机关管辖的刑事案件立案追诉标准的规定（二）》第 73 条的规定，侵犯商业秘密罪只有在违法所得或者给权利人造成的损失超过 50 万元情况下方需立案追诉，而侵犯著作权罪的入罪金额是 3 万元，因此侵犯著作权罪要重于侵犯商业秘密罪。

合，而是一组综合性的概念，是新资源、新工具和新应用的结合体。① 通常说来，大数据的收集与应用主要包括大数据收集、大数据清洗、大数据挖掘与大数据应用等阶段，而"大数据"在数据挖掘的不同阶段则表现为不同的存在形式。按照数据挖掘的一般流程，"大数据"依次以大数据来源、大数据模型和大数据产品的形式出现，但并不是所有的大数据表现形式都可以被视为"财物"或"财产"。只有那些同时具备能够以金钱衡量的客观经济价值与转移和占有可能性的大数据存在形式才能够被视为刑法意义上的"财物"或者说严格意义上的"大数据财产"。具体说来，"大数据财产"应当仅限于能够在大数据平台或者大数据交易市场上交易和出售的，经过收集的底层数据、清洗后的匿名化数据以及经过挖掘之后形成的大数据产品。

满足前述条件的"大数据财产"可以成为财产犯罪的对象，对于侵害大数据财产的行为人应当以盗窃罪、合同诈骗罪、故意毁坏财物罪等财产犯罪追究刑事责任。此外，对于侵害大数据模型的行为应当以侵犯著作权罪认定。至于那些虽然具有成为大数据财产的可能性，但是基于各种原因无法在市场上进行交易的底层数据、匿名化数据与大数据产品，通常情况下应适用非法获取计算机信息系统罪；若权利人采取了一定的保密措施，使之符合"商业秘密"的认定条件的，则可以援引侵犯商业秘密罪的有关规定对其进行保护②（见表4-5）。

表 4-5　　　　　　　　　大数据财产的刑法保护及罪名适用

大数据形式	是否交易	是否保密	罪名适用	保护力度
大数据来源	否	否	侵犯公民个人信息罪或无罪	一般
收集后的大数据与清洗后的大数据	是	否	盗窃、合同诈骗等财产犯罪	最强
	否	是	侵犯商业秘密罪	次弱
	否	否	非法获取计算机信息系统数据罪	较弱
大数据模型	否	是	侵犯著作权罪	较强
	否	否		

① 工业和信息化部电信研究院：《大数据白皮书（2014 年）》，2014 年 5 月，第 1—2 页。

② 胡宗金：《论大数据的财产性质及法律保护》，《现代管理科学》2019 年第 7 期。

续表

大数据形式	是否交易	是否保密	罪名适用	保护力度
大数据产品	是	否	盗窃、合同诈骗等财产犯罪	最强
	否	是	侵犯商业秘密罪	次弱
	否	否	非法获取计算机信息系统数据罪	较弱

　　通过对大数据犯罪罪名体系的梳理，可以明显地发现刑法对大数据财产的保护力度要显然强于其他类型的大数据表现形式，这是因为能够被认定为"财物"的大数据财产在整个大数据价值链中的地位最为突出，是大数据价值的来源与关键环节；而学习模型和知识模型等大数据挖掘工具包含了大数据挖掘者的智慧、创意与投入，故此应当以侵犯著作权罪对其施以次强的保护。至于那些价值相对较低、无法在市场上进行交易的其他大数据表现形式；或者大数据权利人拒绝共享、出售、交易的大数据财产，刑法则以非法获取计算机信息系统数据罪为其提供兜底性保护，但若大数据权利人采用保密措施将之升级为商业秘密，则可以获取更加全面、强力的保护。通过此种制度设计，使刑法对大数据财产的保护力度与大数据本身的开放程度及经济价值相对应，从而促进大数据财产的开发、利用与挖掘，使大数据财产在互联网时代产生更加巨大的经济效益与社会价值，是刑法保护大数据财产的根本宗旨与目标。

第五章

虚拟财产犯罪的刑事司法认定

互联网的普及对人们的生产、生活、娱乐方式产生了极其深远的影响，其中一个显著的表现是互联网游戏的兴起。2000 年，中国第一款互联网游戏"万王之王"发行，之后互联网游戏产业便开启了爆发式的增长。2008 年，全国互联网游戏产业总产值仅为 185.6 亿元，[①] 之后便以年均 30%—40%的速度爆发式增长；到 2014 年中国互联网游戏产业的实际收入规模便越过千亿大关，达到 1144.8 亿元人民币；[②] 截至 2021 年，中国的互联网游戏用户已超过 6.66 亿人，各类游戏道具和增值服务的销售总额高达接近 3000 亿元。[③] 迅速膨胀的产业规模背后是玩家为此投入的庞大经济成本，以及互联网游戏公司的巨额利润。为了防止这些利益受到各种形式的非法侵害，虚拟财产的刑法保护问题被提上议程。

本章将对虚拟财产这一互联网背景下财产概念流变的重要产物进行重点探讨，在框定"虚拟财产"概念范围的基础上，依据刑法的有关规定，对所谓"虚拟财产"的财产性问题进行深入剖析，着力解答"虚拟财产究竟是否属于财物"的问题，并对侵害虚拟财产案件的刑事司法认定作出全面阐释。

---

① 于志刚主编：《网络空间中虚拟财产的刑法保护》，中国人民公安大学出版社 2009 年版，第 11 页。

② 《2021 年中国游戏产业报告》，https://www.nppa.gov.cn/nppa/contents/280/102451.shtml。

③ 任跃进、童伟华：《盗窃网络虚拟财产行为的法益厘清》，《新疆社会科学》2021 年第 5 期。

第一节　虚拟财产的概念界定

一　关于"虚拟财产"概念范围的学理争讼

关于虚拟财产的概念，学界至少在以下两点上业已达成共识：一是虚拟财产必须存在于网络虚拟空间之中，其本身的自然属性也是虚拟性的，没有互联网，虚拟财产也就不复存在；二是虚拟财产与互联网游戏的发展密不可分，互联网游戏中的各种虚拟物品是虚拟财产的主要类型。[①] 不过，关于"虚拟财产"的具体范围，相关理论研究亦存在泛义说、广义说、狭义说与极端的狭义说之分野。

（一）泛义说

从最广泛意义上理解"虚拟财产"主要着眼于其"虚拟"特征，主张虚拟财产是指与具有客观物质外壳的物理性财产相对的财产表现形式，凡是不占据客观物理空间的财产形式，都可被称作"虚拟财产"。例如，美国学者大卫·内马克（Dvaid Nelmak）认为，虚拟财产（virtual property）是指任何兼具无形性和排他性的财产与财产性利益，虚拟财产以无形性与传统的财产相区别，并以排他性与知识产权相区别。[②] 还有学者将虚拟财产等同于"数字化财产"，将之界定为"信息社会的主体在信息空间中所创造的能够代表一定利益关系的数字化对象"[③]。泛义说着眼于虚拟财产的无形性特征，将"虚拟性"视为"虚拟财产"的本质属性，将虚拟财产与实物财产相对立，使得虚拟财产的内涵与几乎与无形财产完全相等，造成了"虚拟财产"概念范围的不当扩大，因此受到了学界的广泛批评。[④]

（二）广义说

对于泛义说的主张，有学者指出，"虚拟财产"虽然以"虚拟"为

---

① 陈烨：《刑法中的特殊财产类型研究》，厦门大学出版社 2015 年版，第 65 页。

② David Nelmak, "Virtual Property, The Changes of Regulating Intangible, Exelousionary Property Interests Such as Dmain Names. 3 Northwestern", *Jornal of Technology&Intellectual Property*, Fall, 2004, p. 208.

③ 高德胜：《基于信息语境的信息法益的内涵与类型研究》，《东北师大学报》（哲学自然科学版）2012 年第 6 期。

④ 陈罗兰：《虚拟财产的刑法意义》，《法学》2021 年第 11 期。

名，但是在更多场合下是以"网络虚拟财产"的表述出现，申言之，所谓"虚拟财产"是"网络虚拟财产"的简称，虚拟财产必须依附于互联网而存在，没有互联网，就不会产生虚拟财产，离开了网络，虚拟财产也就不复存在。①"虚拟性"并非虚拟财产的唯一核心特征，"网络性"亦是虚拟财产的必备要素。有鉴于此，更多地学者将虚拟财产的范围限定于互联网空间之中，认为虚拟财产是"存在于网络空间中的财产"②。例如，杨立新、王中合认为，"虚拟财产是指虚拟的网络本身以及存在于网络上的具有财产性的电磁记录，是一种能够用现有的度量标准度量其价值数字化的新型财产"③；另有观点将虚拟财产定义为"人与人之间在人机交互活动中形成的对数字化资源支配关系的集合，它以虚拟形式呈现于网络世界，在现实世界中具有交易价值且能被独立控制"④，或者"虚拟财产是网络空间中具有价值的并且能满足人们某种需要的特定服务或者无形物。"⑤ 广义说倾向于将"虚拟财产"描述为一种存在于网络空间中的电磁记录与信息资产。根据广义说的理解，包括支付宝、微信等电子支付平台中的电子资金，可以在网络购物平台购物时抵扣、"返点"的积分，知网账号中的论文下载次数，微博账号代表运营效果的等级，论坛账号中未使用的金币，以及直播平台账号下持有的礼物等都属于"虚拟财产"的范畴。⑥

（三）狭义说

另有学者将"虚拟财产"理解为应用于互联网通讯和娱乐领域的各类账户密码、参数资料的总称，认为"常见的虚拟财产包括域名、互联网游戏中的装备、游戏等级、论坛上的分值等"⑦。从目前发展的技术趋势来看，各类 ID 账户、免费或收费的电子邮件、QQ 号、网易泡泡币、虚拟

① 陈烨：《刑法中的特殊财产类型研究》，厦门大学出版社 2015 年版，第 65 页。

② 徐国栋：《现代的新财产分类及其启示》，《广西大学学报》（哲学社会科学版）2005 年第 6 期。

③ 杨立新、王中合：《论网络虚拟财产的物权属性及其基本规则》，《国家检察官学院学报》2004 年第 6 期。

④ 吕铖钢：《论税务行政中虚拟财产的可税性》，《行政法学研究》2023 年第 2 期。

⑤ 赵文胜、梁根林：《盗窃"流量包"等虚拟财产如何适用法律》，《人民检察》2014 年第 4 期。

⑥ 付琳：《虚拟财产的内生逻辑及其权属矛盾》，《社会科学家》2021 年第 2 期。

⑦ 胡岩：《论虚拟财产的性质与保护》，《法律适用》2011 年第 7 期。

货币、虚拟装备等都可以被纳入"虚拟财产"的概念范畴之中;① 网络化的数字财产并不仅仅局限于网络游戏中的装备、货币、账号等,除此之外,诸如电子邮件、即时通讯账号等也应被包含在内。② 与广义说相比,狭义说在对虚拟财产进行界定时,往往会采用列举式的方法,将 QQ 号、电子邮件、论坛账号与分值、互联网游戏账号与装备等具有娱乐、交流沟通功能的电磁记录和数据资料纳入虚拟财产的概念范畴之中,③ 而不是像广义说所认为的那样将所有存在于互联网上的数据编码和信息资源均视为一般意义上的"虚拟财产"。

（四）极端的狭义说

鉴于虚拟财产议题的兴起与互联网游戏产业具有极为密切的关系,二者相辅相成、互为因果,故此也有很多学者直接将"虚拟财产"的概念限定于互联网游戏之中,提出了极端的狭义说。④ 于志刚将"虚拟财产"定义为"以网络游戏为基础,由网络游戏的玩家在网络游戏中控制的账户（ID,即 identification）下所记载的该账号通过各种方式所拥有的'货币''宝物''武器''宠物''级别''段位'等保存在游戏服务器上,可供游戏玩家随时调用、创建或者加入游戏的各种游戏数据或者参数,"并进一步指出"虚拟财产就是在网络游戏中存在的数字化的、非物化的财产形式"。⑤ 其他类似观点则将"虚拟财产"定义为"大型多人在线网络游戏中的物品,如特定网络游戏中的游戏币、武器装备、土地或其他具有价值的物品";⑥ 或者"作为游戏软件中软件模块的影响或者化身存在于虚拟

① 魏海:《盗窃罪研究——以司法扩张为视角》,中国政法大学出版社 2012 年版,第 94 页。

② 米铁男:《刑法视角下的网络数字化财产问题研究》,《东方法学》2012 年第 5 期。

③ 例如,持狭义说立场的学者将"虚拟财产"分为五种类型:第一类是账号类虚拟财产,比如电子邮箱账号、网络游戏账号、微信、QQ 号、网店、自媒体、公号等账号;第二类是域名类虚拟财产;第三类是"货币"类虚拟财产,比如 Q 币、K 币、比特币以及其他依托于区块链技术的代币等;第四类是电子消费账户类虚拟财产,比如某些服务卡、网络兑换券、优惠券、充值卡等;第五类是虚拟物品类虚拟财产,比如网络游戏装备、网络游戏角色的装饰品等。参见朱宣烨《数据分层与侵犯网络虚拟财产犯罪研究》,《法学杂志》2020 年第 6 期。

④ 杜牧真:《论数字资产的财物属性》,《东方法学》2022 年第 6 期。

⑤ 于志刚主编:《网络空间中虚拟财产的刑法保护》,中国人民大学出版社 2009 年版,第 23—24 页。

⑥ 任跃进、童伟华:《盗窃网络虚拟财产行为的法益厘清》,《新疆社会科学》2021 年第 5 期。

世界中、被虚拟人物掌控和支配的具有虚拟价值和使用价值的虚拟物或虚拟货币。"① 按照极端的狭义说的理解，"虚拟财产"是一个与网络游戏或者互联网游戏共生共存的概念，存在于网络游戏所构筑的"虚拟世界"以外的互联网信息数据，如 QQ 号、电子邮箱、论坛分值等均不属于严格意义上的"虚拟财产"。

二　虚拟财产的内涵厘清

以上对关于"虚拟财产"定义的四种不同观点进行了简要梳理。那么，在对"虚拟财产"的概念进行把握时，应当坚持何种立场？对此，笔者认为，泛义说的观点明显不可取，不但使"虚拟财产"的概念外延不当扩大，几乎完全等同于传统意义上的"无形财产"，② 更是没能准确地把握"网络性"这一虚拟财产的本质特征。按照泛义说理解，"虚拟财产"早在互联网产生之间既已出现，储存在单位财务室计算机中的工资发放记录都可以被视为"虚拟财产"，显然并不合理。广义说看到了"虚拟财产"的"网络性"特征，准确地指出了"虚拟财产"是一个存在于互联网空间中的概念，因而具有一定的合理性；不过，若依照广义说的定义，那么凡是存在于互联网上的、带有一定财产属性的数据和信息资源都属于"虚拟财产"，则会将本书第二章所论及的电子资金、第三章所研究的互联网权利凭证以及第四章言及的大数据财产均囊括于"虚拟财产"概念范畴之中，这与学界关于"虚拟财产"的一般认识相背离，并且与本书的研究体系存在冲突。相比之下，狭义说将"虚拟财产"的范围限定互联网娱乐、通讯领域，准确把握了"虚拟财产"的概念内涵与研究界限，并且与社会大众关于虚拟财产的一般感知相符，③ 故此在不同立场

---

① 侯国云：《再论虚拟财产刑事保护的不正当性》，《北方法学》2012 年第 2 期。

② 田宏杰、肖鹏、周时雨：《网络虚拟财产的界定及刑法保护》，《人民司法》2015 年第 5 期。

③ 例如，将互联网游戏中的"装备"、QQ 号中的"衣服"、直播打赏中的"鲜花"与社区论坛中的"金币"界定为"虚拟财产"，则会与一般民众的认知相符，因为这些虚拟物品既存在类似于现实社会的虚拟外形，同时也具有一定的虚拟性，人们知道它们是假的，QQ 号中的衣服不可能穿在身上，论坛中的"金币"也不可能在现实社会中流通，将其称之为"虚拟财产"则恰如其名；而如果宣称人们的网银中的资金、支付宝中的余额或者运动数据、位置信息以及网页浏览痕迹也属于"虚拟财产"，则会因不够"虚拟"或者不像"财产"而被人们所否定。因此，广义说的立场是值得商榷的。

相互比较的意义上，狭义说最具合理性。虚拟财产应当被界定为应用于互联网通讯和娱乐领域的各类账户密码、参数资料的总称，既包括互联网游戏中的各种财产表现形式，同时也包括 ID 账号、电子邮箱、QQ 号、Q币、论坛分值等应用于通讯、交流、娱乐和网络社区生活的各类信息资源与数据资料。[①]

但是，鉴于 ID 账户、QQ 号、论坛分值等虚拟财产已在本书第二章关于互联网服务凭证的相关研究中进行了详细论述，为了突出本章的研究主题，本章在"虚拟财产"的概念界定问题上采取极端的狭义说之立场，将研究对象限定于互联网游戏中的各种虚拟财产。与其他几种学说相比，极端的狭义说看到了"虚拟财产"与互联网游戏之间的紧密联系，具有一定的合理性，虽然受到部分学者的诘责，认为该立场不当缩小了"虚拟财产"的概念范围，[②] 但它对于我们准确地理解和把握"虚拟财产"的本质颇具参考价值，并且能够帮助我们更好地对虚拟财产的财产性根源进行深入分析。

综上，学理意义上的"虚拟财产"概念宜采取狭义说之立场，将其定义为"包括互联网游戏装备、ID 账户、电子邮箱、QQ 号、Q 币和论坛分值等在内的，服务于互联网用户的娱乐、沟通、交流与网络社区需求的数据资料与信息资产"；但是就本章的研究对象而言，出于研究体系的考虑，在这里则采行极端的狭义说，将"虚拟财产"界定为"互联网游戏中游戏玩家（消费者）参与游戏进程的电子数据载体、权利凭证及其表现形式"，在本章及下文的论述中，如无特别说明，"虚拟财产"一词特指网络游戏中虚拟财产，由此与本书第二章所论及的"互联网权利凭证"相区分。

三　虚拟财产的外延

如前所述，虚拟财产是一个与互联网游戏密切相关的概念。因此，想要准确把握虚拟财产的本质与财产性，有赖于对互联网游戏诸构成要素的深入解读。遗憾的是，目前学界对互联网游戏中虚拟财产的理解仍然局限

---

① 王玉珏：《刑法中的财产性质及财产控制关系研究》，法律出版社 2009 年版，第 121 页。
② 魏海：《盗窃罪研究——以司法扩张为视角》，中国政法大学出版社 2012 年版，第 94 页。

于"虚拟刀剑""武器装备""虚拟皮肤"等多年前的刻板印象，[①] 虽有学者尝试对种类纷繁的虚拟财产类型进行分类研究，将之划分为"账号类""货币类""物品类"三种基本类型，[②] 但是这种类型界分仍然是一种对所有种类互联网游戏中"虚拟财产"的笼统划分，对游戏的玩法规则、游戏架构与运作机制均缺乏深入的了解与跟进，无法揭示不同类型虚拟财产的内在区别，由此在虚拟财产的财产性判断问题上出现了偏差。

实际上，关于"虚拟财产等于虚拟货币、物品"的认知主要来源于RPG 游戏（Role Play Games，角色扮演游戏）造成的第一印象。[③] 在传统的互联网 RPG 游戏兴起后的十多年中，互联网游戏产业迅速膨胀，全新的游戏类型纷纷涌现，现在的互联网游戏已经发展出包括 RPG 游戏、RTS 游戏（Real-Time Srtategy Games，即时战略游戏）、FPS 游戏（First-Person Shooting Games，第一人称射击游戏）、CCG/TCG 游戏（Collectible Card Games，卡片收集养成游戏）和 MOBA 游戏（Multiplayer Online Battle Arena Gams，多人同时在线竞技游戏）在内的多种类型（见表 5-1）。鉴于不同种类的互联网游戏的游戏架构与运作机制各不相同，收费项目与消

---

① 例如，刘明祥教授将虚拟财产描述为"大型多人在线网络游戏中的物品，包括游戏中的游戏币、武器、服装、土地或者其他有价值的物品"。刘明祥：《窃取网络虚拟财产行为定性探究》，《法学》2016 年第 1 期；陈兴良教授将虚拟财产划分为账号类虚拟财产、物品类虚拟财产和货币类虚拟财产三类，后两者具体包括网络游戏装备、网络游戏装饰品与网络游戏币等内容。陈兴良：《虚拟财产的刑法属性及其保护路径》，《中国法学》2017 年第 2 期；此外，还有一些近年来出版的专著仍然引述于志刚教授在十年前对"虚拟财产"所作的定义，认为虚拟财产就是互联网游戏中的"货币""宝物""武器""宠物"等。陈烨：《刑法中的特殊财产类型研究》，厦门大学出版社 2015 年版，第 66—67 页。

② 肖志珂：《虚拟财产的法律属性与刑法保护》，《上海大学学报》（社会科学版）2021 年第 6 期；徐久生、管亚盟：《网络空间中盗窃虚拟财产行为的刑法规制》，《安徽师范大学学报》（人文社会科学版）2020 年第 2 期等。

③ 在中国，互联网游戏肇兴于 21 世纪之初，最早风靡的互联网游戏是盛大网络于 2001 年推出的大型多人在线角色扮演游戏《传奇》，网易公司紧随其后，分别于 2002 年和 2003 年先后推出《大话西游》和《梦幻西游》两部巨作，风行一时。2004 年，世界著名游戏公司暴雪娱乐（Blizzard）推出了迄今为止最为成功的网络游戏《魔兽世界》（World of Warcraft）并于翌年在中国大陆发售，旋即受到广大玩家的追捧。在互联网游戏开始普及的几年中，RPG 游戏由于其特有的点卡充值与装备销售模式，成为最容易盈利的游戏类型，当时几乎所有的互联网游戏开发商均在开发此类游戏，市面上可见的网络游戏几乎全是 RPG 游戏，由此给当时的学者留下了"网络游戏就是角色扮演游戏""虚拟财产就是游戏中角色的装备、宠物、货币"的印象。

费模式也存在极大差异，在此背景下仅以 RPG 游戏这一种游戏架构下的虚拟财产类型（刀剑、装备、宠物等）指代全部种类的虚拟财产则显得有失偏颇。

表 5-1　　　　　　　　　　当前互联网游戏的主要类型

游戏类型	简称	举例	特点	收费项目
角色扮演游戏	RPG	《传奇》《大话西游》《魔兽世界》《天下 3》	玩家扮演特定角色、升级打装备	装备、宠物、皮肤、游戏币
卡片收集养成游戏	CCG/TCG	《阴阳师》《Dota 传奇》《星球大战》	收集、使用材料强化不同等级的卡片	VIP 权限、高等级卡片、合成材料等
第一人称射击游戏	FPS	《绝地求生》《穿越火线》《坦克世界》	使用枪支、战车、战机等武器射击	枪支、手雷、战车、战机、角色形象
即时战略游戏	RTS	《部落冲突》《海岛奇兵》《列王的纷争》	经营、管理一个国家而不是角色	游戏币、资源、时间、装饰品
多人同时在线竞技游戏	MOBA	Dota、Vainglory、《英雄联盟》《王者荣耀》	花钱不能使游戏获得显著的收益	皮肤、配饰、英雄、辅助工具

有鉴于此，本书结合近年来互联网游戏的发展情况，对截至目前互联网游戏中的虚拟财产类型进行逐一梳理，试图划定"虚拟财产"的外延边界。具体说来，互联网游戏中的虚拟财产主要体现为三种基本类型：

（一）互联网游戏元素

互联网游戏尽管主题不同、玩法不同、游戏机制不同，但是有一个共同特征，即游戏玩家必须在游戏开发商构建的互联网游戏平台上参与游戏，这种虚拟的互联网游戏平台通常被称为"虚拟世界"（Virtual Words，VW）。[①] 虚拟世界以现实社会中的服务器作为其物理依托，玩家通过互联网中的数据传输参与互联网游戏的进程。在虚拟世界中，互联网游戏的玩家通过各类不同的数据载体进行游戏娱乐活动，玩家参与互联网游戏的过程中所依托的游戏角色、身份以及进行游戏的各种虚拟化物品和工具，构成互联网游戏的基本元素，这是虚拟财产的最主要表现形式。

1. 互联网游戏主体

现实社会中的玩家参与虚拟世界中的互联网游戏必须借助特定的虚拟身份，这种虚拟身份体现在 RPG 游戏中表现为被扮演的角色（如侠客、战士、圣骑士、魔法师、德鲁伊、精灵等虚拟人物），在其他游戏中也以

[①] Rónán Kennedy, "Law in Virtual Worlds", *Journal of Internet Law*, 2009 (10), pp. 3-10.

其他名称和形式存在。例如，在CCG《口袋妖怪》中，玩家被称为"训练师"，而在一些RTS游戏中，玩家则会被游戏中的人物称为"国王""领主""镇长""城市管理者"等。玩家参与互联网游戏必须以一定的身份和角色形象作为依托，这种身份和角色可以被称为"互联网游戏主体"。互联网游戏主体是连接现实社会中的玩家与网络游戏虚拟世界的桥梁，与此同时也是其他互联网游戏元素（如属性、权限和虚拟物品）所附着的对象和基础，在整个互联网游戏的架构中发挥着极为关键的中枢作用（见图5-1）。

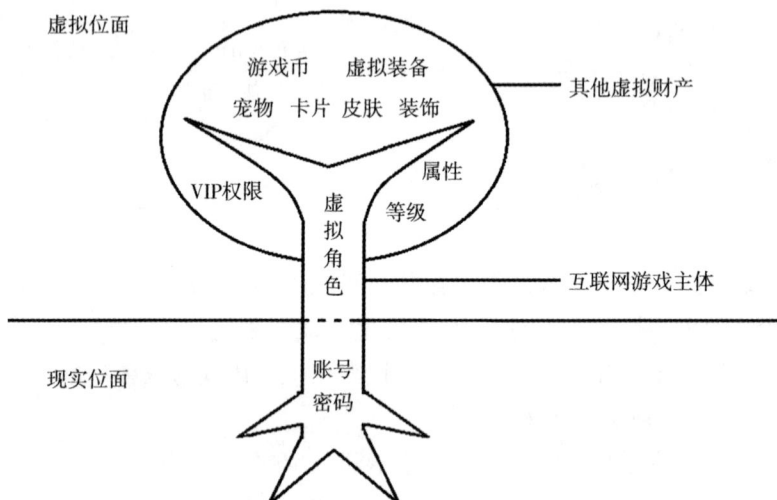

图5-1 互联网游戏主体与虚拟财产的关系

实际上，现实中的"盗窃虚拟财产案件"并不是行为人真的"窃取"了受害人的虚拟物品，而是通过非法获取他人的网络游戏账号密码继而控制了受害人的互联网游戏主体，再将附属于互联网游戏主体上的游戏币与其他虚拟物品转卖、出售，[①] 这种行为在本质上应当被评价为一种身份盗

---

① 例如，在岳某伟等非法获取计算机信息系统数据案中，被告人岳某伟及其同伙王某从另一名嫌疑人张某处购得8.2万个游戏账号及密码，之后指派手下逐一登录这些游戏账号，窃取游戏账号中的游戏币共计7.9亿多个，之后再以每1万个游戏币9—16元不等的价格通过网络进行销售，非法获利72万余元。陈兴良：《虚拟财产的刑法属性及其保护路径》，《中国法学》2017年第2期。

窃行为（Identity Theft）而非传统意义上的财产盗窃活动,[1] 是针对互联网游戏主体的窃用行为。

2. 互联网游戏货币

在互联网游戏中,都会有一种或几种特定的符号形象在游戏中充当一般等价物,这些一般等价物形态各异,并被冠以不同的名称,如"银两""金币""钻石""魂魄""玉璧"等,玩家可以用于购买装备、卡片、宠物、皮肤等虚拟物品,也可以借此获取加速、受保护、任务次数等特定权限,这些一般等价物就是互联网游戏货币,也被称为"游戏币"或"虚拟货币"。

一般而言,互联网游戏货币包括两种基本类型,低等级的普通货币可以通过做任务、签到、达成成就等方式获取,也可以由高级货币购买;而高级货币相比于低等级货币数量比较稀少,在游戏中极难获取,基本上只能通过充值获得,并且不能以游戏中的普通货币购买、转化。与低等级的普通货币相比,以现金充值方式获取的高级货币在游戏中具有更强的购买力,可以轻松购买属性极强的武器装备、华丽多彩的皮肤背景以及颇为罕见的卡片材料,能够使玩家迅速获得优势地位,满足其攀比心理与虚荣心,而这种攀比心态所催生的消费动机,又会进一步驱使玩家充值购买更多的高级货币,由此给互联网游戏公司带来源源不断的巨额利润。[2]

3. 互联网游戏物品

互联网游戏物品,是指在互联网游戏中具有虚拟物品外形的同时具有特定游戏功能的网络游戏对象。互联网游戏物品是最典型的一种"虚拟财产",同时也是游戏玩家通过充值、消费从游戏运营商处所购买的虚拟对象。传统的互联网游戏物品以 RPG 游戏中的各种武器装备为主,例如刀剑、戒指、护甲、头盔、坐骑、宠物等,随着互联网游戏的发展,游戏种类的不断丰富,催生出一些全新类型的互联网游戏物品,例如 FPS 游戏中的枪支、手雷、弹药,MOBA 游戏中能增加特定属性的符文、铭文以及提升武器装备能力属性的合成、升级材料等。互联网游戏物品通常可以通过游戏获得,但是功能强大、能显著提升玩家游戏体验的高级游戏物品,则

---

[1]　Jennifer Lynch, "Identity Theft in Cyberspace: Crime Control Methods and Their Effectiveness in Combating Phishing Attacks", *Berkeley Technology Law Journal*, Vol. 20, 2005.

[2]　张弛:《窃取虚拟财产行为的法益审视》,《政治与法律》2017 年第 8 期。

只能通过现金充值的方式才有机会获取。游戏开发商通过把握两者之间的差异与平衡，激起玩家强烈的消费欲望，借此获取巨额的充值收入。

4. 互联网游戏装饰

除了互联网游戏物品，玩家还可以通过充值或者用普通的游戏货币购买游戏中的装饰。所谓互联网游戏装饰，是指在互联网游戏中不具有游戏增益功能的装饰品、背景与效果，与互联网游戏物品相比，互联网游戏装饰并不会显著增加互联网游戏主体的能力与属性，使玩家获取更高的游戏体验，仅仅表现为一种用以满足玩家个人审美需求的视觉效果。互联网游戏的装饰一般是指游戏皮肤，也即适用于互联网游戏主体不同的游戏形象，此外，施法效果、物品形象、游戏背景、头像框等也属于互联网游戏装饰的范畴。互联网游戏装饰也是游戏运营商获利的重要手段，据报道，腾讯旗下的 MOBA 手游《王者荣耀》于 2017 年春推出的一款英雄皮肤"赵云"，发售当日即售出 1.5 亿元人民币，[①] 互联网游戏装饰的盈利能力令人咋舌。

(二) 互联网游戏权限

以上对互联网游戏主体、游戏货币、游戏物品与游戏装饰等比较典型的虚拟财产类型进行了介绍，这些互联网游戏元素往往带有一定的虚拟外形，能够与现实生活中的某些客观物质存在形式相对应，[②] 故此被冠以"虚拟财产"之名，很多学者在对虚拟财产进行研究时，也往往将"虚拟财产"的范围限定为互联网游戏中的"虚拟物"和"虚拟货币"。[③] 实际上，这种观点是不够全面的，互联网游戏中虚拟财产的范围并不仅仅以此为限。除了游戏货币、游戏装备等具有视觉表现形式、可以被玩家直接看

---

① 站长之家：《王者荣耀：一款赵云皮肤一天卖 1.5 亿元，花式赚钱只服腾讯》，http：//www. chinaz. com/game/mbtips/2017/0613/732291. shtml。

② 例如，互联网游戏主体对应现实中的人物、游戏货币对应现实中的货币、游戏皮肤对应现实中的衣服，各种不同的游戏物品分别对应的现实社会中的刀剑、枪支、戒指、宠物等。可以说，互联网游戏元素在一定意义上可以被视为现实社会中的物理存在在虚拟世界中的投影与映射。

③ 张忆然：《"虚拟财产"的概念限缩与刑法保护路径重构——以数据的三重权利体系为参照》，《湖南科技大学学报》（社会科学版）2021 年第 2 期；侯国云：《再论虚拟财产刑事保护的不正当性》，《北方法学》2012 年第 2 期；陶军：《论虚拟财产的性质与保护》，《中国律师》2004 年第 12 期；陈烨：《刑法中的特殊财产类型研究》，厦门大学出版社 2015 年版，第 65 页等。

见的互联网游戏元素以外，互联网游戏中尚有另外一种同样重要的虚拟财产类型，即表现为"权限"的各种虚拟财产。这类虚拟财产有的具有一定的视觉标示与表现形式，有的则体现为一种"看不见但感觉得到"的特殊权限，具体说来，这种表现为互联网游戏权限的虚拟财产大致可分为如下两种类型：

1. 权限型虚拟财产

在互联网游戏中，随着互联网游戏主体等级、经验的不断提升，玩家逐渐解锁一些全新的游戏权限，例如加入公会或战队、开启新的任务地图、挖矿、自动挂机等，这种游戏权限本身就是虚拟财产的一种类型。例如，在 CCG 游戏《Dota 传奇》中，每当玩家"三星通关"之后，就可以获取"扫荡"权限，玩家不必再亲自重打此关，只需点击"扫荡"按钮，就能自动收取包括碎片、材料、经验在内的战利品，这种"扫荡"的权限就是一种典型的"权限型虚拟财产"。

需要说明的是，虽然有时权限型虚拟财产并不具备一定的虚拟视觉形象，但是并不能由此否认其属于虚拟财产的一种类型。权限性虚拟财产与互联网游戏物品在大多数情况下都是可以互相转化的，都是游戏运营商推销谋利的手段，只有表现形式的不同而无本质区别。以前述 CCG 游戏《Dota 传奇》为例，该游戏中每张任务地图可以"扫荡"三次，"扫荡"表现为一种有次数限制的活动权限；而在更多的相同类型的 CCG 游戏中，玩家必须凭"扫荡券"进行"扫荡"，此时"扫荡"便体现为一种具有视觉外形的互联网游戏物品了。只要《Dota 传奇》的开发商愿意，完全可以赋予这一权限型的虚拟财产以可视化的虚拟物品外形，将之转化为物品型的虚拟财产。由此可见，不论是具有虚拟视觉外形的互联网游戏物品，还是不具有图像表现形式的互联网游戏权限，其背后都是互联网游戏赖以运作的系统资料或数据参数，故此均应被归属于"虚拟财产"的概念范畴之内。[①]

2. 特权型虚拟财产

在互联网游戏权限中，还有一类特殊的权限型虚拟财产。这类在游戏中被称为"VIP 权限""会员"或者"高级训练师"的特殊身份，能够赋

[①]　于志刚主编：《网络空间中虚拟财产的刑法保护》，中国人民大学出版社 2009 年版，第 23 页

予玩家以额外的、高级的特权（如加速特权、抽取高级卡片、增加抽奖次数、双倍经验、双倍金币、段位保护等），使玩家获取更高的游戏体验，诸如此类的互联网游戏权限可以被称为"特权型虚拟财产"。与高级的游戏货币、游戏物品相类似，特权型虚拟财产也只能通过现金充值方式获取，并且与高级游戏货币紧密相关，游戏开发商往往会在玩家充值一定数量的高级货币后给予其相应的"VIP"权限。有的游戏将VIP划分为十多个等级，从最低充值几元就可获取的VIP权限到需要充值几十万元才能获取的最高等级VIP权限一应俱全，由此满足不同经济能力玩家的充值需求，最大限度地吸取商业利益。与虚拟物品、游戏货币、皮肤装饰等互联网游戏元素一样，内容各异的互联网游戏权限也是互联网游戏开发商运营谋利的重要手段。

（三）游戏打赏工具

随着互联网游戏行业的发展，网络游戏直播成为一项重要的新兴产业。2021年中国游戏直播行业市场规模达948亿元，已经直逼千亿规模，平台用户数量突破3.74亿人，游戏主播人数近1200万人。[①] 游戏直播的出现催生了一种全新类型的虚拟财产，即互联网游戏打赏工具。观众在观看玩家直播时，可以在互联网游戏或者直播平台上付费购买打赏工具，如红包、元宝、鲜花、火箭、豪车、飞机、游艇等，发送给正在直播游戏的玩家，玩家可以直接将这些受打赏的工具转化为互联网游戏币，或者根据打赏情况与平台进行现金分成。这种互联网打赏工具与近年来引起广泛争议的网络直播打赏系属同源，均是互联网虚拟财产的一种类型。

综上所述，我们可以对"虚拟财产"的外延范围作出全面的界定。所谓虚拟财产，是指互联网游戏中玩家参与游戏进程的电子数据载体、权利凭证及其表现形式，根据功能、用途与表现形式的不同，可以将互联网虚拟财产划分为互联网游戏元素、互联网游戏权限与游戏打赏工具三种基本类型，其中，互联网游戏元素是指具有虚拟视觉形象的虚拟财产类型，包括游戏主体、游戏货币、游戏物品与游戏装饰等具体表现形式；互联网游戏权限则表现为不具有虚拟物品外形但是可以让玩家获取特定游戏权限的虚拟财产形式，包括权限型虚拟财产与特权型虚拟财产两种基本类型；

---

① 华经产业研究院：《中国游戏直播行业市场全景评估及发展战略规划报告》，https：//business. sohu. com/a/588601813_121134096。

而游戏打赏工具则是由游戏玩家以外的观众所享有，用以评价、赞赏游戏直播玩家游戏表现的一种新型虚拟财产。虚拟财产并不以具有虚拟的视觉形象为限，无论何种形式的虚拟财产类型，其本质均是互联网游戏公司运营谋利的工具和手段（见表5-2）。

表 5-2 互联网游戏中的虚拟财产

分类		举例
互联网游戏元素	游戏主体	角色、训练师、城主、国王等
	游戏货币	元宝、银两、金币、钻石、点券
	游戏物品	装备、枪支、宠物、坐骑、卡片
	游戏装饰	皮肤、特效、背景、头像框等
互联网游戏权限	权限型虚拟财产	改名、收集、加速、搜索、保护
	特权型虚拟财产	VIP、高级训练章、会员专享等
互联网游戏评价	游戏打赏工具	鲜花、鞭炮、游艇、火箭等

（表格最左列为"虚拟财产"，纵向贯穿全表）

第二节 虚拟财产的财产性分析

以上对虚拟财产的基本内涵和概念外延进行了厘清。下文中，将进一步对虚拟财产是否属于刑法意义上的财产、侵犯虚拟财产的行为是否构成财产犯罪等问题进行解答。鉴于虚拟财产不论是否具有视觉化的表现形式，其背后均是运行于互联网游戏系统中的数据代码，故此虚拟财产均具有特定的物质承载形式，关于"虚拟财产"是否属于"财物"的探讨主要围绕其是否具有能够以货币衡量的客观价值性，以及是否具有占有和转移的可能性两个要点展开。

一 虚拟财产的客观价值性分析

目前，关于虚拟财产是否具有客观价值性的问题，学界存在肯定说与否定说两种立场的对垒。

（一）肯定说

肯定说的立场认为，虚拟财产具有经济价值性，应当被视为"财物"，主要理由有四：其一是互联网游戏玩家的劳动构成虚拟财产经济价值的根基与来源。肯定说认为，"虚拟财产的获得，主要是通过个人的劳动……游戏参与者所获得的虚拟财产，往往是通过数百小时乃至数千小时的时间和精力的投入，以及个人智力投入来获取的。技巧较差的，甚至花费了数百个小时而一无所得。因此，虚拟财产获得时所投入的劳动量丝毫不比现实社会中真实的财产所投入的劳动量小。"① "当一个玩家正在玩游戏时，也是价值创造的过程，其不仅感受到了精神层面的价值满足，同时也有时间和精力的付出，武器级别得到提升，使得该武器具备更高的价值。换言之，表面上是在娱乐，实际上也在创造着主观价值和客观价值。"② "网络游戏的参与者通过劳动和金钱的投入，苦心经营而得到的虚拟财产，其价值以及重要性绝不亚于实体世界里的真实财产。"③ 其二是虚拟财产能够满足人的精神需求，具有有用性。④ "随着互联网游戏队伍的不断扩大，诸如网络游戏账号、装备等许多平常人认为是一堆资料、一钱不值的东西，成为了许多人的'虚拟财产'，它们在现实社会中或许平平无奇，但是在虚拟世界中却身价不菲。"⑤ 对于玩家而言，虚拟财产的财产效用和经济价值是毋庸置疑的。其三是虚拟财产可以在玩家之间、玩家与游戏开发商之间进行交易，具有可交易性。⑥ 互联网上销售各类虚拟财产的"网络商店"通过多年的经营，在网络平台的预设规则中形成了类似现实世界中"商誉"的信息资源，并因此激活了现实世界中消费者的购买力。网店作为一种交换价值的实现载体，使基于数据信息的虚拟财产的价值被市场交易承认并保护。⑦ 其四是稀缺性。由于互联网游戏的开发制作需要投入大量的人力、物力和财力，故此游戏开发商需要通过出售虚拟财产来收回成本、获取收益，虚拟财产便成为游戏开发商所持有的一种稀缺资源，对了玩家而言，除了支付货币购买虚拟物品之外，只能通过

---

① 于志刚：《论网络游戏中虚拟财产的法律性质及其刑法保护》，《政法论坛》2003 年第 6 期。

② 陈罗兰：《虚拟财产的刑法意义》，《法学》2021 年第 11 期。

③ 于志刚：《论网络游戏中虚拟财产的法律性质及其刑法保护》，《政法论坛》2003 年第 6 期。

④ 于志刚主编：《网络空间中虚拟财产的刑法保护》，中国人民大学出版社 2009 年版，第 94—96 页。

⑤ 丁天球：《侵犯财产罪重点疑点难点问题判解研究》，人民法院出版社 2005 年版，第 143 页。

⑥ 魏海：《盗窃罪研究——以司法扩张为视角》，中国政法大学出版社 2012 年版，第 102—103 页。

⑦ 吕铖钢：《论税务行政中虚拟财产的可税性》，《行政法学研究》2023 年第 2 期。

参加活动、提升游戏技术来获取虚拟财产，而参加活动、提供游戏技术无疑需要付出一定的脑力和体力劳动，因此，虚拟财产是具有稀缺性的。随着人们对互联网游戏的需求不断增加，无疑使虚拟物品的稀缺性越发彰显。① 综上，虚拟财产具有使用价值和交换价值，应当被视为刑法中的"财物"，虚拟财产的财产性根源于游戏玩家在游戏过程中付出的体力和脑力劳动。

（二）否定说

有学者对肯定说的理由逐一进行驳斥，在此基础上提出了"虚拟财产不具有客观价值性"的否定说之立场。否定说认为，首先，互联网游戏玩家打游戏的行为不能被称为"劳动"。侯国云、么惠君认为，玩家的确在游戏过程中投入了大量的时间和精力，但是这种投入的过程并不是劳动而仅仅是娱乐，就像人们去舞厅跳舞、去观光旅游，也要花费时间、精力和金钱，但是并不能将这些行为视为"劳动"。② 欧阳本祺进一步指出，虚拟财产并非玩家"创造"出来的，而是玩家在游戏过程中触发特定程序"掉落"的。游戏中的虚拟财产都是游戏设计者事先编写好并由脚本代码对其进行控制，在游戏玩家开始游戏之前就已经存在于系统之中，当游戏进行到特定触发条件时自然会出现。既然虚拟财产并非玩家创造，所谓"玩家的劳动创造虚拟财产的价值"也就无从谈起。③ 其次，虚拟财产的价值仅仅是一种主观价值，只对特定的人、特定的系统才有意义，④ 对于不需要玩游戏的人而言，所谓的"虚拟财产"并不是财产，游戏中价值连城的虚拟物品对他们而言一钱不值、一文不名；虽然某些平台和游戏存在将互联网游戏中的虚拟财产兑换为现金的情况，但是这种私下的虚拟财产流通、交易并不为现行立法所认可，⑤ 故此虚拟财产也不具备交换价值。最后，虚拟财产不具备稀缺性。稀缺性是判断某种客观权利客体是否属于财产的前提，取之不尽、用之不竭的物品很难被称为"财产"。虚拟财产虽然需要玩家花费时间、金钱、精力去获取，但是归根结底，其数量

---

① 于志刚主编：《网络空间中虚拟财产的刑法保护》，中国人民大学出版社 2009 年版，第 100—101 页。

② 侯国云、么惠君：《虚拟财产的性质与法律规制》，《中国刑事法杂志》2012 年第 4 期。

③ 欧阳本祺：《论虚拟财产的刑法保护》，《政治与法律》2019 年第 9 期。

④ 胡岩：《论虚拟财产的性质与保护》，《法律适用》2011 年第 7 期。

⑤ 刘明祥：《窃取网络虚拟财产行为定性探究》，《法学》2016 年第 1 期。

的多少取决于互联网游戏开发商。游戏开发商可以随时决定无限制、大规模地生产虚拟财产，并且该行为不需要花费太多的时间和精力，仅仅对互联网游戏后台数据进行修改即可实现。由此，虚拟财产由于缺乏稀缺性故而不能被称为"财产"。[①]

（三）评析

对于以上两种观点，笔者认为，所谓的"虚拟财产"不具有客观价值性，否定说的立场值得肯定，不过其论证理由亦存在一定瑕疵。作为"财物"基本特征之一的客观价值性包括两个侧面：从本质上讲，"财物"的价值根源于凝结在财物之中的无差别的人类一般劳动，而劳动本身则表现为生产劳动；[②] 从形式上，"财物"所具有的经济价值必须是一种可以以货币、货币衡量的交换价值，单纯对某些主体有用的使用价值并不是"财物"意义上的价值，无法以货币衡量其价值的客观存在，不能被称为刑法意义上的"财产"或"财物"。关于虚拟财产是否包含"劳动"的问题，就社会大众的一般看法而言，否定的观点仍然占压倒性多数。2020年，一项针对北京地区在校学生和相关人士的调查结果显示，88.9%的人并不将互联网游戏玩家"玩游戏、打装备"的行为视作劳动，而仅仅将其看作一种消遣，并不认为其为人类社会创造了任何价值。[③] 正如否定论者所指出的那样，玩家在游戏过程中投入的精力和时间并不能被称为"劳动"而仅仅是一种娱乐活动。[④] 虚拟财产不是由玩家的生产劳动创造的，实际上早已存在于互联网游戏之中，玩家只是玩到一定阶段触发了相应的程序而已。[⑤] 因此，虚拟财产并不具备作为"财物"的价值来源，即凝结在财物之中的无差别的人类一般劳动。

那么，虚拟财产是否具有能够以货币度量的客观价值呢？答案是仍否定的。虽然持肯定说立场的人士坚持认为虚拟财产具有客观价值性，主张

---

① 姚珂、曲赛男：《盗窃网络游戏币不宜认定为盗窃罪》，《中国检察官》2015年第12期。

② 《马克思恩格斯全集（第三卷）》，人民出版社1972年版，第205页。

③ 徐久生、管亚盟：《网络空间中盗窃虚拟财产行为的刑法规制》，《安徽师范大学学报》（人文社会科学版）2020年第2期。

④ 侯国云、么惠君：《虚拟财产的性质与法律规制》，《中国刑事法杂志》2012年第4期。

⑤ 杨向华：《网络游戏虚拟财产法律性质浅议》，《湖南公安高等专科学校学报》2004年第4期。

以游戏运营商对虚拟财产的定价来认定其实际价值，[①] 或者以市场交易价格为主、参考多种方法来确定虚拟财产的价值，[②] 但是这些标准均缺乏合理性与科学性，难以在司法实践中获得普遍认可。对于虚拟财产而言，目前并没有、也不可能有一套能够被普遍接受的、行之有效的价值认定标准。[③] 也就是说，所谓的"虚拟财产"并不具有能够以货币衡量的客观价值性，即使虚拟财产具有一定的价值，这种价值也是飘忽不定、无法以金钱准确衡量其具体数额的。

　　之所以出现这种局面，根源于虚拟财产的固有特征以及游戏开发商自身的恣意行为对虚拟财产价值体系的破坏。正如张明楷所指出的那样，传统的产出是线性的，其产量会受到原材料的制约；而虚拟财产的产出则是一次产出、无限销售。[④] 虚拟财产的生产、销售活动不受生产成本、市场行情、滞销积存等传统商业风险的约束，是一种"一本万利"甚至是"无本万利"的经营模式，这就使得游戏运营商对于虚拟财产的定价带有极强的任意性，往往严重背离其实际价值，定价畸高，故而难以作为认定虚拟财产实际价值的参考。[⑤] 这一点就连将非法获取虚拟财产的案件认定为盗窃罪的支持论者也不得不承认。在 2020 年的王某鑫、王某国盗窃案中，两名被告人使用三个账号登录游戏平台，用 WPE 外挂软件在宜搜天下公司运营的手机网游"剑雨春秋"中以修改参数的方式非法获取该游戏中的虚拟货币"元宝"，共计 246956220 个，如果按照市场价格进行认定，犯罪数额达到 24695622 元，达到"数额特别巨大"的标准，可以处十年以上有期徒刑或者无期徒刑，最终深圳市南山区人民法院以两被告实际销售获利的违法所得 10150 元认定两名被告人构成盗窃罪，分别判处两名被告人 8 个月和 6 个月的有期徒刑，并且均缓刑 1 年，实际认定的虚拟财产价值只有在游戏内充值价格的 1/2433。[⑥]

---

①　李进、李艳：《盗窃网络虚拟财产行为的定性问题探讨》，《四川警官学院学报》2009 年第 5 期。

②　邹政：《盗窃虚拟财产行为的刑法适用探讨——兼论虚拟财产价格的确定》，《法律适用》2014 年第 5 期。

③　王作富主编：《刑法分则实务研究（中）》，中国方正出版社 2012 年版，第 1078 页。

④　张明楷：《非法获取虚拟财产的行为性质》，《法学》2015 年第 3 期。

⑤　米铁男：《刑法视角下的网络数字化财产问题研究》，《东方法学》2012 年第 5 期。

⑥　广东省深圳市南山区人民法院（2020）粤 0304 刑初 2 号刑事判决书。

更为严重的是，为了最大限度地追求利润，很多互联网游戏公司特别是运营 CCG/TCG 游戏的公司往往会推出带有赌博性质的"抽卡""开箱子"机制，每次抽卡、开箱子的机会均会消耗一定数量的游戏货币。例如，在北京一骑当千网络科技公司开发的军事卡牌养成类游戏《新特种部队》中，玩家可以花费 30 个钻石获得一次抽取 3 星至 5 星卡牌的机会，而商家对 30 个钻石的标价是 6 元人民币，对于同样的一张五星卡牌（如"梅卡瓦 4 坦克"），有的玩家花费数千元，抽取数十次也抽不到，有的玩家一次即可抽到，那么这张"梅卡瓦 4 坦克"的价值究竟相当于多少钻石、多少人民币呢？另外，由于虚拟游戏货币的生产和销售不受生产成本的制约，因此游戏开发商在出售这些游戏币时，打折的空间和力度非常之大。例如对于同样的 600 枚"钻石"，平时需要 120 元人民币才能买到，但是游戏开发商推出"礼包""优惠"等活动时，只需要花 30 元人民币就可以购买同样数量的"钻石"，那么一枚"钻石"的价值究竟是 0.2 元还是 0.05 元？

由此可见，单位价值的不确定性与总体数量的无限性，使得互联网游戏中的虚拟财产的实际价值根本无从厘定，[①] 主张虚拟财产具有客观价值的肯定说立场缺乏必要的实践基础，存在严重的理论缺陷，应当予以摒弃。互联网游戏中的各类虚拟财产不具有确定的、能够以货币进行衡量的客观经济价值，缺乏成为"财物"所必需的客观价值性特征。

二 虚拟财产是否具有占有和转移的可能性

另一个需要探讨的问题是占有和转移可能性问题。对此，不论是支持还是否认虚拟财产具有客观价值性的立场均认可虚拟财产具有占有和转移的可能性。例如，张明楷指出，虚拟财产具有管理可能性和转移可能性，互联网游戏玩家通过游戏账号实现对自己所有虚拟财产的支配与控制，账号既是玩家和用户"存放"虚拟财产的"仓库"，与此同时也是其占有、控制、管理虚拟财产的工具和标志。[②] 陈兴良亦认为，游戏玩家通过脑力劳动触发游戏程序创造出了虚拟财产，游戏者理应有权对其所创造的虚拟财产享有所有权。由于游戏者可以通过售卖、赠与等方式实现对虚拟财产

---

① 张弛：《窃取虚拟财产行为的法益审视》，《政治与法律》2017 年第 8 期。

② 张明楷：《非法获取虚拟财产的行为性质》，《法学》2015 年第 3 期。

的占有、使用、处分和收益等权能，虚拟财产可以在游戏玩家之间自由流转，故此虚拟财产属于互联网游戏玩家的私人财产，可以为不同的游戏者独立控制和占有，其管理可能性是不言而喻的。[①] 对虚拟财产的客观经济价值持否定说立场的学者也承认虚拟财产具有有限的可转移性，[②] 能够以特定的形式在不同的主体之间转移其占有。[③]

应当指出，前述观点在虚拟财产的占有和可转移性的认识上陷入了误区。认为虚拟财产具有管理可能性的观点，特别是主张"虚拟财产属于财物"的肯定说立场，将虚拟财产视为由玩家占有、支配、控制的虚拟物品，是玩家私人所有的财产。[④] 然而，目前国内没有任何一种互联网游戏在服务协议中明确将虚拟财产归属于玩家个人所有。例如，因铺天盖地的广告而名声昭著的 RPG 游戏"贪玩蓝月"在其《平台用户协议》中明确规定："贪玩（包括但不限于游戏平台、游戏、论坛）所提供的各种虚拟物品，不限于金币、银两、道具、装备等，其所有权归贪玩或其合作方所有。用户只能在合乎法律和游戏规则的情况下拥有对虚拟物品的使用权"，[⑤] 并用黑色加粗字体标出以提醒玩家注意；而知名游戏公司网易也在《网易游戏使用许可及服务协议》第 6 条第 1 款中以红色字体明确声明："游戏虚拟物品（或简称'虚拟物品'）包括但不限于游戏角色、资源、道具（包括但不限于游戏中的武器、坐骑、宠物、装备）等，其所有权归网易公司，用户只能在合乎法律规定的情况下，根据游戏规则进行使用。"[⑥] 可见，互联网游戏公司早已将虚拟财产的最终权利归属于自己，玩家仅仅是在服务协议所确定的游戏框架内"借用"这些虚拟物品和虚拟权限，虚拟财产并不是如某些学者所认为的那样属于玩家所有，互联网游戏玩家根本不享有虚拟财产的所有权。至于被一些学者用以说明虚拟财

---

①　陈兴良：《虚拟财产的刑法属性及其保护路径》，《中国法学》2017 年第 2 期。

②　姚珂、曲赛男：《盗窃网络游戏币不宜认定为盗窃罪》，《中国检察官》2015 年第 12 期。

③　李威：《论网络虚拟货币的财产属性》，《河北法学》2015 年第 8 期。

④　陈兴良：《虚拟财产的刑法属性及其保护路径》，《中国法学》2017 年第 2 期。

⑤　《贪玩平台用户协议》第 9 条"虚拟财产"，http：//www. tanwan. com/news/pages/？ id = 24226。

⑥　《网易游戏使用许可及服务协议 v1.0.0》第 6 条，http：//update. unisdk. 163. com/html/latest_v5. html。

产具有交换价值和流通性的虚拟财产线下交易，① 更是为虚拟财产的创造者们严加禁止。如前述《贪玩平台用户协议》在第 6 条"用户行为守则"中申明"用户应当对自己在游戏中的言行负责，尤其不得：……（6）通过任何方式、行为传播或进行游戏账号、虚拟货币、虚拟道具的线下交易；"② 腾讯公司也在《腾讯游戏许可及服务协议》中明确规定："腾讯未授权您从任何第三方通过购买、接受赠与或者其他的方式获得游戏账号、游戏道具、游戏装备、游戏币等，腾讯不对第三方交易的行为负责，并且不受理因任何第三方交易发生纠纷而带来的申诉。"③

由此可见，互联网游戏的玩家既不享有虚拟财产的所有权，亦无权将虚拟财产置于线下市场上交易、转让、流通，互联网游戏玩家对虚拟财产的"占有"和"所有"仅仅是一种模拟的占有，是一种"持有"和"使用"，并不是真实的占有，这些东西实际上仍然由游戏运营商把持和掌控。④ 对游戏玩家而言，其在互联网游戏中所使用的各类虚拟物品并不具备"财物"特征意义上的占有和转移的可能性。

三　虚拟财产的本质

通过上文的论述，可知所谓的"虚拟财产"虽然被冠以"财产"之名，但其既不具有能够以金钱、货币准确度量的客观经济价值，也不具有可以被玩家处分、交易、转让的占有可能性和转移可能性，不能被认定为刑法意义上的"财产"或"财物"。《民法典》虽然对"虚拟财产"作出规定，⑤ 但既未对其进行定义，也未对相关特征和构成要件进行描述，虚拟财产的民法规定仅具有宣示性意义。⑥ 就现实而言，"虚拟财产"仍然停留在学理概念层面，并非具有适用效力的确定法律概念。以互联网游戏

---

① 于志刚：《论网络游戏中虚拟财产的法律性质及其刑法保护》，《政法论坛》2003 年第 6 期。

② 《贪玩平台用户协议》第 6 条"用户行为守则"，http：//www. tanwan. com/news/pages/? id=24226。

③ 《腾讯游戏许可及服务协议》第 6.3 条，http：//game. qq. com/contract. shtml。

④ 付琳：《虚拟财产的内生逻辑及其权属矛盾》，《社会科学家》2021 年第 2 期。

⑤ 《中华人民共和国民法典》第 127 条规定："法律对数据、网络虚拟财产的保护有规定的，依照其规定。"

⑥ 付琳：《虚拟财产的内生逻辑及其权属矛盾》，《社会科学家》2021 年第 2 期。

货币和虚拟游戏物品为代表的虚拟财产既非法律意义上的财物，亦无法律规定的财产权可言，不能仅仅因为虚拟财产能够带来一定的经济利益就认定其具有财产属性。从财产性的视角进行分析，无论将虚拟财产归属于物、债权还是知识产权都是缺乏实质性依据的。[①] 申言之，"虚拟财产"仅有"财产"之名，而无"财产"之实，本质上并不属于法律规定的财产类型。通过对互联网游戏诸元素的财产性分析，得出了"虚拟财产不是财产"的结论，接下来需要探究的是虚拟财产的本质，也即"虚拟财产究竟是什么"的问题。

事实上，关于虚拟财产的本质，作为其创造者的互联网游戏公司早已给出了答案：《腾讯游戏许可及服务协议》第4.8条中明确规定，"您充分理解并同意：游戏道具、游戏装备、游戏币等是腾讯游戏服务的一部分，腾讯在此许可您依本协议而获得其使用权。"[②] 这也就意味着，以互联网游戏货币、虚拟物品等代表的"虚拟财产"是游戏服务的有机组成部分，虚拟财产不过是互联网游戏这一种虚拟娱乐服务的表现形式与服务项目。"从根本上来说，网络游戏虚拟物的本质并非财物，而是游戏玩家与游戏运营商缔结的服务合同项下为合同完全履行所必备之工具。"[③] 根据网易公司在美国证监会网站上公布的财务信息，该公司将自己销售网络游戏装备获取的收入归入"网络游戏服务"（Online game services）项目之下，并与"广告服务"（Advertising services）、电子邮件（E-mail）、电子商务（E-commerce）等互联网服务项目相并列，[④] 这在客观上进一步佐证了"虚拟财产的本质是服务"的事实。

实践中，很多法院亦将涉及虚拟财产权属纠纷的案件定性为"服务合同纠纷"。例如，在"韩某诉盛大网络公司案"中，原告韩某在盛大网络公司旗下的"热血传奇"游戏中注册账户，并购买了与游戏有关"盛大密保"工具。2005年6月，原告投入了大量金钱、苦心经营多年的游戏

---

① 李威：《论网络虚拟货币的财产属性》，《河北法学》2015年第8期。

② 《腾讯游戏许可及服务协议》第4.8条，http://game.qq.com/contract.shtml。

③ 皮勇、葛金芬：《网络游戏虚拟物数据本质之回归——兼论非法获取网络游戏虚拟物的行为认定》，《科技与法律》2019年第2期。

④ Financial Statements, *Consolidated Statements of Operations and Comprehensive Income*, NetEase, Inc.（Filer）CIK：0001110646, available at https://www.sec.gov/cgi-bin/viewer? action=view&cik=1110646&accession_number=0001104659-16-113375&xbrl_type=v#，2017年2月16日。

装备丢失，原告要求被告偿还其丢失的装备计价 5 万元人民币。法院以服务合同纠纷为案由审理了此案，并最终作出由被告将原告丢失的装备恢复到韩某账户上的判决，双方均未提起上诉。① 在本案中，与其说因被告的过失导致原告的"财产"失窃，毋宁说被告没有履行好网络游戏服务合同所规定的信息数据保护义务，通过法院的判决敦促其履行了对原告应尽的服务义务。由于被告所恢复的游戏装备，并不是原告韩某"被盗"的那些装备，因此这种恢复行为的本质并不是失窃财产的返还，而是一种对服务违约的弥补。在"李某晨诉北京北极冰科技公司案"中，法院虽然认为玩家需要花费货币来购买游戏装备和点卡、确认虚拟装备具有价值性，但仍以"服务合同纠纷"为案由审结了此案。② 此外，根据国家统计局发布的《数字经济及其核心产业统计分类（2021）》，"互联网游戏"（代码 030303）被归属于"互联网相关服务"（代码 0303）之下，既不属于"数字产品制造业"（代码 01）亦不属于"数字产品服务业"（代码 02），③ 这也就意味着包含虚拟财产在内的互联网游戏的全部内容均属于"服务"而非"产品"。

由此可见，虚拟财产在本质上是被互联网游戏中的虚拟视觉形象所包装起来的娱乐服务项目，更准确地说，是一种互联网虚拟服务的权利凭证，④ 与本书第二章所论及的 QQ 号、电子门票、电影取票码等电子权利凭证当属同源。虚拟财产之所以不具有客观价值性与占有和转移的可能性，归根结底是由其作为一种服务的本质属性所决定的。正如按摩、洗车、唱卡拉 OK、旅游等服务活动不能被称为"财物"一样，事实内核是一种服务项目的虚拟财产自然也不属于法律意义上的"财物"范畴。

第三节　侵犯虚拟财产行为的刑事司法认定

上文就虚拟财产的本质与财产性等问题进行了探讨，由此得出虚拟财产是一种服务而非财物的结论。但是，虚拟财产不是一种财物并不代表虚

---

① 胡岩：《论虚拟财产的性质与保护》，《法律适用》2011 年第 7 期。
② 北京朝阳区人民法院（2003）朝民初字第 17848 号民事判决书。
③ 《数字经济及其核心产业统计分类（2021）》（国家统计局第 33 号令）第 6 条。
④ 徐彰：《盗窃网络虚拟财产不构成盗窃罪的刑民思考》，《法学论坛》2016 年第 2 期。

拟财产不受刑法保护，不能仅仅因为虚拟财产是一种服务类型而否认对其进行保护的必要性。现实生活中，的确存在一些不法分子利用技术手段非法获取虚拟财产后非法倒卖牟利，严重侵害互联网游戏公司与游戏玩家利益的案件，对于此类案件，若行为人触犯了刑法分则的规定，符合相关罪名的构成要件的，刑法应当对其给予适当的评价。本节将就侵犯虚拟财产行为的刑事司法认定问题进行论述。

一 以技术手段侵害虚拟财产行为的认定

在实践中，常见的侵害虚拟财产的犯罪案件主要包括两种基本类型，第一种方式是行为人通过技术手段侵入互联网游戏公司的系统后台，自互联网游戏公司处非法获取虚拟财产。鉴于虚拟财产必须依附于特定的互联网游戏系统才能存在，严格说来，游戏运营商所拥有的虚拟财产不可能被"窃取"，只能通过修改后台数据等方式复制、增加后被行为人非法获取。例如，2009 年被告人张某利用黑客程序非法侵入苏州金游数码科技有限责任公司的数据库服务器，通过增加、修改数据库中的数据在其创建的游戏账户上增加游戏币"银子"后销售，累计销售 40 多亿两"银子"，获利 18.7 万余元，被判处有期徒刑 10 年，罚金 1 万元。[①] 第二种方式是自合法的互联网游戏玩家处窃取账号（互联网游戏主体），继而非法处分其附属的虚拟物品，也即从合法玩家处"窃取"虚拟财产：2009 年 6 月，犯罪嫌疑人陶某通过传播盗号木马获取到受害人张某在"通吃"游戏中的账户与密码信息。随后，陶锋登录了张某的游戏账号，将账号内的约 60 亿个"扎啤"（游戏道具）以故意输掉的方式变卖给买家方某，从中牟利 18.9 万元，给受害人张某造成直接经济损失 33 万余元。[②]

以上两种作案手段，一者是从互联网游戏公司处非法获取虚拟财产，一者是从合法的游戏玩家处"窃取"虚拟财产。虽然从表面看似有不同，但如前所述，互联网游戏运营商早已在游戏服务协议中明确将虚拟财产的最终权属归属于自己，游戏玩家仅有使用权而无所有权，虚拟财产并不属于游戏玩家。故此，一切以虚拟财产为目标的犯罪活动，实际上都是以互联网游戏系统和数据为犯罪对象，本质上都是侵害了互联网游戏商的利

---

① 江苏省苏州市虎丘区人民法院（2010）虎刑二初字 0074 号刑事判决书。

② 吴佳斌、宋帅武：《盗窃网络虚拟财产的定性》，《人民司法》2013 年第 17 期。

益。那么，对于此种以技术手段（木马、黑客程序等）侵入互联网游戏系统，非法获取虚拟财产的行为，应当如何认定呢？对此，理论界与实务界存在三种不同立场。

（一）财产犯罪说

互联网游戏运营商从维护自身利益的角度出发，将互联网游戏中的虚拟财产等同于现实世界中的物理财产，主张以盗窃、诈骗等财产犯罪追究非法获取虚拟财产行为的刑事责任。亦有研究者指出，虚拟财产与民法上的物权之"物"在本质上具有同一性，将其纳入刑法中"财物"的范畴并无概念与性质方面的障碍，即使存在犯罪数额认定方面的困难，也不能以此为由否定非法获取虚拟财产的行为构成财产犯罪。[1] 另有学者进一步主张对于单纯以个人娱乐为目的非法获取虚拟财产的行为，也应当被认定为盗窃既遂。[2] 还有观点认为，在侵入互联网公司后台非法获取虚拟财产出售牟利的案件中，虚拟财产的收买者明知该虚拟财产系行为人以非法手段获取而仍购买的，构成掩饰、隐瞒犯罪所得罪。[3] 在司法实践中，亦有多家法院将非法获取互联网游戏公司虚拟财产的行为认定为盗窃罪。[4]

（二）计算机犯罪说

将虚拟财产作为刑法中的"财物"予以保护的主张虽然得到了不少学者的支持，但是以财产犯罪认定侵犯虚拟财产的案件将会带来量刑畸重的问题。例如，在前述"张某盗窃案"中，张某利用黑客程序侵入了互联网游戏公司的系统后台，采取复制的方式给自己的账号虚增了大量的游

---

[1] 杜牧真：《论数字资产的财物属性》，《东方法学》2022 年第 6 期；张忆然：《"虚拟财产"的概念限缩与刑法保护路径重构——以数据的三重权利体系为参照》，《湖南科技大学学报》（社会科学版）2021 年第 2 期；陈兴良：《虚拟财产的刑法属性及其保护路径》，《中国法学》2017 年第 2 期。

[2] 田宏杰、肖鹏、周时雨：《网络虚拟财产的界定及刑法保护》，《人民司法》2015 年第 5 期。

[3] 邹政：《盗窃虚拟财产行为的刑法适用探讨——兼论虚拟财产价格的确定》，《法律适用》2014 年第 5 期。

[4] 广东省深圳市南山区人民法院（2020）粤 0304 刑初 2 号刑事判决书、河南省邓州市人民法院（2020）豫 1381 刑初 651 号刑事判决书、江苏省苏州市虎丘区人民法院（2010）虎刑二初字 0074 号刑事判决书、上海市黄浦区人民法院（2006）黄刑初字第 186 号刑事判决书、广东省广州市天河区人民法院（2005）天法刑初字第 1230 号刑事判决书等。

戏虚拟财产"银子"，销售获利 18.7 万余元，最终被判处 10 年有期徒刑；[①] 而在同年发生的"陶某非法获取计算机信息系统数据案"中，犯罪嫌疑人陶某也是利用技术手段窃取其他玩家账号中的虚拟财产，非法获利 18.9 万元，被判处有期徒刑 1 年零 6 个月，并且缓期两年执行。[②] 这两个案件案情类似，涉案金额相近，但是刑期差别将近十年，后者还被判处了缓刑。在 2019 年的"辛某禹案"中，被告人辛某禹在与被害人张某进行交易的过程中偶然获取了对方在"传奇霸业"网游中的账号密码，之后操纵两个游戏账号将被害人张某花费近 5 万元购买的游戏装备据为己有。一审法院以盗窃罪判处辛某禹有期徒刑 3 年，并处罚金人民币 1 万元，二审法院则改判为非法获取计算机信息系统数据罪，将有期徒刑的刑期改为 2 年，罚金数额改判为 5000 元，使被告人承担的刑罚减去将近一半。[③] 更令人瞠目的是，在安徽省的另一起案件中，被告人周某利用 Pcshare 电脑病毒，非法获取"面对面 365"中的游戏金币，并销售获利 7 万元。一审法院以盗窃罪判处周某有期徒刑 11 年，罚金 1 万元；二审法院以非法获取计算机信息系统数据罪认定，改判周某有期徒刑 1 年 7 个月，并处罚金 1 万元[④]（见表 5-3）。可见，若将虚拟财产作为财产犯罪的对象加以保护，则犯罪嫌疑人将会面临极其沉重的刑罚后果。

表 5-3　窃取虚拟财产案件适用盗窃罪和计算机犯罪的量刑对比 [⑤]

案由与案件名称	涉案金额	犯罪嫌疑人刑期
马某盗窃案	0.44 万元	有期徒刑 6 个月，并处罚金 5000 元

---

①　江苏省苏州市虎丘区人民法院（2010）虎刑二初字 0074 号刑事判决书。

②　吴佳斌、宋帅武：《盗窃网络虚拟财产的定性》，《人民司法》2013 年第 17 期。

③　陕西省榆林市榆阳区人民法院（2019）陕 0802 刑初 101 号刑事判决书；陕西省榆林市中级人民法院（2019）陕 08 刑终 199 号刑事判决书。

④　安徽省蚌埠市中级人民法院（2010）蚌刑终字第 97 号刑事判决书。

⑤　案件来源：河南省邓州市人民法院（2020）豫 1381 刑初 651 号刑事判决书；江苏省常州市天宁区人民法院（2020）苏 0402 刑初 102 号刑事判决书；陕西省榆林市榆阳区人民法院（2019）陕 0802 刑初 101 号刑事判决书；陕西省榆林市中级人民法院（2019）陕 08 刑终 199 号刑事判决书；吴佳斌、宋帅武：《盗窃网络虚拟财产的定性》，《人民司法》2013 年第 17 期；江苏省苏州市虎丘区人民法院（2010）虎刑二初字 0074 号刑事判决书；安徽省蚌埠市中级人民法院（2010）蚌刑终字第 97 号刑事判决书等。

续表

案由与案件名称	涉案金额	犯罪嫌疑人刑期
郝某非法获取计算机信息系统数据案	0.8 万元	有期徒刑 8 个月，缓刑 1 年，并处罚金 1 万 5000 元
辛某禹非法获取计算机信息系统数据案（一审认定为盗窃罪）	4.9 万元	有期徒刑 3 年，罚金 1 万元（一审）
		有期徒刑 2 年，罚金 5000 元（二审）
周某非法获取计算机信息系统数据案（一审认定为盗窃罪）	7 万元	有期徒刑 11 年，罚金 1 万元（一审）
		有期徒刑 1 年 7 个月，罚金 1 万元（二审）
张某盗窃案	约 16 万元	有期徒刑 10 年，罚金 1 万元
浙江首例非法获取计算机信息系统数据案：陶某案	18.9 万元	有期徒刑 1 年 6 个月，缓刑 2 年，罚金 10 万元
许某昊破坏计算机信息系统案	约 46.5 万元	有期徒刑 3 年 6 个月
夏某盗窃案	76 万元	有期徒刑 12 年，罚金 3 万元

　　有鉴于此，一些学者和实务界人士纷纷主张应以计算机犯罪的相关规定对侵害虚拟财产的行为进行处罚，以此达到罪责刑相适应之要求。此种立场认为，究其本质，虚拟财产不过是以电子记录方式呈现的数据，不具有现实财物占有的排他性、对世性和稳定性，不应视为传统的财物；现实中也没有针对该类物品的规范的价格认定方法，若以侵财类犯罪定罪则难以把握犯罪数额。① 皮勇、葛金芬指出，网络虚拟财产是游戏开发者以二进制 01 串进行编码、以电磁记录的方式存在的、可以被商业化利用的计算机系统数据，并非刑法中的"公私财物"，不属于财产犯罪的对象，对于非法获取虚拟财产的行为，应当以非法获取计算机信息系统数据罪论处。② 此外，在实践中也有以破坏计算机信息系统数据罪认定的做法。③

---

　　① 余剑：《财产性数据的刑法规制与价值认定》，《法学》2022 年第 4 期。

　　② 皮勇、葛金芬：《网络游戏虚拟物数据本质之回归——兼论非法获取网络游戏虚拟物的行为认定》，《科技与法律》2019 年第 2 期。

　　③ 例如，2004 年，被告人祁某、曾某、陈某等人编制了一套用于截取互联网游戏账号、密码的木马程序，并将该程序植入了浙江省金华市公安局网吧管理系统网站，截取了大量在网吧上网的游戏玩家的账号、密码，并将账号中的虚拟装备转卖牟利，涉案近百万元。2005 年 8 月，金华市婺城区人民法院以破坏计算机信息系统罪分别判处三名被告人有期徒刑 1 年零 6 个月（缓刑 2 年）、有期徒刑 1 年和有期徒刑 6 个月。魏海：《盗窃罪研究——以司法扩张为视角》，中国政法大学出版社 2012 年版，第 99—100 页。

（三）无罪说

更为激进的立场则认为，以技术手段非法获取虚拟财产的行为不应以犯罪论处。欧阳本祺认为，通过技术手段能够保护的法益不应求助于刑法，对于非法获取互联网虚拟财产的行为，游戏运营商完全可以通过实名制认证、反外挂检测、通过技术手段加强系统保护等途径自行防范，没有必要动用刑法的力量加以制裁。[①] 侯国云、么惠君则进一步指出，主张以刑法保护虚拟财产，将非法获取虚拟财产的行为予以犯罪化的立场，非但无法遏制此类案件的发生，反而会适得其反。非法获取虚拟财产的行为不构成犯罪，应当由互联网游戏公司通过封号、发还受害玩家装备等手段自行解决。[②] 国外亦有不少学者持类似观点，美国罗格斯大学法学院的 Greg Lastowka，Dan Hunter 指出，"鉴于虚拟空间的独特属性以及管理虚拟空间的多变性和不寻常性，虚拟世界的治理将是一个异常复杂的问题，最好把这一难题交给内部机制与市场的力量来处理"。[③] 华盛顿大学的 Orin S. Kerr 则认为，归根结底，所谓的"虚拟世界（VWs，Virtual Worlds）"只不过是电脑游戏，电脑游戏作为一种"人为建筑"最好还是由游戏运营商而不是政府来规制；既然游戏运营商拥有在网络游戏世界中管理一切环节的权力，那么就应当由游戏管理者而不是政府去管控和规制虚拟世界中的各种不法行为。[④] 无罪说不仅否认非法获取虚拟财产的行为可以构成财产犯罪，甚至认为此类行为根本不能成立犯罪，主张运用互联网游戏的内部机制对侵害虚拟财产的行为进行防范和救济。实践中，以此立场处理非法获取虚拟财产案件的做法也颇为常见。例如，根据公安部《计算机信息网络国际互联网安全保护管理办法》第 6 条和第 20 条的规定，行为人直接或者间接盗用他人互联网游戏账号，或者利用黑客或者其他手段盗用游戏玩家在互联网游戏中获得的"游戏工具"等，属于未经允许使用计算机信息网络资源的行为，应当由公安机关给予警告、罚款、取消资格等行政处罚，但是不应认定为犯罪。[⑤] 2003 年，武汉市洪山区的孙某编制黑

---

① 欧阳本祺：《论网络时代刑法解释的限度》，《中国法学》2017 年第 3 期。

② 侯国云、么惠君：《虚拟财产的性质与法律规制》，《中国刑事法杂志》2012 年第 4 期。

③ Greg Lastowka，Dan Hunter，"Virtual Crime"，*New York Law School Law Review*，July，2004.

④ Orin S. Kerr，*Criminal Law In Virtual Words*，2008 University of Chicago Legal Forum 415–429，GWU Law School Public Law Research Paper，No. 391.

⑤ 陈云良、周新：《虚拟财产刑法保护路径之选择》，《法学评论》2009 年第 2 期。

客程序，并放在自己开设的虚拟财产交易网店上，当玩家浏览其网店界面时，黑客程序就会自动侵入浏览者的电脑系统中窃取其游戏账号密码，孙某以此手段窃取了 70 多名玩家的账号密码，并将账号中的虚拟装备倒卖牟利，累计获利 1.8 万余元；当地警方根据《计算机信息系统安全保护条例》第 23 条的规定对其作出了罚款 1.8 万元的行政处罚决定。在另一起发生在沈阳市于洪区的类似案件中，警方以互联网虚拟财产不能作价、无法认定犯罪数额为由拒绝立案。[①]

对于以上三种立场，应作何种选择呢？对此，首先应当指出的是，"财产犯罪说"的立场以虚拟财产属于刑法意义上的"财物"为理论前提，而通过本章第二节的论证，所谓的"虚拟财产"既不具有能够以金钱衡量的客观经济价值，也不具有能为玩家占有和转移的可能性，其本质是服务而非财物，故此不能成为财产犯罪的对象，"财产犯罪说"的立场应当予以否定。这里需要探讨的是对于非法获取虚拟财产的行为是否应当作犯罪化处理，以及具体应当适用何种罪名的问题。

对此，虽然"计算机犯罪说"和"无罪说"都有一定的合理性，但是对于某种行为的刑事评价并不取决于特定的理论依据与事实理由，而应当取决于刑法分则有无针对此种行为的专门规定。那么，非法获取虚拟财产的行为是否符合计算机犯罪中相关罪名的构成要件呢？答案是肯定的。非法获取虚拟财产的行为，有可能触及两个罪名，其一是刑法第 285 条规定的非法获取计算机信息系统数据罪；其二是第 286 条规定的破坏计算机信息系统罪，至于构成何种罪名，应当视具体情况而定：

1. 从互联网游戏公司处非法获取虚拟财产构成破坏计算机信息系统罪

如前所述，侵害虚拟财产案件的行为人主要通过两种手段非法获取虚拟财产，其一是如"张某盗窃案"那样利用技术手段侵入互联网游戏公司的系统数据后台，通过修改数据参数的方式给自己的账号凭空"创造"虚拟财产并销售牟利；[②] 其二是效仿"陶某非法获取计算机信息系统数据案"的作案手段，采用技术手段获取其他玩家的互联网游戏主体（账号、

---

① 丁天球：《侵犯财产罪重点疑点难点问题判解研究》，人民法院出版社 2005 年版，第 145—147 页。

② 江苏省苏州市虎丘区人民法院（2010）虎刑二初字 0074 号刑事判决书。

密码）后处分其虚拟财产。① 简言之，非法获取虚拟财产的主要途径无非是从互联网游戏公司中获取以及从其他合法玩家手中"窃取"两种。对于前者，应当认定为破坏计算机信息系统罪而非非法获取计算机信息系统数据罪，这是由其行为本质决定的。

根据刑法第 285 条第 2 款的规定，非法获取计算机信息系统数据罪，是指"采用技术手段，获取该计算机信息系统中存储、处理或者传输的数据，情节严重的"行为，行为人以不正当手段自互联网游戏公司中非法获取各类虚拟财产的过程，并不是一种将互联网游戏系统中储存、处理、传输的数据复制、转移的过程，而是对系统中的后台数据与运行参数进行修改，由此作用于互联网游戏所构筑的虚拟世界，使自己的互联网游戏主体凭空获取若干虚拟财产或者属性、能力得到大幅提升的过程。这一作案过程在行为模式更接近于刑法第 286 条第 2 款所规定的"对计算机信息系统中存储、处理或者传输的数据和应用程序进行删除、修改、增加的操作，后果严重的"行为，而非第 285 条规定的非法获取计算机信息系统数据罪的罪状。故此，对于从互联网游戏公司非法获取虚拟财产的行为，应当以第 286 条第 2 款规定的破坏计算机信息系统罪而非以第 285 条非法获取计算机信息系统数据罪论处。

根据刑法第 285 条第 2 款的规定，对计算机信息系统中存储、处理或者传输的数据和应用程序进行删除、修改、增加等操作，只有在"后果严重"的情况下才能被认定为犯罪。关于"后果严重"的认定标准，一般是指违法所得 5000 元以上或者造成经济损失 1 万元以上。② 这里需要特别

---

① 吴佳斌、宋帅武：《盗窃网络虚拟财产的定性》，《人民司法》2013 年第 17 期。

② 根据《最高人民法院、最高人民检察院关于办理危害计算机信息系统安全刑事案件应用法律若干问题的解释》（法释［2011］第 19 号）第 4 条规定，破坏计算机信息系统功能、数据或者应用程序，具有下列情形之一的，应当认定为刑法第 186 条第 2 款规定的"后果严重"：（一）造成 10 台以上计算机信息系统的主要软件或者硬件不能正常运行的；（二）对 20 台以上计算机信息系统中存储、处理或者传输的数据进行删除、修改、增加操作的；（三）违法所得 5000 以上或者造成经济损失 1 万元以上的；（四）造成为 100 台以上计算机信息系统提供域名解析、身份认证、计费等基础服务或者为 1 万以上用户提供服务的计算机信息系统不能正常运行累计 1 小时以上的；（五）造成其他严重后果的。一般而言，行为人采取非法侵入互联网游戏公司的计算机系统，通过修改数据的方式给自己的游戏账户增加虚拟财产的行为并不会造成计算机系统瘫痪等后果，实践中往往根据犯罪数额来对"后果严重"进行判断，如果行为同时造成了该条第（一）、（二）、（四）项的后果，则可以直接认定。

强调的是，对于"后果严重"的认定只能根据犯罪嫌疑人的违法所得来判断，而不能以"给互联网游戏公司造成 1 万元以上的经济损失"为理由主张嫌疑人构成破坏计算机信息系统数据罪。

当前关于侵害虚拟财产行为的理论研究中存在一个比较常见的误区，即认为行为人"窃取"虚拟财产行为社会危害性的大小，应当以其"窃取"的虚拟财产的定价作为判断标准；[①] 换言之，当行为人从互联网游戏开发商处非法获取的虚拟财产时，互联网游戏公司所遭受的损失就是这批虚拟财产的应然销售价格。这种见解是值得商榷的。前文已述，虚拟财产归根结底是互联网游戏公司的谋利手段和媒介，除部分使用权外，虚拟财产的所有权及其他一切权利均归属于互联网游戏公司，因此，非法获取虚拟财产的行为归根结底是侵害了互联网游戏运营商的利益。行为人通过技术手段非法侵入互联网游戏系统，通过删改数据的方式给自己凭空创造出大量的"虚拟财产"，此种行为法益侵害性的根本来源是互联网游戏中虚拟财产整体价值的"稀释"以及对互联网世界价值体系的冲击，绝非偷走了互联网游戏公司的"财产"。[②] Lastowka 指出，非法获取虚拟财产行为的危害性来源于行为人在某种意义上生产了新的价值，从而破坏了现有的价值系统。这种利用漏洞生产游戏币的行为一旦蔓延，则会导致虚拟货币价值的贬值、摧毁虚拟世界系统内的经济，导致付费玩家产生不满与挫败感，由此终止继续付费。这种复制、生产虚拟货币的行为会给互联网游戏的拥有者带来潜在而真实的经济损失。[③] 也就是说，行为人以技术手段侵入互联网游戏后台、为自己"创造"大量本不应该存在的虚拟财产，由此给该互联网游戏中其他虚拟装备的实际价值造成的稀释与贬损，才是互联网游戏运营商所遭受的实际损失。

有鉴于此，笔者试图以建模分析的方式，对这一过程进行量化描述：

---

① 李进、李艳：《盗窃网络虚拟财产行为的定性问题探讨》，《四川警官学院学报》2009 年第 5 期。

② 实际上，行为人通过修改互联网游戏后台数据的方式非法获取虚拟财产的行为，不仅没有使互联网游戏世界中的虚拟财产减少，反而使之增加了。由此可见，所谓"窃取"互联网游戏公司的虚拟财产的行为是根本不存在的，只能将之称为"非法获取"；"窃取"一词仅能适用于以合法玩家为犯罪对象的场合。

③ F. Greg Lastowka, Dan Hunter, "Virtual Crime", *New York Law School Law Review*, July, 2004.

假设在某互联网游戏所创造的虚拟世界内，所有游戏货币的总量为 N，每个游戏货币的实际价值是 P，当行为人利用技术手段侵入互联网游戏后台，给自己的账户充值了数量为 N′的游戏货币时，单位游戏货币的实际价值降低为 P′，此时网络游戏公司所遭受的实际损失 H，应当是非法充值行为所带来游戏货币价值贬值的总额，即 H＝N（P－P′）；需要注意的是，行为人凭空创造游戏货币的行为，并不会使整个虚拟世界的实际价值在现实中有所增加，只不过"稀释"了游戏内货币的"面值"，使同样数量的游戏货币变得更加不值钱而已。行为人"创造"游戏货币前后，整个虚拟世界内总的财富价值实际上是保持不变的，也即 P·N＝P′（N+N′）；这两个公式可以推导出"创造"游戏货币的行为给网络游戏公司所实际造成的损失为 H＝N·P·［N′／（N+N′）］，在游戏货币总量 N 和基本价格 P 不变的情况下，行为人给自己充值的游戏货币越多，互联网游戏公司所遭受的实际损失就越大。当行为人给自己充值的游戏货币数量等于互联网游戏公司所"发行"的游戏货币总量时，H＝1/2NP，此时游戏公司拥有的该游戏中全部虚拟财产价值的一半，便被行为人以类似于"货币增发"的方式夺取。[①]

$$H = N(P-P') \qquad P \cdot N = P'(N+N') \qquad H = N \cdot P \cdot \frac{N'}{N+N'}$$

理论上虽然可以依据上述公式对窃取虚拟财产的行为所造成的损失进行计算，但是实际情况并非如此。这是因为互联网游戏公司发行的游戏币总量 N 不仅是难以统计的，并且是不断变动的。不仅如此，当前各家互联网游戏公司争相推出的带有赌博性质的"抽卡开箱"机制，使得非法获取虚拟财产的行为给游戏运营商所造成的实际损失变得更加难以蠡测。例如，在腾讯旗下的 MOBA 游戏《王者荣耀》中，英雄（互联网游戏单位）"武则天"只能通过点券抽奖获得，而点券只能通过充值方式获得，其兑换比例是 1 元充 10 个点券。玩家可以消耗 60 个点券（成本为 6元）获得一次抽奖的机会，有的玩家花费上千元、抽取几百次也抽不到"武则天"，而有的玩家抽两三次就可以抽到，那么英雄"武则天"的实际价值究竟是多少呢？对应多少数量的"点券"呢？若有玩家用黑客程序进入《王者荣耀》的服务器后台，将"武则天"这个英雄添加到自己

---

① 张弛：《窃取虚拟财产行为的法益审视》，《政治与法律》2017 年第 8 期。

的账号，这一行为究竟给腾讯公司带来多大数额或者多少点券的损失？这些问题都是无法回答的。

可见，在行为人从互联网游戏公司处"窃取"（实际上应该是"非法获取"）虚拟财产的场合，"窃取"行为给互联网游戏公司造成的经济损失是根本无法确定的。有鉴于此，在援引破坏计算机信息系统罪对非法获取游戏公司虚拟财产的案件进行认定时，作为本罪入罪门槛的"后果严重"仅指"违法所得5000元以上"这一种情形，而不包括"给互联网游戏公司造成1万元以上经济损失"的情况。由此可以进一步引申出另外两个重要结论：其一是行为人虽然以技术手段自互联网游戏公司处的获取虚拟财产，但是尚未转卖牟利的，不能以犯罪论处；其二是以个人娱乐为目的，侵入互联网游戏公司后台，通过修改数据等方式获取虚拟财产的，不应以犯罪论处。也就是说，一言以蔽之，任何人不能仅仅因为打游戏而受到刑事追诉。[①]

2. 从游戏玩家处"窃取"虚拟财产构成非法获取计算机信息系统数据罪

上文主要就行为人从互联网游戏公司处非法获取虚拟财产的行为进行了论证。接下来需要申明的是从游戏玩家处"窃取"虚拟财产构成非法获取计算机信息系统数据罪。根据刑法第285条的规定，违反国家规定，侵入前款规定以外的计算机信息系统或者采用其他技术手段，获取该计算机信息系统中存储、处理或者传输的数据，情节严重的，构成非法获取计算机信息系统数据罪，处三年以下有期徒刑或者拘役，并处或者单处罚金。这里需要说明的是从其他玩家处"窃取"虚拟财产时，被侵入的计算机信息系统并非互联网游戏系统，而是受害人登录游戏时所使用的计算机信息系统。例如，在前述"陶某非法获取计算机信息系统数据案"中，陶某通过密码病毒获取了张某的"通吃"账户与密码，[②] 在这一过程中，陶某并没有侵入或者破坏"通吃"游戏本身的计算机信息系统，仅仅是通过互联网侵入了受害人张某的电脑，获取了其登录"通吃"游戏的账号与密码，故而其行为仅构成非法获取计算机信息系统数据罪而不成立破坏计算机信息系统罪。

---

① 张弛：《窃取虚拟财产行为的法益审视》，《政治与法律》2017年第8期。

② 吴佳斌、宋帅武：《盗窃网络虚拟财产的定性》，《人民司法》2013年第17期。

此外，根据《最高人民法院、最高人民检察院关于办理危害计算机信息系统安全刑事案件应用法律若干问题的解释》第 1 条规定，非法获取计算机信息系统数据，违法所得在 5000 元以上，或者造成经济损失在 1 万元以上的，应当认定为非法获取计算机信息系统数据罪。这也就意味着只要窃取虚拟财产的行为给受害人造成 1 万元以上的经济损失，或者行为人转卖获利 5000 元以上的，均应以本罪追诉。这里需要特别申明的是，虽然互联网游戏中的虚拟财产本身并不具有客观价值性、不属于刑法意义上的"财产"，但是这并不妨碍被害人经济损失的认定。如前所述，虚拟财产在本质上是一种服务项目，玩家通过支付一定数额的金钱享受此种服务以满足其娱乐与心理需求，若行为人通过技术手段"窃取"了玩家的虚拟财产，剥夺了其享受此种互联网游戏服务的权利，则意味着玩家已经支付了对价，却没能享受到应有的服务；这就好比已经支付了巨额的旅游费用却最终未能出行，权利人自然遭受了巨大的经济损失。也就是说，"造成经济损失 1 万元以上"的入罪标准仅适用于自玩家处"窃取"虚拟财产的行为，而不能适用于从互联网游戏公司处非法获取虚拟财产之场合。若甲通过木马程序获取了丙的游戏账号密码，将丙花费 1 万多元购买的极品装备"圣剑"以 4000 元的价格卖给丁；而乙以技术手段侵入游戏公司的后台数据系统，以修改代码的方式给自己的账号添加了装备"圣剑"，而后以 4000 元的价格卖掉；则甲的行为成立非法获取计算机信息系统数据罪，而乙的行为则不构成犯罪。正如张明楷所指出的那样，在相同条件下，网络服务商的财产损失与用户的财产损失不可等同评价。用户损失自己的虚拟财产，与其现实生活中的财产损失基本上没有区别，但网络服务商的虚拟财产损失与其现实财产的损失却明显不同。[①] 对于以技术手段非法获取虚拟财产的行为，应当视虚拟财产的来源不同而分别予以评价。

二　以现实手段侵害虚拟财产行为的处理

实践中，绝大多数侵害虚拟财产的案件都是借助电脑病毒、黑客程序等技术手段实施的，这就使得该类案件带有一定程度的高科技色彩。不过，也并不是所有侵害虚拟财产的案件都是借诸黑客木马等技术手段实施，例如，孙某和李某自 2008 年年初迷上一款大型互联网 RPG 游戏，经

[①]　张明楷：《非法获取虚拟财产的行为性质》，《法学》2015 年第 3 期。

常一起在网吧里组队"打怪""练级"，由于二人经济条件一般，无钱充值，两人在游戏中的角色升级很慢、装备也很差，经常被其他玩家"一刀秒杀"。二人因此十分苦恼。一次偶然的机会，孙某发现一同在网吧上网的、网名叫"沈阳小伙"的玩家也在玩这款游戏，并且"沈阳小伙"的账号级别很高，并且有很多"极品装备"，遂萌生了使用暴力夺取"沈阳小伙"账号和装备的想法。2008 年 10 月 22 日凌晨，孙某和李某在网吧外截住"沈阳小伙"，对其实施殴打、威胁，强迫其把 1100 多万个游戏币转移给自己，其后，孙某和李某用抢来的游戏币对自己的角色进行了升级并购买了大量"极品装备"。① 对于孙某和李某的行为应当如何认定？

首先，二人的行为并不构成抢劫罪。上文中已经多次论及，"虚拟财产"不具备客观价值性与占有、转移的可能性，不属于刑法意义上的财物，不能成为财产犯罪的行为对象，故此以暴力手段抢得虚拟财产的行为不能被认定为抢劫罪。而且，根据刑法第 285 条的规定，成立非法获取计算机信息系统数据罪必须存在非法侵入计算机信息系统或者以其他技术手段非法获取数据的行为，这里的"侵入"特指以技术手段非法侵入计算机信息系统的情形，如果采取网络技术手段以外的其他方法获取数据，如秘密进入他人办公室复制数据的，不能构成本罪。② 申言之，技术性是成立非法获取计算机信息系统数据罪的必备前提。有鉴于此，以现实手段获取虚拟财产的行为因为缺乏构成要件该当性而不能被认定为刑法第 285 条第 2 款规定的非法获取计算机信息系统数据罪。不过，以现实手段侵害虚拟财产的行为不构成财产犯罪或计算机犯罪，并不意味着刑法对此类行为听之任之、完全放任。若行为人使用暴力夺取他人虚拟财产的过程中造成他人轻伤以上后果，则可依刑法第 234 条故意伤害罪对其定罪处刑；若行为人为了获取虚拟财产而多次殴打、辱骂、恐吓互联网游戏玩家的，则依照刑法第 293 条寻衅滋事罪的相关规定处理。

三　使用外挂大量刷取虚拟财产行为的定性

此外还需要探讨利用互联网游戏"外挂"侵害虚拟财产行为的定性问题。鉴于虚拟财产在本质上是一种服务而非财产，故此在实践中侵害虚

---

① 霍仕明、张国强：《虚拟财产遭遇真实抢劫的量刑困惑》，《法制日报》2009 年 6 月 4 日。
② 郎胜：《中华人民共和国刑法释义》（第 6 版），法律出版社 2015 年版，第 491 页。

拟财产的行为并不总是如财产犯罪案件那样表现为对犯罪对象的非法控制和占有。通过"外挂"非法获取大量虚拟财产、不正当地提升互联网游戏主体的能力属性、破坏游戏平衡、降低服务体验，使玩家丧失游戏兴致与充值动机，使互联网游戏运营商的利益受到严重损害，并且对互联网游戏产业的发展造成消极影响，是游戏"外挂"的主要危害。① 有鉴于此，将制售和使用"外挂"的行为作为犯罪进行打击的呼声日渐高涨。

所谓"外挂"，是英文"plug-in"的译称，一般是指能够增强游戏效果和游戏体验的互联网游戏功能增强软件。有研究者将之定义为"非官方来源故意编制、发行的，通过复制、修改或者挂接等手段，破坏互联网游戏程序及其衍生、附属程序的游戏规则与架构，并且被官方所明令禁止的可执行性程序及其程序脚本"。② 依据外挂程序在互联网游戏中的效果与作用，可以将游戏外挂划分为功能类游戏外挂与工具类游戏外挂两种基本类型：

（1）功能类游戏外挂，是指通过修改游戏后台数据或者客户端与服务器之间的通讯链接从而影响互联网游戏进程，使互联网游戏主体在游戏中的能力得到大幅提升或者实现某些作弊效果的外挂程序。例如在 MOBA游戏中的"开图挂"可以使玩家获取完整的地图和视野，从而使对手的位置和行动暴露无遗；FPS 游戏中的各种"穿墙挂""透视挂""不死挂""刺猬挂"更令其他玩家完全无法与开挂者进行平等的对抗。

（2）工具类游戏外挂，是指通过技术手段使互联网游戏主体能够自主行动，从而在玩家离线后仍然可以让互联网游戏主体在游戏中活动的外挂程序。使用此类外挂程序能够让互联网游戏主体在玩家离线的状态下继续行动，自动打怪、升级、做任务，从而获取大量的虚拟财产和属性提升，在现实中通常被称作"挂机"或"自动挂机"，多见于 RPG 游戏和部分 CCG 游戏。虽然都是通过修改游戏数据和客户端通讯等手段实现一定的作弊效果，但工具类游戏外挂与功能类游戏外挂的运作机制存在一定的差别：使用功能类游戏外挂在本质上是一种"无中生有"的作弊活动，使开挂者凭空获得较之一般玩家更好的游戏体验，甚至获取违背游戏框

① 王燕玲：《论网络游戏中"外挂"之刑法规制》，《法律适用》2013 年第 8 期。

② 龚红卫、蔡文霞：《网络游戏外挂现象的法律分析》，《广西政法管理干部学院学报》2009 年第 6 期。

架、严重破坏游戏平衡性的超强能力；而工具类游戏外挂更接近于采取"勤劳致富"的方式，通过修改游戏数据封包、增设自运行插件等方式，让互联网游戏主体可以在玩家离线的状态下夜以继日地运行、活动，从而在互联网游戏机制允许的范围内最大限度地获取等级、属性、装备、游戏货币等虚拟财产。

工具类游戏外挂的这一特性，使得利用外挂软件代练、升级，从而刷取大量虚拟财产继而转卖牟利成为可能。关于利用互联网游戏外挂大量刷取虚拟财产的行为，学界存在三种不同的认定意见。

1. 计算机犯罪说

第一种观点认为，利用外挂软件代练、升级或者利用外挂自动赚取大量虚拟财产的行为，如果经过有相关鉴证资质的机构进行鉴定后被认定为"破坏性程序"，则具备了成立破坏计算机信息系统罪或者非法获取计算机信息系统数据罪的可能性，当行为人非法获利 5000 元以上或者造成 1 万元以上经济损失，达到"后果严重"或"情节严重"的入罪标准时，应当以计算机犯罪的相关罪名追究行为人的刑事责任。[①]

2. 非法经营罪说

另有观点主张以非法经营罪对利用外挂代练、"刷币"的行为定罪处刑。在最高人民法院公报案例"董某、陈某非法经营案"中，被告人董某、陈某使用"小金鱼"外挂帮助"热血传奇"玩家代练升级，此后又组织多人利用"冰点传奇"外挂为 1 万多个"热血传奇"的游戏账户代练升级，累计获利近 200 万元。终审法院以非法经营罪判处被告人董某有期徒刑 6 年，罚金 30 万元；判处被告人陈某有期徒刑 3 年，缓刑 4 年，罚金 20 万元人民币。[②] 对此，该案的主审法官表示，外挂属于非法出版物，为了不特定多数人使用外挂代练、升级的行为属于出版发行行为，该行为在客观上侵犯了国家对出版市场的管理秩序，故此，对于本案的被告人应以非法经营罪追究其刑事责任。[③]

3. 无罪说

对于以上两种主张，欧阳本祺认为，利用外挂代练、升级、刷币的行

---

① 俞小海：《网络游戏外挂行为刑法评价的正本清源》，《政治与法律》2015 年第 6 期。

② 《最高人民法院公报》2012 年第 2 期。

③ 丰友芳、王静：《利用游戏外挂代练升级的刑法评价》，《人民司法》2012 年第 12 期。

为不应当被评价为犯罪。仅违反互联网游戏规则的行为无须刑法干涉。在前述董某、陈某非法经营案中，两级法院认为被告人使用外挂代练的行为构成非法经营罪。这实际上已经超出了刑法解释的合理限度，陷入了类推适用的范畴。根据《刑法》第225条的规定，成立非法经营罪的前提是"违反国家规定"。使用外挂软件代练、升级的行为虽然侵害了互联网游戏公司的利益，但是严格说来并未违反任何形式的"国家规定"，其所违反的仅仅是"玩家只能通过'打怪'或者购买元宝升级、而不能使用游戏外挂升级"的互联网游戏规则。以非法经营罪来处罚外挂代练的行为，实质上是以牺牲罪刑法定原则为代价来维护互联网游戏的内部规则，是当前互联网背景下刑法解释不当扩张的典例。[①] 对于此种过度扩张的入罪化趋势应当坚决予以抵制。

笔者对欧阳本祺的观点表示赞许。与制售互联网游戏外挂的行为相类似，利用游戏外挂代练、升级或者刷取大量虚拟财产的行为，既未违反"国家规定"，也没有对任何形式的"市场秩序"造成损害。在有权机关作出明确的解释或规定之前，直接以侵害互联网游戏内部的秩序为由将制售、使用游戏外挂的行为认定为非法经营罪，无疑会严重侵蚀罪刑法定原则的根基，使本已在实践中饱受争议的非法经营罪进一步滑向"口袋罪"的深渊。诚如国外学者所指出的那样，对虚拟财产或游戏运营商的利益加以过度化保护，将会导致某种行为是否构成犯罪的最终决定权落入作为私人主体的互联网游戏运营商手中，这种严重违宪的做法及其可能导致的严重后果是任何法治国家均无法容忍的。[②] 此外，从遏制外挂行为产生的角度考虑，美国学者哈伯特·L. 帕克（Herbert L. Packer）指出，只有没有其他替代性的处置措施来制止某种行为发生时，方能考虑将此行为认定为犯罪。[③] 外挂软件和外挂程序并非无法发现、无法禁止，互联网游戏公司完全可以通过专门的外挂检测程序发现使用外挂的玩家，并且通过玩家举报、录像回放、游戏过程公开等方式发现更为隐蔽的游戏外挂，并对使用者给予封号、删档等惩罚措施，积极消除外挂程序对游戏秩序的负面影

---

① 欧阳本祺：《论网络时代刑法解释的限度》，《中国法学》2017年第3期。

② Orin S. Kerr, "Cybercrime's Scope: Interpreting 'Access' and 'Authorization' in Computer Misuse Statues", *NYU Law Review*, 2003, Vol. 78, pp. 1656-1660.

③ ［美］哈伯特·L. 帕克：《刑事制裁的界限》，梁根林译，法律出版社2008年版，第293—294页。

响。另一方面，积极推进互联网游戏的实名制认证，提升利用外挂作弊、代练、刷级的行为成本，就可以有效遏制制售、使用外挂行为的产生。例如，在网易旗下的 FPS 游戏《荒野行动》中，游戏运营商推出了专门的"实名制匹配模式"，玩家必须进行实名制注册之后方能进行游戏，一旦被系统检测到存在使用外挂的行为，或者被其他玩家举报并经查证属实，就会面临暂时或者永久性封号的处罚，实名制措施的推出使使用游戏外挂的现象大大减少。又如在风靡全球的 MOBA 竞技游戏的 Dota2 中，游戏平台制定了极为严格的玩家行为规范，如果玩家在游戏中存在谩骂、作弊、开挂等违规情形，平台通过查看游戏录像后确认属实，就会对违规玩家进行匹配限制，使之无法参与正常的游戏过程中。由于一个身份证或手机号码只能注册一个游戏账号，被限制匹配后无法再次注册，故此游戏玩家往往不敢在游戏中开挂作弊或者对他人进行言语攻击，游戏秩序得到了极好的维护，Dota2 也因其良好的游戏环境而受到更多玩家的青睐。由此可见，对于在互联网游戏中使用外挂的行为而言，游戏内的惩戒措施才是最为及时、便捷、有效的防治措施。"虚拟的犯罪引发虚拟的救济，对虚拟世界造成的危害最好以虚拟的方式来进行处理。"[①] 相比之下，如果运用刑事制裁的手段对制售、使用外挂的行为进行打击，不仅存在周期长、成本高、效率低等弊端，还会助长的互联网游戏公司的惰性，使其不再投入精力积极地检测、预防各类游戏外挂，而是坐等刑法对侵害自己利益的外挂使用者施以惩罚，将打击外挂活动、维护游戏秩序的任务转嫁给刑事司法机关，令维护公平正义的法之獬豸沦为互联网游戏公司的看家恶犬，这种局面是必须被避免的。

综上，利用工具类外挂软件从事代练、升级，刷取大量虚拟财产的行为不构成非法经营罪。行为人在使用外挂的过程中，如果并未对互联网游戏的计算机信息系统造成破坏，则不应以犯罪论处。

四　小结

本章主要就虚拟财产的财产性与刑事司法认定问题进行了探讨。经过本章的分析可知，所谓的"虚拟财产"虽然被冠以"财产"之名，但其既不具

---

① Orin S. Kerr, *Criminal Law In Virtual Words*, 2008 University of Chicago Legal Forum 415–429, GWU Law School Public Law Research Paper, No. 391.

有能够以金钱、货币准确度量的客观经济价值，也不具有可以被玩家占有或转移的可能性；既不属于财产犯罪的行为对象（即"财物"），亦不能被认定为刑法意义上的"财产"，在本质上是一种互联网娱乐服务的虚拟权利凭证。就互联网游戏运营商而言，其所掌握的虚拟财产在现实中不可能被他人"窃取"，故此以技术手段从游戏运营商处非法获取虚拟财产的行为并不构成财产犯罪，而应当以破坏计算机信息系统罪论处；对于以技术手段从其他游戏玩家处"窃取"虚拟财产的行为则应以非法获取计算机信息系统数据罪认定。受罪刑法定原则之约束，采取抢劫、诱骗、威胁等现实性手段非法获取他人虚拟财产的行为不能被认定为犯罪。利用互联网游戏外挂大量获取虚拟财产的行为，在未使用破坏性程序、未对互联网游戏的计算机信息系统造成破坏的情况下也不宜作为犯罪处理。此外，还必须特别强调的是，行为人仅以个人娱乐为目的而制作、使用游戏外挂程序或者以其他技术性手段非法获取虚拟财产，并未用于销售牟利的，无论如何也不应以犯罪论处。正如 Orin S. Kerr 所感叹的那样："究竟是什么样的虚拟犯罪会严重到超越游戏管理者所能处理的范围、需要将行为人投入现实中的冰冷监狱来进行震慑和惩戒呢？"① 任何人不能仅仅因为打游戏而受到刑事追诉，这是刑法在互联网时代所必须坚持的一条基本底线和原则。

---

① Orin S. Kerr, *Criminal Law In Virtual Words*, 2008 University of Chicago Legal Forum 415-429, GWU Law School Public Law Research Paper, No. 391.

结　　论

经过前述五个章节的探讨，本书分别就互联网背景下涌现的几种颇具代表性的"互联网新型财产"：电子资金、电子权利凭证、大数据财产和虚拟财产的财产性问题进行逐一分析，在此基础上对侵害新型财产案件的行为认定以及与此有关的若干司法疑难问题进行解答。经过研究，本书得出以下几条基本结论：

一　关于"互联网新型财产"是否属于"财物"的判断

本书在第一章中对刑法中"财物"的基本特征与认定标准进行了探究，由此得出刑法中的"财物"必须同时满足"具有客观的物质存在形式""具有能够以金钱衡量的客观经济价值""具有占有和转移的可能性"三个认定条件。以此作为标尺，分别对电子资金、电子权利凭证、大数据财产和虚拟财产分别进行衡量，可以对互联网新型财产是否属于财物的问题作出如下判断：

首先，就电子资金而言，银行电子现金、第三方支付软件中的余额以及具有支付功能的理财产品究其本质是纸币现金在互联网空间中的存在形式，具有与纸币现金同等的客观经济价值与交换价值，而电子资金系统和第三方交易平台赋予其数据化的客观存在形式与占有和转移的可能性，故此应当被认定为刑法意义上的"财物"。至于比特币等"去中心化"的数字货币，尽管因监管机构的禁止性规定而在中国大陆范围内失去了与人民币等法定货币直接兑换的可能性以及客观、统一的"市场交易价格"，但是这并不意味着去中心化的比特币丧失了客观的经济价值，能够在境外交易平台上兑换为其他外币的可兑换性、以之作为支付手段的交易实践以及监管部门发布的《关于防范代币发行融资风险的公告》本身均赋予了数字货币客观的经济价值与交换价值，使之具备了成为"财物"的根本性要素。有鉴于此，包括银行电子现金、第三方支付软件余额和数字货币在内的所有类型的电子资金都应当被纳入"财物"的概念范畴之中。

其次，就电子权利凭证而言，依功能的不同可以将之分为物品电子凭证、服务电子凭证和电子积分三种基本类型，但具体的财产性则因获取途径和具体功能的不同呈现出差异。物品电子凭证与其对应的财物具有等同性，无论获取途径是否有偿，均应当被认定为刑法意义上的"财物"；而服务电子凭证中只有那些由权利人支付对价获得的有偿服务凭证才具备成为"财物"的条件，免费获取的服务电子凭证，以及那些虽然具有一定的"面值"但是仅具有折扣或折抵功能、不能单独兑换为商品或服务的电子权利凭证不能被认定为"财产"或"财物"。至于电子积分，则应当依据其具体的功能参照物品电子凭证或服务电子凭证的认定规则进行判断。

再次，对于"大数据是否具有财产性"的判断应当与大数据挖掘的流程结合起来。一个完整的大数据挖掘流程通常包括数据收集、数据准备、数据处理与数据应用四个环节，在这一过程中，只有那些同时具备客观经济价值和占有、转移可能性的大数据表现形式才能被认定为刑法意义上的"财物"，才能被称作真正意义上的"大数据财产"。具体说来，属于"财物"的大数据财产表现形式包括能够在大数据交易平台或者其他市场上进行交易的经过合法途径收集的底层数据、清洗后的匿名化数据以及经过挖掘之后形成的大数据产品；未经收集、转化的零散化数据，作为数据收集、挖掘工具的大数据模型，以及那些虽然经过数据收集或者数据挖掘，但是不能够在市场上自由交易的大数据产品不属于刑法意义上"财物"，亦应被排除于"大数据财产"的概念范畴之外。

最后，需要特别强调的是，尽管以互联网游戏物品为代表的"虚拟财产"已经成为一个常见的法律概念，并且不少学者呼吁将之作为一种全新的财物形式予以确认，[①] 但是通过对互联网游戏的基本架构与价值系统的深入解读，可以得知无论是具备虚拟外形的互联网游戏元素、游戏打赏工具，还是不具有视觉化形象的互联网游戏权限，均不具有能够以货币衡量

---

① 于志刚主编：《网络空间中虚拟财产的刑法保护》，中国人民大学出版社 2009 年版，第94—96 页；陈兴良：《虚拟财产的刑法属性及其保护路径》，《中国法学》2017 年第 2 期；张明楷：《非法获取虚拟财产的行为性质》，《法学》2015 年第 3 期。

的客观经济价值，从互联网游戏玩家的角度，"虚拟财产"也并不具备由其占有、转移、交易的可能性。故此，任何形式、任何种类的网络游戏"虚拟财产"均不属于"财物"的概念范畴。

表　　　　　"互联网新型财产"是否属于"财物"的刑法认定

"互联网新型财产"类型			能以金钱衡量的客观价值	占有和转移的可能性	是否属于财物
电子资金	银行电子现金		√	√	√
	第三方支付软件余额		√	√	√
	具有支付功能的理财产品		√	√	√
	去中心化的数字货币		√	√	√
电子权利凭证	物品电子凭证		√	√	√
	服务电子凭证	免费	×	√	×
		有偿	√	√	√
		仅具有打折功能	×	√	×
	电子积分		依功能认定	√	依功能认定
大数据财产	大数据来源	未经收集	×	×	×
		经收集且可交易	√	√	√
		经清洗且可交易	√	√	√
		拒绝或无法交易	×	√	×
	大数据模型		×	×	×
	大数据应用	可以交易	√	√	√
		拒绝或无法交易	×	√	×
虚拟财产	互联网游戏主体		×	×	×
	互联网游戏权限		×	×	×
	游戏打赏工具		×	×	×

上表中，能够被认定为"财物"的"新型财产"可以适用财产犯罪的有关规定进行保护；否则则应当援引其他罪名，具体内容已经在各章小结中阐释，在此不再赘述。

二　关于新型犯罪行为模式的认定

本书在第一章中提出，互联网的发展不仅带来了财物概念范围的流变，更造成了传统财产犯罪行为模式与作案手法的异变，催生了包括"复制型"犯罪、"虚增型"犯罪、"篡改型"犯罪与"套取型"（"刷取型"）犯罪在内的一系列新型财产犯罪案件。尽管在具体的行为模式与犯罪手段上与侵害有体财物的传统财产犯罪案件存在一定的差异，但是经过深入细致的分析可以得知，就这些互联网背景下出现的新型侵财犯罪案件而言，仍然可以在刑法分则中找到对其进行评价和定量的适用依据。具体说来，对于这些新型的犯罪行为模式，根据行为对象的不同，应当分别被评价为财产犯罪或者其他犯罪：

首先，就侵入计算机信息系统，采用技术手段复制后台数据以非法获取"新型财产"的"复制型"案件而言，若行为人以电子资金等能够被归属于"财物"的"互联网新型财产"作为虚增或复制的对象，则应当被认定为盗窃罪；若行为人以"虚拟财产"等本质上无法被评价为财物的对象作为复制的目标，则应当适用破坏计算机信息系统罪的有关规定处理。

其次，对作为"新型财产"物质化存在载体的数据本身进行篡改，从而达到非法侵财目的的"篡改型"案件和"虚增型"案件，应当视犯罪对象的不同分别定性：当篡改或虚增的对象能够被认定为刑法意义上的"财物"时，则应当被认定为财产犯罪，本书第二章所论及的虚增电子资金数额的案件以及第三章探讨的篡改电子门票价格后低价购买的案件均属此类；如果被篡改的对象属于电子权利凭证，则应当进一步考虑成立伪造、倒卖伪造的有价票证罪的可能性；如果行为侵害的对象并不在"财物"之列，则应当考虑适用计算机犯罪的有关罪名。

最后，对于利用规则漏洞、系统漏洞和专门的互联网工具（如"外挂""刷分器"等）大肆"刷取"电子积分、互联网游戏装备的"刷取型"案件，应作如下区分：当刷取的对象是能够独立兑换现金、商品或服务的电子积分时，则应视具体情况成立盗窃罪或者诈骗罪；当刷取的对象为虚拟财产，或者不具有独立兑换功能的电子积分时，若行为人并未对计算机信息系统造成破坏，原则上不应以犯罪论处。

至于那些因窃取或欺诈行为，给自己增加各种"互联网新型财产"同时导致他人相应的"新型财产"减少或灭失的行为，诸如窃取他人的银行电子现金或者比特币、将系统中已经存在的电子兑换码复制后使用、从其他玩家处非法获取互联网游戏装备等，则与传统的财产犯罪案件及计算机犯罪案件并无本质区别，视具体情况分别成立盗窃、诈骗犯罪或者非法获取计算机信息系统数据罪。

三　关于犯罪数额的标准

此外，还要为互联网背景下财产犯罪案件的数额认定与既遂标准问题进行简要总结。就犯罪数额认定而言，大多数能够被视为"财物"的新型财产因其内在的客观经济价值故而并不存在太大的疑惑，只是需要对如下三种特殊的对象加以说明：

一是比特币等数字货币的价格计算方式。如前所述，2017 年 9 月下发的《关于防范代币发行融资风险的公告》在全国范围内全面禁止法定货币与比特币等数字货币之间兑换行为，在中国境内，比特币已经失去了所谓的"市场交易价格"，因此，对于侵害比特币等数字货币的案件，可以遵循以下方法确定犯罪数额：在行为人盗窃数字货币并将其兑换为外币的场合，可以参照人民币对该种外币的兑换汇率确定犯罪数额；没有兑换外币的，可以考虑参照《最高人民法院、最高人民检察院关于办理盗窃刑事案件适用法律若干问题的解释》第 5 条的规定，以受害人实际遭受的损失确定犯罪数额。

其二，关于大数据财产的价值计算。本书的第四章已经阐明，满足特定条件的、可以在大数据交易市场或交易平台上自由交易的收集后数据、清洗后数据与大数据产品可以被视为刑法意义上的"财物"，这种可交易性是其交换价值与客观经济价值的基础和来源。大数据财产的价值就是其市场交易价值。

其三，关于侵害虚拟财产案件的犯罪数额的计算。这里需要再次申明的是，对于侵害虚拟财产犯罪数额和行为危害性的衡量，不应以互联网游戏运营商的标价或者虚拟财产的销售价格作为认定标准。非法获取虚拟财产行为给游戏运营者造成的危害性大小，可以用公式 $H = N \cdot P \cdot [N'/(N+N')]$ 表示，但是在现实中，互联网游戏公司发行的虚拟财产总量 N 是无从统计且不断变动的，而且互联网游戏公司所推出的各种"开箱""抽卡""打折"机制使虚拟财产的价值体系愈发混乱，无从蠡测。对于侵害虚拟财产的行为，应当以破坏计算机信息系统罪或者非法获取计算机信息系统数据罪论处，至于具体的犯罪数额，根据《最高人民法院、最高人民检察院关于办理危害计算机信息系统安全刑事案件应用法律若干问题的解释》之规定，应当以违法所得 5000 元以上或者造成经济损失 1 万元以上作为入罪标准。

　　本书对互联网背景下"财物"概念的流变趋势以及与此有关的刑事司法认定问题进行了论述，极少涉及立法建议与制度构建方面的问题。本书认为，对于互联网时代财产形式的异变与犯罪手段的更新给刑法所造成的冲击，是可以通过科学的解释方法与细致的法教义学分析加以解决的，并不必然依赖于立法的修改与增设。诚如现代西方法社会学的创始人欧根·埃利希所言："法学永久的重大任务是要解决生活变动的要求和既定法律的字面含义之间的矛盾。"① 通过对刑法中"财物"的基本属性和概念范畴的深入分析，完全可以熨平刑法因受到互联网冲击而形成的法律褶皱，"让古老的法律吃着新鲜的食物"（Legibus utere antiquis, obsoniis novis），② 是为本书写作的宗旨与目的，同时也是作者希望本书所能发挥的根本价值之所在。

---

　　① ［奥］欧根·埃利希：《法社会学原理》，舒国滢译，中国大百科全书出版社 2009 年版，第 442 页。

　　② 张明楷：《刑法格言的展开》，北京大学出版社 2013 年版，第 8 页。

参考文献

一 中文著作

陈洪兵：《财产犯罪之间的界限与竞合研究》，中国政法大学出版社2014年版。

陈兴良：《刑法知识论》，中国人民大学出版社2007年版。

陈兴良：《教义刑法学》，中国人民大学出版社2010年版。

陈兴良、张军、胡云腾：《人民法院刑事指导案例裁判要旨通纂》，北京大学出版社2013年版。

陈烨：《刑法中的特殊财产类型研究》，厦门大学出版社2015年版。

陈忠林：《刑法散得集》，法律出版社2003年版。

戴炎辉：《中国法制史》，台湾：三民书局1998年版。

戴玉忠：《存款占有的解构与重建：以传统侵犯财产犯罪的解释为中心》，中国法制出版社2020年版。

丁天球：《侵犯财产罪重点疑点难点问题判解研究》，人民法院出版社2005年版。

董玉庭：《盗窃罪研究》，中国检察出版社2002年版。

杜文俊：《司法实践视阈下财产犯罪法益及相关理论研究》，上海社会科学院出版社2022年版。

高铭暄：《新编中国刑法学》，中国人民大学出版社1998年版。

高铭暄、马克昌：《刑法学》，北京大学出版社、高等教育出版社2021年版。

高巍：《盗窃罪基本问题研究》，中国人民大学出版社2011年版。

龚培华：《刑法法条关系研究》，上海交通大学出版社2011年版。

郭瑜：《个人数据保护法研究》，北京大学出版社2012年版。

何秉松：《刑法教科书》，中国法制出版社2000年版。

何渊：《数据法学》，北京大学出版社 2020 年版。

郎胜：《中华人民共和国刑法释义》（第 6 版），法律出版社 2015 年版。

黎宏：《刑法学》，法律出版社 2012 年版。

李阳阳：《刑法中的占有概念》，法律出版社 2022 年版。

李斌、葛燕、万兵、王帅：《侵财犯罪专业化公诉样本》，中国检察出版社 2014 年版。

梁慧星：《民法总论》（第三版），法律出版社 2007 年版。

林旭霞：《虚拟财产权研究》，法律出版社 2020 年版。

刘兵红：《英国财产权体系之源与流》，法律出版社 2014 年版。

刘明祥：《财产罪比较研究》，中国政法大学出版社 2001 年版。

刘宪权、吴允锋：《侵犯知识产权犯罪理论与实务》，北京大学出版社 2007 年版。

刘艳红：《财产犯研究》，东南大学出版社 2017 年版。

刘颖：《电子资金划拨法律问题研究》，法律出版社 2001 年版。

任仲文：《数字货币：领导干部读本》，人民日报出版社 2019 年版。

曲新久：《刑法的逻辑与经验》，北京大学出版社 2008 年版。

苏惠渔：《刑法学》（第四版），中国政法大学出版社 2009 年版。

唐应茂：《电子货币与法律》，法律出版社 2002 年版。

童伟华：《财产罪基础理论研究：财产罪的法益及其展开》，法律出版社 2012 年版。

王景琦：《知识产权》，中国社会科学出版社 1999 年版。

王礼仁：《盗窃罪的定罪与量刑》（第二版），人民法院出版社 2008 年版。

王薇：《信任革命：比特币及去中心化数字货币的兴起》，中国社会科学出版社 2020 年版。

王玉珏：《刑法中的财产性质及财产控制关系研究》，法律出版社 2009 年版。

王作富：《刑法分则实务研究》，中国方正出版社 2009 年版。

魏海：《盗窃罪研究——以司法扩张为视角》，中国政法大学出版社 2012 年版。

卫兴华、林岗：《马克思主义政治经济学原理》，中国人民大学出版社 2016 年版。

谢怀栻：《票据法概论》，法律出版社 1990 年版。

徐子沛：《大数据：正在到来的革命，以及它如何改变政府、商业与我们的生活》，广西师范大学出版社 2015 年版。

杨春洗、杨敦先、郭自力：《中国刑法论》（第四版），北京大学出版社 2008 年版。

印仕柏：《侵犯财产犯罪案件捕诉操作指引》，中国检察出版社 2021 年版。

游涛：《普通诈骗罪研究》，中国人民公安大学出版社 2012 年版。

于志刚：《网络空间中虚拟财产的刑法保护》，中国人民大学出版社 2009 年版。

于志刚、于冲：《网络犯罪的裁判经验与学理思辨》，中国法制出版社 2013 年版。

张明楷：《法益初论》，中国政法大学出版社 2003 年版。

张明楷：《诈骗罪与金融诈骗罪研究》，清华大学出版社 2006 年版。

张明楷：《罪刑法定与刑法解释》，北京大学出版社 2009 年版。

张明楷：《刑法分则的解释原理》（第二版），中国人民大学出版社 2011 年版。

张明楷：《刑法格言的展开》，北京大学出版社 2013 年版。

张明楷：《刑法学》，法律出版社 2021 年版。

张绍谦：《刑法因果关系研究》，中国检察出版社 2004 年版。

赵秉志：《侵犯财产罪研究》，中国法制出版社 1998 年版。

赵秉志：《疑难刑事问题司法对策》，吉林人民出版社 1999 年版。

赵秉志：《侵犯财产罪》，中国人民公安大学出版社 2003 年版。

赵萃萃：《英美财产法之 Estate 研究——以财产和财产权的分割视角》，法律出版社 2015 年版。

郑成良、宾凯：《法理学》，清华大学出版社 2008 年版。

周光权：《刑法各论》，中国人民大学出版社 2021 年版。

周旋：《中国刑法侵犯财产罪之财产概念研究》，上海三联书店 2013 年版。

朱本欣、郭理蓉：《侵犯财产犯罪司法适用》，法律出版社 2005 年版。

二　中文论文

蔡刚毅：《盗窃罪既遂未遂界定标准新探》，《人民检察》2000 年第 1 期。

蔡颖：《偷换二维码行为的刑法定性》，《法学》2020 年第 1 期。

蔡桂生：《新型支付方式下诈骗与盗窃的界限》，《法学》2018 年第 1 期。

蔡一军：《论新型支付环境下财产性质对罪名认定之影响》，《东方法学》2017 年第 2 期。

曹磊：《网络空间数据权研究》，《国际观察》2013 年第 1 期。

陈洪兵：《经济的财产说之主张》，《华东政法大学学报》2008 年第 1 期。

陈洪兵：《盗窃罪与诈骗罪的关系》，《湖南大学学报》2013 年第 6 期。

陈罗兰：《虚拟财产的刑法意义》，《法学》2021 年第 11 期。

陈鹏飞：《盗窃他人信用卡 U 盾并转走卡内存款的行为定性》，《中国检察官》2014 年第 4 期。

陈冉：《论大数据背景下隐私权的刑法保护》，《中国刑事法杂志》2017 年第 3 期。

陈小杉：《利用银行电子代理人故障获利行为之刑法分析》，《法治论丛》2009 年第 3 期。

陈兴良：《虚拟财产的刑法属性及其保护路径》，《中国法学》2017 年第 2 期。

陈云良、周新：《虚拟财产刑法保护路径之选择》，《法学评论》2009 年第 2 期。

陈烨：《刑法中的财产分类再研究》，《政治与法律》2013 年第 1 期。

陈烨：《财产性利益与罪刑法定问题》，《上海交通大学》（哲学社会科学版）2013 年第 5 期。

储陈城、马世理：《比特币的刑法保护方式——从教义学到国家政策的分析》，《重庆大学学报》（社会科学版）2019 年第 6 期。

邓建鹏：《ICO 非法集资问题的法学思考》，《暨南学报》（哲学社会科学版）2018 年第 8 期。

邓社民、李炳录、韩金山：《再论网络虚拟财产的法律性质——以玩家对网络游戏装备享有的权利性质为视角》，《新疆大学学报》（哲学·人文社会科学版）2019 年第 5 期。

邓毅丞：《财产性利益的界定标准体系重构——以利益转移罪的认定为中心》，《当代法学》2022 年第 5 期。

董玉庭：《论盗窃罪既遂标准的实践把握》，《国家检察官学院学报》2004 年第 2 期。

董玉庭：《论刑法中财物概念之解释——以诈骗罪为视角》，《当代法学》2012 年第 6 期。

董玉庭、杜文辉：《论偷换二维码非法侵财犯罪行为》，《山东社会科学》2020 年第 6 期。

杜牧真：《论数字资产的财物属性》，《东方法学》2022 年第 6 期。

杜宪苗、刘文涛：《盗窃罪既遂未遂标准之探析》，《中州大学学报》2004 年第 4 期。

范硕：《偷换二维码行为的法教义学析解》，《东北师大学报》（哲学社会科学版）2021 年第 4 期。

丰友芳、王静：《利用游戏外挂代练升级的刑法评价》，《人民司法》2012 年第 12 期。

冯晓青：《大数据时代企业数据的财产权保护与制度构建》，《当代法学》2022 年第 6 期。

傅俊维：《论盗窃罪对象的扩容——以财产权利凭证为视角》，《公民与法》（法学版）2014 年第 2 期。

付立庆：《二维码案件中诈骗罪说的质疑与盗窃罪说的论证》，《浙江大学学报》（人文社会科学版）2022 年第 1 期。

付琳：《虚拟财产的内生逻辑及其权属矛盾》，《社会科学家》2021 年第 2 期。

付新华：《企业数据财产权保护论批判——从数据财产权到数据使用权》，《东方法学》2022 年第 2 期。

高德胜：《基于信息语境的信息法益的内涵与类型研究》，《东北师大学报》（哲学自然科学版）2012 年第 6 期。

高郦梅：《网络虚拟财产保护的解释路径》，《清华法学》2021 年第 3 期。

高完成：《大数据交易背景下数据产权问题研究》，《重庆邮电大学学报》（社会科学版）2018 年第 1 期。

高完成：《数据确权与交易规则研究》，《西安交通大学学报》（社会科学版）2018 年第 3 期。

高艳东、李莹：《数据信用的刑法保护——以"流量黑灰产"为例》，《浙江大学学报》（人文社会科学版）2020 年第 3 期。

高艳东：《数字时代财产犯罪中财物的扩张解释：以数据服务为例》，《吉林大学社会科学学报》2020 年第 5 期。

高翼飞：《侵犯财产罪保护法益再探究——为本权说辩护》，《中国刑事法杂志》2013 年第 7 期。

龚红卫、蔡文霞：《网络游戏外挂现象的法律分析》，《广西政法管理干部学院学报》2009 年第 6 期。

龚培华、陈海燕：《第三方支付平台中的犯罪问题与法律对策》，《法治论丛》2010 年第 1 期。

顾天翔：《互联网金融理财的法律问题——以第三方支付机构的法律地位为视角》，《人民司法》2014 年第 9 期。

郭利纱：《以积分、优惠券为对象的犯罪的认定——以犯罪对象的多元化为切入》，《西南政法大学学报》2018 年第 6 期。

郭鹏：《电子商务环境下的权利证券化——以电子提单为视角》，《武汉大学学报》（哲学社会科学版）2013 年第 4 期。

郭如愿：《个人数据的经济利益论与财产权利构建》，《电子知识产权》2020 年第 5 期。

郭晓东：《将废旧电影卡充值后销售的行为定性》，《中国检察官》2015 年第 7 期。

郭旨龙：《非法获取计算机信息系统数据罪的规范结构与罪名功能——基于案例与比较法的反思》，《政治与法律》2021 年第 1 期。

郝艳兵：《财产性利益视角下盗窃罪和诈骗罪的重释》，《安徽大学学报》（哲学社会科学版）2021 年第 5 期。

何龙：《刷单骗取积分、优惠券并套现行为的刑法性质认定——以结果本位刑法观为视角》，《法律适用》2017 年第 10 期。

何萍、刘继琨：《冒用他人互联网电子积分行为的刑法定性——以"冒用他人航空里程积分的行为"为例》，《青少年犯罪问题》2021 年第

4 期。

侯国云、么惠君:《虚拟财产的性质与法律规制》,《中国刑事法杂志》2012 年第 4 期。

侯国云:《再论虚拟财产刑事保护的不正当性》,《北方法学》2012 年第 2 期。

胡洁人、王运翱:《"偷换二维码取财"行为性质之争议》,《山东警察学院学报》2022 年第 4 期。

胡开忠:《无形财产形态的历史演变及启示》,《云南大学学报》(法学版)2003 年第 1 期。

胡敏慧:《电子支付环境下偷换二维码获财案件定性问题探析》,《科学决策》2021 年第 10 期。

胡泰忠:《财产权利凭证的财产控制方式与盗窃数额的计算·兼论审理盗窃案件相关司法解释规定的完善》,《法律适用》2008 年第 5 期。

胡云腾、周加海、周海洋:《〈关于办理盗窃刑事案件适用法律若干问题的解释〉的理解与适用》,《人民司法》2014 年第 15 期。

胡宗金:《论大数据的财产性质及法律保护》,《现代管理科学》2019 年第 7 期。

皇甫长城、李华振、张炜:《由公司、企业自行制发的票证能否认定为刑法上的"其他有价票证"》,《中国检察官》2011 年第 4 期。

黄华生、石军英:《批判与重构:刑事涉案财物的概念界定》,《江西社会科学》2022 年第 5 期。

黄明儒:《论刑法中的伪造》,《法商研究》2002 年第 3 期。

黄祥青:《盗窃、诈骗行为交织型财产犯罪定性研究》,《法律适用》2011 年第 4 期。

黄晓亮:《从虚拟回归真实:大数据时代刑法的挑战与应对》,《中国政法大学学报》2015 年第 4 期。

黄晓亮:《第三方支付风险的刑法防控》,《法学》2015 年第 6 期。

黄泽林:《网络盗窃的刑法问题研究》,《河北法学》2009 年第 1 期。

黄自强:《倒卖车票、船票罪之立法完善——以北京奥运会门票转让为视角》,《法治论坛》2008 年第 4 期。

贾凤英:《盗窃与诈骗行为交织的财产性犯罪定性研究——由几则案例引发的思考》,《法律适用》2006 年第 11 期。

简筱昊：《窃取数字货币行为定性研究》，《山东警察学院学报》2020 年第 2 期。

蒋林君：《欧盟数据生产者权及其对我国的启示》，《湖南科技大学学报》（社会科学版）2021 年第 3 期。

蒋小燕：《伪造、倒卖伪造的有价票证罪客观方面疑难问题探析》，《湖北经济学院学报》（人文社会科学版）2008 年第 11 期。

金园园：《大数据时代个人信息的刑法保护——访武汉大学法学院教授皮勇》，《人民检察》2015 年第 17 期。

敬力嘉：《大数据环境下侵犯公民个人信息罪法益的应然转向》，《法学评论》2018 年第 2 期。

兰立宏：《论虚拟货币的犯罪风险及其防控策略》，《南方金融》2018 年第 10 期。

劳东燕：《个人数据的刑法保护模式》，《比较法研究》2020 年第 5 期。

雷建斌：《盗窃抑或诈骗——侵入金融机构计算机系统虚增存款获取资金行为定性之探析》，《人民司法·案例》2007 年第 2 期。

冷传莉：《人体基因法益权利化保护论纲——基于"人格物"创设的视角》，《现代法学》2014 年第 6 期。

黎宏：《论盗窃财产性利益》，《清华法学》2013 年第 6 期。

黎宏、陈少青：《论财产犯中的财产性利益》，《交大法学》2022 年第 5 期。

黎四奇：《对钓鱼欺诈中第三方支付机构作为或不作为法律问题的思考》，《法律科学》2012 年第 3 期。

李爱君：《论数据权利归属与取得》，《西北工业大学学报》（社会科学版）2020 年第 1 期。

李爱君：《数据权利属性与法律特征》，《东方法学》2018 年第 3 期。

李炳：《关于法定数字货币的研究共识与展望》，《金融理论与实践》2018 年第 12 期。

李慧民、刘天资：《冒用他人蚂蚁花呗套现的行为定性》，《上海商学院学报》2018 年第 1 期。

李婕：《比特币的犯罪风险及刑法规制》，《南海法学》2020 年第 3 期。

李进、李艳：《盗窃网络虚拟财产行为的定性问题探讨》，《四川警官学院学报》2009 年第 5 期。

李淼：《利用他人付款二维码侵财案件的定性反思——基于 091 份刑事裁判文书的实证分析》，《南大法学》2022 年第 2 期。

李敏：《数字货币的属性界定：法律和会计交叉研究的视角》，《法学评论》2021 年第 2 期。

李佩遥：《侵犯网络虚拟财产行为之定性研究——以 73 份判决书为样本的分析》，《大连理工大学学报》（社会科学版）2020 年第 4 期。

李强：《财产中财产性利益的界定》，《法学》2017 年第 12 期。

李强：《论使用盗窃与盗用》，《国家检察官学院学报》2018 年第 2 期。

李威：《论网络虚拟货币的财产属性》，《河北法学》2015 年第 8 期。

李秀清：《新中国刑事立法移植苏联模式考》，《法学评论》2002 年第 6 期。

李燕、常烨：《虚拟货币的法律属性争议与思考》，《内蒙古社会科学》2021 年第 6 期。

李永明、戴敏敏：《大数据产品的权利属性及法律保护研究》，《浙江大学学报》（人文社会科学版）2020 年第 2 期。

李忠诚、李中平：《关于比特币犯罪案件法律适用问题的几点思考》，《中国检察官》2018 年第 9 期。

梁春程、徐雯雯：《伪造、倒卖伪造的有价票证罪若干问题研究》，《犯罪研究》2013 年第 5 期。

梁根林：《虚拟财产的刑法保护——以首例盗卖 QQ 号案的刑法适用为视角》，《人民检察》2014 年第 1 期。

廖斌：《网络支付方式下盗窃罪与诈骗罪区分的教义学分析》，《当代法学》2022 年第 5 期。

林成骏、伍玮：《比特币生成原理及其特点》，《中兴通讯技术》2018 年第 6 期。

林清红、李振林：《金融创新视野下金融刑法的规制路径选择》，《江西警察学院学报》2014 年第 5 期。

林慰曾：《互联网虚拟信用套现的法律分析——基于花呗套现判决的研究》，《金融法苑》2017 年第 8 期。

林旭霞：《财产、财产观的历史考察与现实分析》，《福建论坛》（人文社会科学版）2006 年第 9 期。

刘建刚：《数据权的证成》，《北京政法职业学院学报》2016 年第 4 期。

刘京雷：《网络游戏成瘾对当代青少年的危害研究》，《河北青年管理干部学院学报》2014 年第 4 期。

刘明祥：《窃取网络虚拟财产行为定性研究》，《法学》2016 年第 1 期。

刘明祥：《论窃取财产性利益》，《政治与法律》2019 年第 8 期。

刘为军、禄源：《论网络盗号地下产业链的预防控制》，《中国刑事法杂志》2012 年第 6 期。

刘宪权：《论新型支付方式下的网络侵财犯罪的定性》，《法学评论》2017 年第 5 期。

刘宪权：《元宇宙空间非法获取虚拟财产行为定性的刑法分析》，《东方法学》2023 年第 1 期。

刘艳红：《网络犯罪的刑法解释空间向度研究》，《中国法学》2019 年第 6 期。

刘宇：《〈民法典〉视野下的大数据交易：过程控制、性质认定与法律适用》，《甘肃政法大学学报》2022 年第 3 期。

刘子巍：《第三方支付平台中套现行为的刑法规制——以支付宝"蚂蚁花呗"为例》，《江西警察学院学报》2017 年第 3 期。

刘颖、杨萌：《电子资金类诈骗罪的若干问题》，《现代法学》2002 年第 2 期。

龙卫球：《数据新型财产权构建及其体系研究》，《政法论坛》2017 年第 4 期。

龙洋：《论转化犯立法的理论根据》，《法律科学》2009 年第 4 期。

陆芳烨：《冒用他人蚂蚁花呗行为的刑事认定》，《中国检察官》2018 年第 16 期。

栾世武：《数据挖掘给企业应用带来什么?》，《微电脑世界》2000 年第 23 期。

罗开卷：《伪造、倒卖伪造的有价票证罪的司法认定》，《时代法学》2009 年第 1 期。

罗猛、王波峰：《故意毁坏财物罪疑难问题研究》，《中国刑事法杂志》2011 年第 6 期。

吕铖钢：《论税务行政中虚拟财产的可税性》，《行政法学研究》2023 年第 2 期。

吕静：《冒用他人花呗账户行为定性的实证研究——以"何某某盗窃案"为例》，《上海公安高等专科学校学报》2018 年第 4 期。

吕睿智：《数字货币的交易功能及法律属性》，《法律科学》2022 年第 5。

吕廷君：《数据权体系及其法治意义》，《中共中央党校学报》2017 年第 5 期。

马春辉：《论冒用他人支付宝账户进行"花呗套现"的刑法规制》，《广州广播电视大学学报》2020 年第 2 期。

马微：《理念转向与规范调整：网络有组织犯罪之数据犯罪的刑法规制路径》，《学术探索》2016 年第 11 期。

马卫军：《论盗窃罪的法益》，《河南财经政法大学学报》2016 年第 6 期。

马永强：《盗窃罪中财产性利益占有的规范化解释进路》，《政治与法律》2020 年第 3 期。

马永强：《论区块链加密货币的刑法定性》，《苏州大学学报》（法学版）2022 年第 2 期。

马寅翔：《冒用电商平台个人信用支付产品的行为定性——以花呗为例的分析》，《法学》2016 年第 9 期。

梅传强、曾婕：《私人数字货币犯罪刑法规制研究》，《西南政法大学学报》2020 年第 6 期。

蒙晓阳：《物的概念价值——由物的历史演进归结》，《安徽大学学报》（哲学社会科学版）2006 年第 5 期。

孟春红、米尧静：《网络虚拟货币对现实金融体系的影响》，《海峡科学》2007 年第 5 期。

孟美丽：《浅谈比特币洗钱犯罪及应对策略》，《广州市公安管理干部学院学报》2018 年第 3 期。

米铁男：《刑法视角下的网络数字化财产问题研究》，《东方法学》2012 年第 5 期。

南明法、郭宏伟：《以借据为侵害对象的犯罪行为定性研究》，《中国刑事法杂志》2003 年第 4 期。

倪建军、伍红梅、何斐明：《秘密窃取 COA 标签行为的定性》，《人民司法》2013 年第 8 期。

倪凌、陈楚天：《全球化背景下的知识产权法制现代化——从知识产权法律制度的历史演变谈起》，《甘肃行政学院学报》2005 年第 1 期。

倪宁、金韶：《大数据时代的精准广告及其传播策略——基于场域理论视角》，《现代传播》2014 年第 2 期。

欧阳本祺：《论网络时代刑法解释的限度》，《中国法学》2017 年第 3 期。

欧阳本祺：《论虚拟财产的刑法保护》，《政治与法律》2019 年第 9 期。

彭景理：《网络犯罪行为模式的类型化分析与立法检视》，《政法学刊》2018 年第 5 期。

彭之宇、刘勇：《伪造、倒卖伪造的有价票证罪疑难问题探究》，《人民检察》2009 年第 22 期。

皮勇：《论网络信用卡诈骗犯罪及其刑事立法》，《中国刑事法杂志》2003 年第 1 期。

皮勇：《网络黑灰产刑法规制实证研究》，《国家检察官学院学报》2021 年第 1 期。

皮勇、葛金芬：《网络游戏虚拟物数据本质之回归——兼论非法获取网络游戏虚拟物的行为认定》，《科技与法律》2019 年第 2 期。

皮勇、王肃之：《大数据环境下侵犯个人信息犯罪的法益和危害行为问题》，《海南大学学报》（人文社会科学版）2017 年第 5 期。

齐爱民、盘佳：《数据权、数据主权的确立与大数据保护的基本原则》，《苏州大学学报》（哲学社会科学版）2015 年第 1 期。

齐爱民、张哲：《论数字货币的概念与法律性质》，《法律科学》2021 年第 2 期。

齐爱民、张哲：《政策与司法背景下虚拟货币法律属性的实证分析》，《求是学刊》2022 年第 2 期。

钱子瑜：《论数据财产权的构建》，《法学家》2021 年第 6 期。

秦珂：《大数据法律保护摭谈》，《图书馆学研究》2015 年第 12 期。

权保：《大数据时代数据财产权利分配研究》，《合作经济与科技》2022 年第 2 期。

任丹丽：《民法典框架下个人数据财产法益的体系构建》，《法学论坛》2021 年第 2 期。

任彦君：《非法获取虚拟货币行为的刑法定性分析》，《法商研究》2022 年第 5 期。

任跃进、童伟华：《盗窃网络虚拟财产行为的法益厘清》，《新疆社会科学》2021 年第 5 期。

芮文彪、李国泉、杨馥宇：《数据信息的知识产权保护模式探析》，《电子知识产权》2015 年第 4 期。

商希雪：《政府数据开放中数据收益权制度的建构》，《华东政法大学学报》2021 年第 4 期。

沈健州：《从概念到规则：网络虚拟财产权利的解释选择》，《现代法学》2018 年第 6 期。

盛豪杰、行江：《类型化认定：窃取比特币行为的刑法适用》，《西北民族大学学报》（哲学社会科学版）2021 年第 2 期。

施景新、金涛：《小额贷款公司金融机构主体资格的确认与刑法保护》，《西南政法大学学报》2013 年第 4 期。

师秀霞：《利用虚拟货币洗钱犯罪研究》，《中国人民公安大学学报》（社会科学版）2017 年第 2 期。

石丹：《大数据时代数据权属及其保护路径研究》，《西安交通大学学报》（社会科学版）2018 年第 3 期。

石金平、游涛：《论网络游戏外挂的刑法规制》，《政治与法律》2009 年第 10 期。

寿步、黄毅峰、朱凌、杨威：《外挂程序的定义特征和分类》，《电子知识产权》2005 年第 8 期。

苏成慧：《论可交易数据的限定》，《现代法学》2020 年第 5 期。

苏今：《大数据时代信息集合上的财产性权利之赋权基础——以数据和信息在大数据生命周期中的"关系化"为出发点》，《清华知识产权评论》2017 年第 1 辑。

孙道萃：《大数据法益刑法保护的检视与展望》，《中南大学学报》（社会科学版）2017 年第 1 期。

锁福涛、潘政皓：《数据权益的法律保护路径研究》，《南京理工大学学报》（社会科学版）2022 年第 1 期。

谭启平：《不法原因给付及其制度建构》，《现代法学》2004 年第 3 期。

谭佐财：《虚拟货币流通的法律关系与私法保护》，《中国流通经济》2021 年第 3 期。

唐世月：《评刑法对公、私财产之解释》，《法学评论》2003 年第 5 期。

唐惟伟：《虚拟货币应用衍生新型网络犯罪及其治理策略》，《中国信息安全》2017 年第 8 期。

陶军：《论虚拟财产的性质与保护》，《中国律师》2004 年第 12 期。

田刚：《大数据安全视角下计算机数据刑法保护之反思》，《重庆邮电大学学报》（社会科学版）2015 年第 3 期。

田宏杰、肖鹏、周时雨：《网络虚拟财产的界定及刑法保护》，《人民司法》2015 年第 5 期。

田诗媛：《大数据时代个人信息保护的刑法边界——以侵犯公民个人信息罪为例》，《江西警察学院学报》2017 年第 3 期。

童云峰：《互联网金融虚拟信用套现刑法定性研究——以蚂蚁花呗套现司法判例为视角》，《江西警察学院学报》2018 年第 3 期。

万志鹏、黄晓斌：《论没收财产刑中的"财产"》，《中国刑事法杂志》2011 年第 4 期。

万志尧：《对第三方支付平台的行政监管与刑法审视》，《华东政法大学学报》2014 年第 5 期。

王安异、许姣姣：《诈骗罪中利用信息网络的财产交付——基于最高人民法院指导案例 27 号的分析》，《法学》2015 年第 2 期。

王国平：《从首例利用"蚂蚁花呗"套现案例探析相关套现行为的本质属性》，《法律适用》2018 年第 10 期。

王厚冬：《个人数据财产权化的进路研究》，《行政法学研究》2021 年第 6 期。

王谨：《数字货币的商法性研究》，《法学杂志》2020 年第 12 期。

王俊：《非法占有目的的不同意义：基于对盗窃、侵占、诈骗的比较研究》，《中外法学》2017 年第 5 期。

王俊：《电子支付时代下财产犯罪成立的类型化研究——以支付宝为例的分析》，《中外法学》2021 年第 3 期。

王骏：《抢劫、盗窃利益行为探究》，《中国刑事法杂志》2009 年第 12 期。

王镭：《电子数据财产利益的侵权法保护——以侵害数据完整性为视角》，《法律科学》2019 年第 1 期。

王立君：《个人自主信息资产的国内监管与国际法治》，《求索》2019 年第 4 期。

王宁江：《大数据的产权界定》，《浙江经济》2015 年第 17 期。

王琦：《逃费行为应当构成盗窃罪》，《法学评论》2020 年第 2 期。

王倩、朱宏峰、刘天华：《大数据的安全现状与发展》，《计算机与网络》2013 年第 16 期。

王融：《关于大数据交易核心法律问题——数据所有权的探讨》，《大数据》2015 年第 2 期。

王卫、南庆贺：《论盗窃比特币的行为性质》，《西部法学评论》2018 年第 5 期。

王信芳、沈解平、王连国：《虚增消费积分用于消费构成盗窃罪》，《人民司法·案例》2008 年第 2 期。

王燕玲：《论网络游戏中"外挂"之刑法规制》，《法律适用》2013 年第 8 期。

王熠珏：《比特币的性质界定与刑法应对》，《科学经济社会》2018 年第 3 期。

王熠珏：《"区块链 +"时代比特币侵财犯罪研究》，《东方法学》2019 年第 3 期。

王奕琛：《"偷换二维码案"的定性问题研究》，《华北水利水电大学学报》（社会科学版）2022 年第 2 期。

王玉林、高富平：《大数据的财产属性研究》，《图书与情报》2016 年第 1 期。

王渊、黄道丽、杨松儒：《数据权的权利性质及其归属研究》，《科技管理研究》2017 年第 5 期。

王志祥：《盗窃罪的既遂标准新论》，《中国检察官》2007 年第 3 期。

王忠：《大数据时代个人数据交易许可机制研究》，《理论月刊》

2015 年第 6 期。

　　文立彬：《大数据时代下侵入公民信息系统罪的设立》，《理论月刊》2017 年第 10 期。

　　邬贺铨：《大数据时代的机遇与挑战》，《求是》2013 年第 4 期。

　　吴昉昱：《二次违法性视野下比特币的刑法规制研究》，《公安法治研究》2015 年第 6 期。

　　吴光侠：《〈臧进泉等盗窃、诈骗案〉的理解与参照——利用信息网络进行盗窃与诈骗的区分》，《人民司法》2015 年第 12 期。

　　吴佳斌、宋帅武：《盗窃网络虚拟财产的定性》，《人民司法》2013 年第 17 期。

　　吴进娥：《涉数字货币犯罪司法治理的多重困境与突破路径》，《山东大学学报》（哲学社会科学版）2021 年第 6 期

　　吴艳玮、郝雪强：《从处分行为及占有角度对盗窃罪与诈骗罪及侵占罪界限再研究》，《河北法学》2011 年第 12 期。

　　吴云、朱玮：《虚拟货币：一场失败的私人货币社会实验?》，《金融监管研究》2020 年第 6 期。

　　武长海、常铮：《论我国数据权法律制度的构建与完善》，《河北法学》2018 年第 2 期。

　　武良军：《论借据能否作为财产犯罪的对象》，《政治与法律》2011 年第 2 期。

　　夏勇、柳立子：《论加强对不动产所有权的刑法保护》，《法商研究》2001 年第 3 期。

　　肖冬梅、文禹衡：《数据权谱系论纲》，《湘潭大学学报》（哲学社会科学版）2015 年第 6 期。

　　肖冬梅、文禹衡：《法经济学视角下数据保护的规则适用与选择》，《法律科学》2016 年第 6 期。

　　肖志珂：《虚拟财产的法律属性与刑法保护》，《上海大学学报》2021 年第 6 期。

　　谢楚鹏、温孚江：《大数据背景下个人数据权与数据的商品化》，《电子商务》2015 年第 10 期。

　　谢杰、张建：《"去中心化"数字支付时代经济刑法的选择——基于比特币的法律与经济分析》，《法学》2014 年第 8 期。

谢杰：《"去中心化"互联网金融对经济刑法规模的影响及其应对——比特币关联犯罪的刑法解释》，《犯罪研究》2015年第2期。

谢杰：《区块链技术背景下金融刑法的风险与应对——以比特币交易对外汇犯罪刑法规制的冲击为视角》，《人民检察》2017年第6期。

谢宜璋：《可商品化数据的进一步厘清：概念、保护诉求及具体路径》，《知识产权》2021年第8期。

徐光华：《刑法解释视域下的"自愿处分"——以常见疑难盗窃与诈骗案件的区分为视角》，《政治与法律》2010年第8期。

徐国栋：《现代的新财产分类及其启示》，《广西大学学报》（哲学社会科学版）2005年第6期。

徐剑：《二维码替换案的罪名适用研究》，《法律适用》2021年第2期。

徐久生、管亚盟：《网络空间中盗窃虚拟财产行为的刑法规制》，《安徽师范大学学报》（人文社会科学版）2020年第2期。

徐蓉：《侵入银行电脑提取虚增存款该定何罪》，《人民检察》1999年第3期。

徐彰：《盗窃网络虚拟财产不构成盗窃罪的刑民思考》，《法学论坛》2016年第2期。

许姣姣、晏阳、田鹏：《关于"窃用"支付宝账户行为性质的法律问题探讨》，《武汉金融》2015年第3期。

许娟：《企业衍生数据的法律保护路径》，《法学家》2022年第3期。

言建文、刘振兴、刘扬：《国内外主要互联网公司大数据布局与应用比较研究》，《中国传媒科技》2012年第9期。

阳东辉、吴加明：《盗窃数字编码型凭证行为性质的认定》，《法学》2013年第5期。

杨东、陈哲立：《法定数字货币的定位与性质研究》，《中国人民大学学报》2020年第3期。

杨立新、王中合：《论网络虚拟财产的物权属性及其基本规则》，《国家检察官学院学报》2004年第6期。

杨松、郭金良：《第三方支付机构跨境电子支付服务监管的法律问题》，《法学》2015年第3期。

杨锁伟：《冒用他人"花呗"消费或套现行为之刑法定性研究》，《福建警察学院学报》2020 年第 3 期。

杨向华：《网络游戏虚拟财产法律性质浅议》，《湖南公安高等专科学校学报》2004 年第 4 期。

杨燮蛟、张怡静：《大数据时代个人信息刑法保护新探——以〈刑法修正案（九）〉为视角》，《浙江工业大学学报》（社会科学版）2016 年第 4 期。

杨兴培：《挂失提取账户名下他人存款的行为性质》，《法学》2014 年第 11 期。

杨志琼：《我国数据犯罪的司法困境与出路：以数据安全法益为中心》，《环球法律评论》2019 年第 6 期。

杨旭、黄婷玉：《利用网站漏洞虚增积分后兑现构成盗窃罪》，《人民司法》2013 年第 20 期。

杨延超：《论数字货币的法律属性》，《中国社会科学》2020 年第 1 期。

姚珂、曲赛男：《盗窃网络游戏币不宜认定为盗窃罪》，《中国检察官》2015 年第 12 期。

姚前：《数字货币的前世与今生》，《中国法律评论》2018 年第 6 期。

叶佳：《比特币的优势——基于比特币与其他虚拟货币的对比》，《科技情报开发与经济》2014 年第 12 期。

叶青、黄亚：《非法从事网络支付结算业务的刑法规制探讨——以全国首例"花呗套现"入刑案为蓝本》，《中国检察官》2018 年第 6 期。

尹小莉、邹寅寅：《推进无现金社会的国际经验及对我国的启示》，《区域金融研究》2017 年第 9 期。

于殿利：《试论〈汉谟拉比法典〉中商人的社会等级地位》，《比较法研究》1994 年第 1 期。

于同志：《网络游戏"外挂"的认定与处罚》，《政法论丛》2008 年第 6 期。

于志刚：《论网络游戏中虚拟财产的法律性质及其刑法保护》，《政法论坛》2003 年第 6 期。

于志刚：《论 QQ 号的法律性质及其刑法保护》，《法学家》2007 年第 3 期。

于志刚、李源粒：《大数据时代数据犯罪的制裁思路》，《中国社会科学》2014 年第 10 期。

于志刚、李源粒：《大数据时代数据犯罪的类型化与制裁思路》，《政治与法律》2016 年第 9 期。

于志强：《我国网络知识产权犯罪制裁体系检视与未来建构》，《中国法学》2014 年第 3 期。

余剑：《财产性数据的刑法规制与价值认定》，《东方法学》2022 年第 4 期。

俞小海：《网络游戏外挂行为刑法评价的正本清源》，《政治与法律》2015 年第 6 期。

袁文全、程海玲：《企业数据财产权益规则研究》，《社会科学》2021 年第 10 期。

张弛：《窃取虚拟财产行为的法益审视》，《政治与法律》2017 年第 8 期。

张弛：《大数据财产——概念析正、权利归属与保护路径》，《杭州师范大学学报》（社会科学版）2021 年第 1 期。

张春莉：《虚拟货币的刑法属性及保护路径》，《浙江社会科学》2022 年第 11 期。

张浩然：《由传统数据库保护反思新型"数据财产权"》，《法学家》2022 年第 6 期。

张红昌：《抢劫罪中的财产性利益研究》，《中国刑事法杂志》2012 年第 7 期。

张建、俞小海：《恶意透支型信用卡诈骗罪出罪之实践反思与机制重构》，《中国刑事法杂志》2013 年第 12 期。

张建新、谢杰：《"去中心化"金融工具的法律风险控制——对比特币和首次代币发行（ICO）的行政监管与经济刑法调整》，《河南警察学院学报》2018 第 3 期。

张敏丽：《从一起网上银行盗窃案谈网络犯罪》，《现代教育科学》2010 年第 1 期。

张明楷：《财产性利益是诈骗罪的对象》，《法律科学》2005 年第 3 期。

张明楷：《也论拾得的信用卡在 ATM 机上取款的行为性质——与刘明祥教授商榷》，《清华法学》2008 年第 1 期。

张明楷：《非法获取虚拟财产的行为性质》，《法学》2015 年第 3 期。

张明楷：《论盗窃财产性利益》，《中外法学》2016 年第 6 期。

张三保、齐焱森：《伪造并贩卖景区接待票的行为定性》，《中国检察官》2017 年第 6 期。

张忆然：《"虚拟财产"的概念限缩与刑法保护路径重构——以数据的三重权利体系为参照》，《湖南科技大学学报》（社会科学版）2021 年第 2 期。

张智辉：《网络犯罪：传统刑法面临的挑战》，《法学杂志》2014 年第 12 期。

赵东航：《伪造贩卖月饼兑换券构成何罪?》，《人民之声》2010 年第 9 期。

赵冠男：《论比特币的刑事没收》，《中国人民公安大学学报》（社会科学版）2022 年第 4 期。

赵磊：《数字货币的私法意义》，《北京理工大学学报》（社会科学版）2020 年第 6 期。

赵天书：《比特币法律属性探析——从广义货币法的角度》，《中国政法大学学报》2017 年第 5 期。

赵文胜、梁根林：《盗窃"流量包"等虚拟财产如何适用法律》，《人民检察》2014 年第 4 期。

郑佳宁：《数据信息财产法律属性探究》，《东方法学》2021 年第 5 期。

郑爽：《支付宝"花呗"套现漏洞分析及监管建议》，《中国信用卡》2015 年第 10 期。

周林彬、马恩斯：《大数据确权的法律经济学分析》，《东北师大学报》（哲学社会科学版）2018 年第 2 期。

周恒星、杨婧：《数据权之争》，《中国企业家》2013 年第 7 期。

周鸿宾：《转移他人网上银行财产如何定性》，《新疆人大》2009 年第 5 期。

周铭川：《偷换商家支付二维码获取财物的定性分析》，《东方法学》2017 年第 2 期。

周铭川：《盗窃比特币行为的定性分析》，《南通大学学报》（社会科学版）2020 年第 3 期。

周旋：《〈刑法〉第 91、92 条"财产"条款应予废止》，《法学》2012 年第 3 期。

朱宣烨：《数据分层与侵犯网络虚拟财产犯罪研究》，《法学杂志》2020 年第 6 期。

朱玉文、李想：《大数据知识产权保护路径探析》，《湖北经济学院学报》（人文社会科学版）2022 年第 9 期。

祝艳艳：《大数据时代企业数据保护的困境及路径建构》，《征信》2020 年第 12 期。

邹建华：《利用电子支付账户实施盗骗行为如何适用法律》，《人民检察》2018 年第 2 期。

邹政：《盗窃虚拟财产行为的刑法适用探讨——兼论虚拟财产价格的确定》，《法律适用》2014 年第 5 期。

左斌、马红宇：《青少年网络游戏成瘾的现状研究——基于十省市的调查与分析》，《华中师范大学学报》（人文社会科学版）2010 年第 4 期。

三　中译著作

［德］克劳斯·罗克辛：《德国刑法学总论》，王世洲译，法律出版社 2005 年版。

［德］汉斯-维尔纳·格茨：《欧洲中世纪生活》，王亚平译，东方出版社 2002 年版。

［德］C. Roxin：《德国刑事诉讼法》，吴丽琪译，台湾：三民书局，1998 年版。

［法］查尔斯·德普雷、丹尼尔·肖维尔：《知识管理的现在与未来》，刘庆林译，人民邮电出版社 2004 年版。

［美］布拉德·史密斯、卡罗尔·安·布朗：《工具，还是武器？》，杨静娴、赵磊译，中信出版集团 2020 年版。

［美］布莱恩·阿瑟：《技术的本质》，曹东溟、王健译，浙江人民出版社 2018 年版。

［美］劳伦斯·莱斯格：《代码 2.0：网络空间中的法律》，李旭、沈伟伟译，清华大学出版社 2018 年版。

［美］布赖恩·凯利：《数字货币时代：区块链技术的应用与未来》，廖翔译，中国人民大学出版社 2017 年版。

［美］保罗·维格纳、迈克尔·J.卡西：《加密货币——虚拟货币如何挑战全球经济秩序》，吴建刚译，中国工信出版集团、人民邮电出版社2015年版。

［美］埃里克·西格尔：《大数据预测》，周昕译，中信出版社2014年版。

［美］约书亚·德雷斯勒：《美国刑法精解》（第四版），王秀梅译，北京大学出版社2009年版。

［美］约翰·G.斯普兰克林：《美国财产法精解》（第2版），钟书峰译，北京大学出版社2009年版。

［美］哈伯特·L.帕克：《刑事制裁的界限》，梁根林译，法律出版社2008年版。

［美］约翰·E.克里贝特、科温·W.约翰逊、罗杰·W.芬得利：《财产法：案例与材料》（第7版），齐东祥、陈刚译，中国政法大学出版社2003年版。

［日］山口厚：《刑法各论》（第二版），王昭武译，中国人民大学出版社2011年版。

［日］大谷实：《刑法总论》，黎宏译，中国人民大学出版社2008年版。

［日］西田典之：《日本刑法各论》，刘明祥等译，武汉大学出版社2005年版。

［日］曾根威彦：《刑法学基础》，黎宏译，法律出版社2005年版。

［日］大塚仁：《刑法概说》（各论），冯军译，中国人民大学出版社2003年版。

［苏］Т.Л.谢尔盖耶娃：《苏维埃刑法对社会主义所有制的保护》，薛秉忠、王更生、高铭暄译，法律出版社1957年版。

［苏］Д.М.坚金：《苏维埃民法》（第二册），康宝田、李光谟、邬志雄译，法律出版社1956年版。

［苏］Б.А.库利诺夫：《盗窃国家财产和盗窃公共财产的刑事责任》，刘玉瓒、雷良菜、陈炽基、刘秀丰译，法律出版社1955年版。

［新西兰］斯图尔特·巴恩斯：《知识管理系统：理论与实务》，阎达五、徐鹿等译，机械工业出版社2003年版。

［意］切萨雷·贝卡里亚：《论犯罪与刑罚》，黄风译，北京大学出版

社 2008 年版。

[英] 维克托·迈尔-舍格伯格、[德] 托马斯·拉姆什：《数据资本时代》，李晓霞、周涛译，中信出版集团 2018 年版。

[英] 维克托·迈尔-舍恩伯格，肯尼思·库克耶：《大数据时代：工作、生活与思维的大变革》，盛杨燕、周涛译，浙江人民出版社 2013 年版。

[英] F. H. 劳森，伯纳德·冉德：《英国财产法导论》，曹培译，法律出版社 2009 年版。

四　外文著作

E. L. G. Tyler, N. E. Palmer, *Crossley Vaines' Personal Property*, 5th Edition, London: Butterworth, 1973.

Guterman J., *Release2. 0: Issue11 Big Data*, Eureka: O'Reilly, 2009.

J. Horder, Ashworth, *Principles of Criminal Law*, Oxford: Oxford University Press, 2019.

Kitchin R., *The Data Revolution: Big Data, Open Data, Data Infrastructures and Their Consequences*, London: SAGE, 2014.

Lawrence Lessig, *Code and Other Laws of Cyberspace*, New York: Basic Books, 2006.

Liên Payne, Julie Bauman, *Cloud Computing Legal Deskbook*, L. A.: Sheppard Mullin, 2017.

M. G. Bridge, *Personal Property Law*, Oxford: Oxford University Press, 2002.

Nancy M. Dixon, *Common Knowledge: How Companies Thrive by Sharing What They Know*, Boston: Harvard Business School Press, 2000.

Smith Hogan, *Criminal Law*, 9th edition, London: Butterworths, 1999.

T. Moore, D. Pym, C. Ioannidised., *Economics of information security and privacy*, New York: Springer, 2009.

Organisation for Economic Co-operation and Development, *Data-driven innovation: big data for growth and well-being*, Paris: OECD Publishers, 2015.

五　外文论文

Acquisti, A. Varian, H., "Conditioning Prices on Purchase History",

Marketing Science, Vol. 24, No. 3, 2005.

Anupam Chander, "How Law Made Silicon Valley", *Emory Law Journal*, Vol. 63, 2014.

Arthur R. Miller, "Personal Privacy in the Computer Age: The Challenge of New Technology in an Information-Oriented Society", *Michigan Law Review*, Vol. 67, No. 6, 1969.

Bertot, John Carlo, et al., "Big Data, Open Government and E-government: Issues, Policies and Recommendations", *Information Polity: The International Journal of Government, Democracy in the Information Age*, Vol. 19, No. 1, 2014.

Boyd D. and Crawford K., "Critical Questions for Big Data: Provocations for a Cultural, Technological, and Scholarly Phenomenon", *Information, Communication and Society*, Vol. 15, No. 5, 2012.

Chen H., Chiang R., Storey V., "Business Intelligence and Analytics: From Big Data To Big Impact", *Mis Quarterly*, Vol. 36, No. 4, 2012.

Christopher J. Cifrino, "Virtual Property, Virtual Rights: Why Contract Law, Not Property Law, Must Be the Governing Paradigm in the Law of Virtual Worlds", *Boston University Law Review*, Vol. 55, 2014.

Cleveland Harlan, "Information as a Resource", *Futurist*, No. 6, 1982.

D. Barnhizer, "Propertization Metaphors for Bargaining Power and Control of the Self in the Information Age", *Cleveland State Law Review*, Vol. 54, 2006.

DavidNelmak, "Virtual Property, The Changes of Regulating Intangible, Exelousionary Property Interests Such as Dmain Names. 3 Northwestern", *Jornal of Technology, Intellectual Property*, No. 3, 2004.

David Rubin, Kim Lynch, JasonEscaravage, Hillary Lerner, "Harnessing Data for National Security", *SAIS Review of International Affairs*, Vol. 34, No. 1, 2014.

Elizabeth E. John, "Policing By Numbers, Big Data and the Fourth Amendment", *Washington Law Review*, Vol. 89, No. 1, 2004.

F. GregLastowka, Dan Hunter, "Virtual Crime", *New York Law School Law Review*, No. 7, 2004.

Gandomi A., Haider M., "Beyond the Hype: Big Data Concepts, Methods, and Analytics", *International Journal of Information Management*, Vol. 35, No. 2, 2015.

George G., Haas MR and Pentland A., "Big Data and Management", *Academy of Management Journal*, Vol. 57, No. 2, 2014.

Glazer R., "Marketing in an Information-Intensive Environment: Strategic Implications of Knowledge as an Asset", *Journal of Marketing*, No. 4, 1991.

Guido Calabresi and Douglas Melamed, "Property Rules, Liability Rules and Inalienability: One View of the Cathedral", *Harvard Law Review*, Vol. 85, 1972.

Henkel J., Von Hippel E., "Welfare Implications of User Innovation", *Journal of Technology Transfer*, Vol. 30, 2005.

Hilbert, Martin and Priscillalopez, "The World's Technological Capacity to Store, Communicate, and Computer Information", *Science*, No. 1, 2011.

Johnson, "Bitcoin, Corruption and Economic Freedom", *Journal of Financial Crime*, No. 1, 2020.

Janet Chan, Lyria Bennett Moses, "Is Big Data Challenging Criminology?" *Theoretical Criminology*, Vol. 20, No. 1, 2016.

Jennifer Lynch, "Identity Theft in Cyberspace: Crime Control Methods and Their Effectiveness in Combating Phishing Attacks", *Berkeley Technology Law Journal*, Vol. 20, 2005.

Jerry Kang, "Information Privacy in Cyberspace Transactions", *Stanford Law Review*, Vol. 50, 1998.

Jing Zeng, Keith WGlaister, "Value Creation from Big Data: Looking Inside the Black Box", *Strategic Organization*, No. 2, 2017.

John E. Cribbet, "Concepts in Transition: The Search for a New Definition of Property", *University of Illinois Law Review*, Vol. 54, No. 1, 1989.

Jonathon W. Penney, "Chilling Effects: Online Surveillance and Wikipedia Use", *Berkeley Technology Law Journal*, Vol. 31, No. 1, 2016.

Joshua A. T. Fairfield, "Virtual Property", *Boston University Law Review*, Vol. 85, No. 10, 2005.

Kennethw, "Content Creators, Virtual Goods: Who Owns Virtual Property", *Albany Law Journal of Science & Technology*, Vol. 34, 2016.

Kenneth Cukier and Viktor Mayer-Schoenberger, "The Rise of Big Data", *Foreign Affairs*, Vol. 92, 2013.

Laudon K. C., "Markets and Privacy", *Communications of the ACM*, Vol. 39, No. 9, 1996.

Lesk M., "The Price of Privacy", *IEEE Security and Privacy Magazine*, Vol. 10, No. 5, 2012.

Lu Donna, "Bitcoin in China Has a Polluting Future", *New Scientist*, Vol. 250, 2021.

Max N. Helveston, "Consumer Protection in the Age of Big Data", *Washington University Law Review*, Vol. 93, 2016.

McAfee A. and Brynjolfsson E., "Big Data: The Management Revolution", *Harvard Business Review*, Vol. 90, No. 10, 2012.

Michael A. Carrier, "Cabining Intellectual Property through a Property Paradigm", *Duke Law Journal*, Vol. 54, 2004.

Michael L. Gargano, Bel G. Raggad, "Data Mining-a Powerful Information Creating Tool", *Oclc Systems Services*, Vol. 15, No. 2, 1999.

Milan Zeleny, "From Knowledge to Wisdom: On Being Informed and Knowledgeable, Becoming Wise and Ethical", *International Journal of information technology, Decision Making*, Vol. 5, No. 4, 2006.

Moshtaghi M., Bezdek J. C., Lecki C., Karunasekera S., Palaniswami M., "Evolving Fuzzy Rules for Anomaly Detection In Data Streams", *IEEE Transactions on Fuzzy Systems*, Vol. 23, No. 3, 2015.

Mouncey, "Creating Value with Big Data Analytics: Making Smarter Marketing Decisions", *International Journal of Market Research*, Vol. 58, No. 5, 2016.

Muhammad Habibur Rehman, Victor Chang, Aisha Batool, Teh Ying Wah, "Big Data Reduction Framework for Value Creation in Sustainable Enterprises", *International Journal of Information Management*, Vol. 36, 2016.

Natalie M. Banta, "Property Interests in Digital Assets: The Rise of Digital-Feudalism", *Cardozo Law Review*, Vol. 38, No. 2, 2017.

Ng B. D., Wiemer-Hastings P., "Addiction to the Internet and Online

Gaming", *Cyber Psychology and Behavior*, Vol. 8, No. 2, 2005.

Ohm Paul, "Broken Promises of Privacy: Responding to the Surprising Failure of Anonymous", *UCLA Law Review*, Vol. 57, 2010.

Orin S. Kerr, "Criminal Law In Virtual Words", *University of Chicago Legal Forum*, Vol. 391, 2008.

Orin S. Kerr, "Cybercrime's Scope: Interpreting Access and Authorization in Computer Misuse Statues", *NYU Law Review*, Vol. 78, 2003.

Paul M. Schwartz, Karl – NikolausPeifer, "Transatlantic Data Privacy Law", *Georgetown Law Journal*, Vol. 115, 2017.

Perrons R. K., Jensen J., "The Unfinished Revolution: What is Missing from the E and P Industry's Move to Big Data", *Journal of Petroleum Technology*, No. 5, 2014.

Rain Xie, "Why China Had to 'Ban' Cryptocurrency but the U. S. Did Not: A Comparative Analysis of Regulations on Crypto Markets Between the U. S. and China", *Washington University Global Studies Law Review*, No. 18, 2019.

RhysBollen, "The Legal Status of Online Currencies: Are Bitcoins the Future?", *Journal of Banking and Finance Law and Practice*, Vol. 24, 2013.

Robert K. Perrons, Jesse W. Jensen, "Data As an Asset: What the Oil and Gas Sector can Learn From Other Industries about Big Data", *Energy Policy*, No. 31, 2015.

Robert S. Taylor, "Law in Virtual Worlds", *Journal of Internet Law*, No. 10, 2009.

Salmon J., Harmany Z., Deledalle C. A., Willett R., "Poisson Noise Reduction with Non-local PCA", *Journal of Mathematical Imaging and Vision*, Vol. 48, No. 2, 2014.

Samuelson P., "Privacy As Intellectual Property?", *Stanford Law Review*, Vol. 52, No. 2, 2000.

Schwartz P. M, "Property, Privacy, and Personal Data", *Harvard Law Review*, Vol. 117, No. 7, 2004.

Spiekermann-Hoff, Sarah and Böhme, Rainer and Acquisti, Alessandro and Hui, Kai-Lung, "The Challenges of Personal Data Markets and Privacy",

Electronic Markets, Vol. 25, No. 2, 2015.

Spiekermann S., Novotny A., "A Vision for Global Privacy Bridges: Technical and Legal Measures for International Data Markets", *Computer Law Security Review*, Vol. 31, No. 2, 2015.

Stefan Debortoli, Oliver Muller, Jan Von Brocke, "Comparing Business Intelligence and Big Data Skills A Text Mining Study Using Job Advertisements", *Business Information Systems Engineering*, No. 5, 2015.

Stepanov Ivan, "Introducing a Property Right over Data in the EU: the Data Producer's Right-an Evaluation", *International Review of Law, Computers & Technology*, Vol. 34, 2020.

Tambe Prasanna, "Big Data Investment, Skills, and Firm Value", *Management Science*, Vol. 60, No. 6, 2014.

Zhai Y. et al, "The emerging big dimensionality", *Computational Intelligence Magazine*, Vol. 9, No. 3, 2014.